教保小小孩

莊享靜◆譯

Doris Bergen, Rebecca Reid, Louis Torelli◆著

Educating and Caring for Very Young Children
The Infant / Toddler Curriculum

By Doris Bergen, Rebecca Reid, Louis Torelli

Foreword by Bettye Caldwell

Published by Teachers College Press, 1234 Amsterdam Avenue, New York, NY 10027

◆ ··· ◆

作者簡介

Doris Bergen 擁有博士學位，邁阿密大學教育心理系教授，她教授的課程為兒童發展、遊戲發展、嬰兒和學步兒的評估及早期療育。她在大學研究和授課超過二十五年，而今她在國際間享有盛名。她撰寫及編輯過六本書和無數篇學術期刊文章與書籍，而且擔任《兒童教育研究期刊》（*Journal of Research in Childhood Education*）的編輯。她曾擔任幼稚園和國小教師、規畫大學附設嬰兒和學步兒中心的計畫，並擔任國家幼教教師教育者協會（National Association of Early Childhood Teacher Educators）的主席。她在俄亥俄州立大學取得學士學位，而碩士和博士學位則在密西根州立大學修得，主修教育心理和兒童發展。

Rebecca Reid 教學文學碩士（M. A. T.），紐約州立大學 Cobleskill 校區農業技術學院幼兒系教授，執教十九年，教授嬰兒和學步兒的課程，她曾指導大學幼兒保育中心和校園實驗保育學校（nursery school）的實習生。她的經歷包括擔任學步兒機構的聯合主任／校長、小學教師、加州大學 Davis 校區的保育學校學年主任。她是聖地牙哥州立大學兒童發展的理學士和奧克蘭大學的教學文學碩士。

Louis Torelli 為教育理碩士（M. S. Ed.），是國家認證的嬰兒／學步兒規畫中心的領導人。七○年末期在幼教領域工作，擔任嬰兒／學步兒的保育員。最近他和建築師 Charles Durrett 合開一間公司——「兒童的空間」，專門設計兒童中心的設施。他常受邀在全國的會議中演說，定期接受兒童保育中心和「更早起頭教育」機構的請益，也是訓練者協會所舉辦「嬰兒和學步兒保育員訓練之西部教育活動」的講師。他在 Queens 學院取得幼兒教育的學士，並在 Wheelock 學院取得嬰兒和學步兒發展和行為的碩士學位。

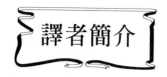

譯者簡介

莊享靜

學歷 ➲
> 輔仁大學家政系（幼教組）
> 美國愛荷華大學幼教碩士

經歷 ➲
> 輔仁大學附設幼兒發展中心教師
> 台南兆輝托兒所教師

現職 ➲
> 台南市光華女中幼保科專任教師

目錄

卷三

影響嬰兒和學步兒課程的生態因素

序

　　由於一般教育書籍的概念只適用於大孩子，現在對那些一直在找尋一本包含嬰兒和學步兒發展用書的人而言，等待終於結束了。這本書符合這樣的需求，其膽敢書寫這樣的標題「嬰兒和學步兒的課程」（The Infant/Toddler Curriculum），是因為瞭解使用這樣的專業用語才能引起人們的注意。再者，本書為了不讓父母和家庭以外的人，有任何會危害到小小孩養育與營養需求的措施，因此第一卷就有意訓練大人——教保者（educarers）——設計一個能夠結合教育和保育為一體的過程：教保環境（educare）。對我這個已在此領域力促這些名詞約四分之一世紀的人而言，我非常高興有一群有創見的作者，能採納這些名詞的概念，並在這本優秀的書中自然運用，讓這些名詞不會「繞舌」，而且聽起來也不會像是僅用「.com」的時尚說法來表示前衛的流行網址。

　　近年許多給學前團體的研究報告（Caldwell, 1991）和無數的演講中，我力促使用這些名詞，並不是因為我特別喜歡新詞，而是因為我們這領域所使用的舊名詞會被誤解，並且字面的意義也會妨礙領域的進步。雖然新詞中以保育部分為主（只有保育，像是托兒，不是嗎？），但不能免除教育這部分（嘿！學校正在殘害我們的大孩子，我們不能讓他們也如此對我們的小

小孩）。因為舊觀念的堅持，導致一直難以發展社會政策，以適當的經費建立一個廣大聯絡網，整合教育與保育為一體服務的高品質方案。

最近我們確實有座「巴貝塔」（Tower of Babel，創世紀所述，因語言混亂無法互相溝通），當焦點放在稍大的孩子身上，實在令人混淆——學前學校（preschool）、保育學校（nursery school）、幼稚園先修班（pre-kindergarten）、幼兒教育（early childhood education）、托兒所（day care）、托兒機構（child care）、家庭式托兒（family day care）等等。當我們提及嬰兒和學步兒的機構時，我們就像在這有名的塔中工作的人們一樣，不曾和他人交談過。如果我們夠勇敢使用這個遍及歐洲的法文字——creche，但是這領域的人若沒學過法文，他們一定不知道我們所指為何；又如果我們從偉大的蘇格蘭先趨——歐文（Robert Owen）那兒借詞，稱這些機構為嬰兒學校，我們一定會受到貶抑和指責，因不當使用了這屬於孩子長大之後的學制名詞。

所以很明顯地，基於新概念，這正是使用新名詞的好時機。新舊名詞中，新概念是比較重要的。新概念現在被廣泛地接受，甚至包括那些還是傾向於使用舊名詞的人——讓我們看到、使用或是提供的服務，不再只有教育或保育，因為它一直是兼具二者的。故當我們面對小小孩，在教育的同時，不可能不提供生理的保育，若不聲明或宣導新概念，小小孩的對待方式會被誤導。

使用新名詞除了有較好的字面意義外，還有另一項優點，就是一個領域的新名詞，是對一項創新的服務給予承諾。新服務不僅不同於之前的服務，還比之前的服務更好。我們的孩子在新世紀開始他們的世代，這是我們要訴諸的訊息，他們所接受的教保將會比以往的舊式服務更有幫助。

這本書對你一定會有所助益的，它是一本各方面都很傑出的書。寫到嬰兒—學步兒的活動方案時，使用了**課程**這名詞（即使許多人禁止使用）基本上合理且被人接受。課程領域所選的重點為——知識建構、社會和情緒關係、以及**遊戲**發展，就實驗觀察的幼兒發展研究而言，選擇這些重點是明智且有充足的學理基礎。此外，本書對那些想跳過研究報告細節的人，仍可閱讀流暢；對那些想看引證的人，就在書中的內容。將這二者分開，是為了讓本書的閱讀比一般專業研究報告順暢，因為專業報告會使用很多的插入括號，列出研究者姓名和研究年代，中斷了句子的流暢性。

此書的作者們瞭解嬰兒和學步兒活動方案的發展（或其他年齡的幼兒）是以環境設計為要件，藉由向讀者介紹在不同價值觀和資源的家庭裡，不同發展階段的真實孩子個案，來展現所設置的教保環境。而書中所寫的設置過程和建議，僅是提供做參考，而非規定。所提及的都是符合發展的適切性和知性的考量。最後，本書要對那些提供服務模式建議的人表達敬意，相信所有不同年資或正在受訓的教保者，都會極力支持我們表達敬意，因為這些人很少得到公開的支持。

教保這領域的人和無數享用服務的小孩，將因作者Bergen、
Reid和Torelli的努力而受益，他們協助及引導我們運用新概念、
新專業名詞和以新樂觀迎接二十一世紀。

Bettye Caldwell

感　謝

　　感謝這二十四個家庭分享小孩發展的故事、允許錄影拍攝與提供照片。要是沒有他們的合作和關心，這本書也不可能出版。由於他們的幫助，也讓即將成為教保者的人知道，每個孩子都是獨一無二，以及每個孩子都值得受到特別的關注。

前　言

課程對嬰兒和學步兒的意義

傑生

傑生（Jason）七個半月大，有一頭金黃色的頭髮和一雙靈活的藍色眼睛。他媽媽能由他的表情或肢體動作，辨識他要去哪裡或是要碰觸什麼東西。傑生喜歡咯咯的聲響和其他的聲音，特別是他自己所製造的聲音；他會尋找不同質地的東西探索，例如積木或其他

東西的表面。自從他能用腹部快速地四處移動，他變得愛探險；當他能預期接下來發生的事後，他就喜愛重複性高的社交遊戲，前一陣子他喜歡和爸爸在屋內「大戰」（roughhouse）。媽媽唯一在意的是，傑生才剛開始能自己坐著，她希望能出現一些讓她早點知道傑生肌肉強度的早期徵兆。

傑生的媽媽說，他在與不認識的人熱絡前，會把媽媽的胸懷當成安全基地。他花了一星期的時間適應家庭式教保的教保者，現在他能大方且友善地對待教保者及教保者的家人。媽媽

要求教保者必須知道她兒子獨特的個性和需要：他不喜歡突然、大聲的雜音，而且他很淺眠，容易驚醒；搖晃能夠安撫他，讓他早點熟睡；他會哭代表一定是他需要什麼，或是不能馬上滿足需要，一旦需要滿足，就不哭了。傑生的媽媽要教保者回應傑生的社會需求、細心瞭解他的癖好，並知曉他熱愛和熟識的人做社會互動。她要求常常使用傑生的名字，並且給他有趣的玩具和經驗刺激。

已經知道傑生的氣質和發展情形，那他的教保課程應怎樣安排？是否有適合傑生這年紀的嬰兒課程呢？

我們相信這本特別將重心放在嬰兒和學步兒課程的書籍，能在這特別的階段給予獨特的需要。雖然一九七〇年代已出版過幫助小小孩學習活動的書（Gordon, 1970），但書中不見**課程**這樣的名詞，也許是這名詞意謂著「在學校學習」的觀點，而這觀點卻不適合小小孩。「課程」這名詞的傳統定義是「學校所提供的科目課程學習的總稱」（Random House Living Dictionary, 2000），因此作者這樣的考量並不讓人訝異。當然，更廣義的定義也已流傳一段時間了，特別是應用在幼兒教育上。例如，有些作者定義課程為學校情境中所提供所有經驗的總和，這定義雖然未納入嬰兒和學步兒的活動方案中，但是課程這名詞已少被認為必是「學校」（即「教育」）的經驗。

較大兒童的教師發展課程時，他們的常識和專業經驗讓他們能描述出各年齡（或年級）孩子在學習領域需要知道的技能和知識。譬如，他們能編排二年級社會課和數學課的課程。但

這種情形對嬰兒和學步兒機構的教保者是陌生的，其常識和專業經驗強調小小孩最主要的需要是由溫暖、給予營養的大人提供保育，滿足孩子自發和本能行為的基本生存需求，而不是關注在學習經驗的計畫上。這是為什麼三歲以下的幼兒機構常見的名詞是保育者（caregiver）和托兒機構（child care），而不是教師和學校。但已有一些作者持極端的對立，他們主張嬰兒活動應是大人主導（adult-directed）、高結構（highly structured）和以技能為主（skill-based），以促進特殊領域的發展。例如，Susedek（1983）簡要地說明這樣的方式是要讓嬰兒「提前成為讀者」（early readers），教導特殊且有步驟的技能，有時是為了有特殊需要（如殘障）的小小孩（Howell, 1979; Widerstrom, Mowder & Sandall, 1991）。

雖然**課程**這名詞鮮少用在小小孩的活動中，對早期學習經驗在發展和文化上之重要性逐漸被確認，且一九九八年因立法「更早起頭教育」（Early Head Start）方案（從出生到三歲）所增加的經費，使小小孩課程的觀念被增強，這可能使「更早起頭教育」成為美國最大且唯一提供給嬰兒和學步兒的團體活動方案。「更早起頭教育」方案中有四點組成要項：(1)兒童發展；(2)家庭發展；(3)社區發展；(4)工作人員發展。「更早起頭教育」起先規畫嬰兒和學步兒課程時，就是使用廣義的定義，而非傳統的定義（Fenichel, Lurie-Hurvitz & Griffin, 1999）。

過去二十年社會價值觀和家庭運作的改變，使得認為達到嬰兒和學步兒保育和教育的目標應是社會和家庭責任的看法逐漸達成共識。再者，有關腦部早期發展和早年經驗對認知及社

會—情緒發展重要性的知識增加，改變了幼教專業的看法，現在已一致認為成人安排和嬰幼兒自發的學習經驗都應該開始於最早期。由於孩子的學習經驗需要大人來決定其內容，故有必要修正課程的傳統定義，以包含教育和保育的觀點。

修正課程的定義

過去十年，許多的書籍已概略介紹嬰兒和學步兒的學習活動，給予父母和保育者教學互動的策略指導，並提供知識給設立教育功能的機構（Dombro, Coker & Dodge, 1997; Gerber, 1991; Gonzales-Mena, 1997; Lally, Griffin, Fenichel, Segal, Szanton & Weissbourd, 1995; Surbeck & Kelley, 1991）。這些書籍對課程的定義不同於傳統的意義。Dombro等人（1997）定義課程為「將所有適合發展的實施片段拉在一起而成的骨架」（p.6）。Gonzales-Mena（1997）強調課程是「學習的計劃……（亦即）機構中真實發生的每件事」（p.43）。Lally（1999）說明回應的課程，首先應強調小心地觀察每個孩子的興趣和需要，其次安排支持孩子自發學習的學習環境。Gerber（1991）聲稱課程是小小孩的「關係建立和尊重」，而Surbeck和Kelley（1991）則稱為「個別化」的照料。Sexton、Snyder、Sharpton 和 Stricklin（1993）強調課程應該涵蓋特殊的小小孩和他們的家庭。

我們的定義近似這些作者。我們認為嬰兒和學步兒的課程不是一系列成人主導安排的活動，而是動態的互動經驗，建立在教保者對小小孩的興趣、好奇、動機及他們家庭的目標和所

關心之事的尊重與回應。我們相信小小孩有學習的動機；而課程必須針對生理、社會—情緒和認知的需求，而且必須涵蓋特殊的孩子，這就是為什麼我們使用案例的原因，強調觀察和回應個別孩子課程的需要及他們家庭的目標和所關心之事。

本書概觀

這本書有三個主要的部分。卷一配合已知的早期發展，提供嬰兒和學步兒課程良好的基本原則，它特別聚焦在運用遊戲為這年齡階段課程的基礎，也談到物理和社會環境的安排必須能助長以遊戲為基礎的發展與學習。卷二所提供的是一系列真實嬰兒和學步兒的個案描述，內容來自觀察和訪問個案的父母。這些個案引發應該如何兼重孩子發展和學習的一般和個別層面的討論課程，給予年齡、發展層次、和個人特質相近的孩子適當的課程實施建議，並對父母希望給他們孩子的課程和環境品質的關心予以討論。卷三則為探討家庭、社區和社會等課程情境如何影響嬰兒和學步兒的議題，也探究提昇嬰兒和學步兒課程品質的方法，提供已存在並即將在二十一世紀發展的狀況。

卷一

嬰兒和學步兒課程
的基本原則

莎文娜

莎文娜（Savanah）是一個讓人容易親近的孩子，有著圓臉、柔軟捲曲的棕髮和大眼睛，她常帶著笑容。高三十一英吋（79公分）、體重約二十五磅（11公斤），體型在教保團體一歲的孩子中，她是比較高大的。

莎文娜對周遭的情緒氣氛敏感，容易心情受創；當她遇到不好的經歷，例如打預防針時，很難安撫，而她自己也不容易將情緒緩和下來。她媽媽說連哥哥被罵時，她也會哭。她很會要求大人的陪伴和注意，並且常常喜歡被抱著。在教保機構，她會呼叫可能的玩伴，並抓住他們的腳和露出她勝利迷人的笑容以接近他們。

現在她能獨自站起來，四處走動，所以她會到遠一點的地方探險。在家裡她喜歡爬樓梯，雖然她敏感，可是跌倒時卻很少哭；她花很多的注意力走路和攀爬，而她也開始牙牙學語。她正嘗試使用湯匙，但是還是喜歡用手進食。當莎文娜出現不被允許的行為時，媽媽會先用口頭告訴：「不可以！」在第二次警告又沒效時，媽媽會將她帶離現場。莎文娜的耳朵受到病菌感染已經二個多月，媽媽擔心會影響莎文娜語言發展的進度。

莎文娜的媽媽希望教保者能關心並回應莎文娜的需要，教導她順應別人並學習與別人良好互動，而且能覺察她正在使用的技能。媽媽告訴教保者：「多為莎文娜做些我在家不能為她

做的。」

　　教保者怎麼做才能達到莎文娜媽媽的期待？在已知莎文娜現在的認知能力、社會—情緒和遊戲技能後，什麼樣的課程活動才適當？而她的教保環境又應該是怎麼樣？

　　此書卷一討論的是小小孩課程的要素和搭配課程的環境規畫要點。為了二十一世紀的小小孩，我們相信嬰兒和學步兒的課程不能建構於傳統的科目內容（例如數學課、國語課），因此建議用新的方式定義課程，以提供最佳的學習環境。

　　因為這領域的專業必須包括教育者和保育者，依循Caldwell（請見序）和 Gerber（1991）的觀點，我們將使用這名詞——教保者，來指稱為小小孩安排和執行活動的大人。如果你正值這樣的角色，絕對有必要將自己看待為一位教保者，牢記教育和保育這兩個層面都非常重要。身為一位教保者，當你獲取有關小小孩發展和學習的知識時，需要學習反思現今的工作執行，然後延伸、修正與增加新的內容到你的計畫中。

　　在第一、二章，我們將以新的觀點看待嬰兒與學步兒的教保課程架構，此架構有理論基礎、重視回應且容易施行，並考量個別性。這裡所運用的豐富學理基礎，是累積過去二十年的學術研究，而著重引用最近十年的報告（有些研究在第一章的「資訊加油站」會有較仔細的描述）。我們深信培育一個能夠為小小孩提供最佳學習環境的教保者是非常重要的。

1

遊戲是課程的媒介

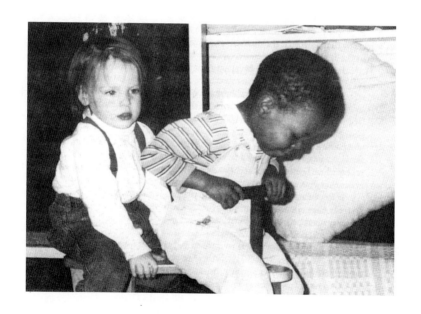

　　過去十年中，美國政策裡所陳述的一個目標，就是所有即將上幼稚園的孩子都要達到「準備好要學習」（ready to learn）

的狀態（教育專案 Task Force on Education，1990）。可是所有照顧過嬰兒的大人都知道，當嬰兒來到世上，即展現了強烈的學習慾望。事實上，這些嬰兒甚至在未出生前就已經「準備好要學習」了！研究顯示新生兒還在母親子宮時，便已學習辨認母親的聲音（Spence & DeCasper, 1987）。最近腦部發展的研究證實，生命早期對於腦細胞——神經元（neurons）與它們之間的連結——突觸（synapses）間形成的神經傳導路徑具有絕對的重要性：

嬰兒出生時，約有一千億個神經元——幾乎足夠維持一生。每個神經元可以形成一萬五千個突觸。一生中的頭三年是突觸大量形成的時期，三歲前突觸的數目以驚人的速度增加，然後維持十年。因此，小孩的腦是超高密度，所擁有的突觸量是需要量的二倍。十年後，大部分未用到的突觸會被腦淘汰，亦即腦的發展是修剪的過程。這也是為什麼早期經驗是如此的重要的原因：那些受到早期經驗重複刺激而不斷活動的突觸才得以永久保留（Shore, 1996, pp. 11-12）。

陽電子射出斷層攝影技術（Positron Emission Tomography, PET）掃瞄新生兒大腦的影像顯示，雖然神經元存在於新生兒腦中，但許多在腦中央上方（如大腦皮質）的神經元較不活躍。而「腦下方」掌控睡眠、呼吸和其他生命功能、以及感官（如視覺）的區域，其神經元顯得較活躍。滿一歲時，就腦活動而言，一歲嬰兒的腦看起來幾乎就像成人的腦，所有區域都在運作（Chugani, 1995, 1997）。到二歲時，腦重量變成二倍，由出

生時一磅（0.45公斤）變為二歲時二磅（0.9公斤），這是因為神經膠原細胞（glia cells）的擴增。神經膠原細胞以含脂質的鞘殼——髓鞘（myelin）圍繞在神經元周圍，能加速神經電位與化學訊息在神經網路的傳導。而二歲時的腦重量已是成人的70%（六歲達90%），突觸因早期經驗重複刺激而活躍；因此，小小孩歷經的經驗形式、類別與強度，對腦的發展非常重要。

　　人類嬰兒出生時，生理狀況比大部分的動物晚熟，因此生命最早的幾個月，則為學習如何將其基本的求生行為順應保育者的日常作息，並且在掌控這些行為（如吃、睡）的過程，發展內在規律性。最初的幾個月，嬰兒經由視覺、聽覺和其他感官開始認識外在的世界，他們運用感官能力，專心地觀察人的臉和物品、尋找聲音來源、辨別氣味並對氣味反應、對碰觸回應、和區分味道。當他們學會各種感官的基本技能時，他們開始結合各種感官能力（例如結合視力和聽力）、回應社會—情緒的暗示，並且經由身體動作測試物體的特性。他們對新奇的刺激展現強烈、高度的興趣。

　　由於突觸的連結在學步期擴展，「從做中想」的學習論點就顯而易見。學步兒早期的語言表現，對他們如何組織思考和嘗試瞭解經驗提供了許多的線索，即他們如何「建構知識」。小小孩在生命前三年所建構的知識為將來的學習奠定基礎，這包括了「學術」的科目，譬如數學的推理、語文的技巧。嬰兒和學步兒在探索環境時，他們就是自己課程經驗的主動規畫者，他們遊戲式地和環境互動，環境便是他們認識這世界的媒介。雖然所有的孩子有共通的發展表現，但他們有不同的氣質，影

響他們探索人、物以及和其互動的風格，也影響了他們對課程
經驗的反應。

氣質對課程經驗的影響

在一項古典縱貫法的研究中，Chess 和 Thomas（1989）發
現孩子的氣質特徵有程度上的不同：

1. 運動的程度和範圍。
2. 基本生理機能的規律性（如吃、睡……等）。
3. 新刺激的迴避或接受。
4. 環境改變的適應力。
5. 對刺激的敏感度。
6. 反應的強度。
7. 平時的心情和脾氣。
8. 專心的程度。
9. 活動專心時間的長度和堅持度。

依上述的氣質特徵，在研究的一百四十一個小孩中，發現
三種氣質類型：

- 「容易型」的孩子（easy children）（40%）：情緒正向、
  生理機能活動規律、適應力強、事物的反應強度適中、
  對於新環境能主動接近。

- 「困難型」的孩子（difficult children）（10%）：恰好相
  反，情緒消極、飲食和睡眠不規律、適應緩慢、反應強

烈、對於新環境較常表現退縮。

- 「遲緩型」的孩子（slow to warm up children）（15%）：
  活動量小、反應度低、適應緩慢、對於新環境也較常表
  現退縮。

其他的 35%，無法歸類於那一型，因為他們具有混合型的
特點。Thomas 和 Chess 逐漸發現，孩子養育和教育的施行對每
一型氣質的孩子都會產生影響。他們還發覺有些孩子的氣質會
隨著年齡增長而改變，他們表示——發展同時受到環境和孩子
個性的影響。他們說道：「如果環境和氣質這二個因素能夠協
調的話，可預期孩子能健康地成長；假使這二者不能協調時，
幾乎確定問題行為就會不斷發生。」（Thomas, Chess & Birch,
1997, p. 93）

身為一位教保者，你有很多機會觀察孩子的氣質與環境的
互動，並修改課程，為各種氣質的孩子提供最佳的環境。在孩
子不同型態的遊戲中，可以觀察到許多的氣質因素。

遊戲被視為課程媒介的原因

有時候被界定為「以遊戲為基礎」的課程，是大人運用「看
起來有趣」的活動進行教學。但這種「為學習而遊戲」的方式，
就發展而言，並不適合應用於嬰兒和學步兒的課程（Bergen,
1998）。因為小小孩所發展和學習的媒介，應該是自由選擇的遊
戲。若媒介被視為「生物體的自然環境」（Bergen, 1998, p. 8），

那遊戲就是小小孩的「自然環境」。遊戲這媒介也被視為孩子與成人溝通的橋樑，不僅提供創意的材料，讓孩子組織和認識他們的經驗（即「建構知識」），並決定孩子社會─情緒發展的情境。

透過遊戲建構知識

以前的人認為生命最早的三年對教育幾乎沒有價值，但嬰兒腦部發展和認知過程的研究揭發了大量對教保者有用的資料。例如 Epstein（1978）發現腦部發展的爆發期吻合 Piaget 所提的認知發展階段（1952），第一個爆發期在十八至二十四個月（運思預備期的起始），孩子開始有具象思考和真正語言的能力。其他學者也發現孩子早期所使用的學習歷程和人類一生建構知識所使用的過程相似：注意力、動機、模仿和精進、習慣、辨別、分類、概念發展、記憶和統整。

注意力

出生後幾個月，嬰兒開始會注意他們所經歷的景象、聲音和其他感官刺激。大人最容易發現的行為是嬰兒被抱時，他們會一直凝視大人的臉。嬰兒也會注意移動的物體、簡單的幾何圖形和對比色，當然還會注意聲音、味道、香臭和碰觸（請見資訊加油站 1.1）。最早的注意力能力萌發於觀察所有新奇且複雜的感官刺激，包括觀看自己手腳的擺動。嬰兒早期許多注意力是在探索中呈現，他們會因和他們世界中的物品及人們遊戲

資訊加油站 1.1

進行顏色辨別的研究者發現，二個月的嬰兒通過未間斷的光譜時，能區分顏色的不同（Brown, 1990）；到了四、五個月，即使光的強度不同，也知道顏色一樣，而且顏色分類的能力相近於大人（例如紅色、藍色）（Catherwood, Crassini & Freiberg, 1989）。此外，嬰兒有對比色的敏感度，而且喜歡看強烈對比的色組（Banks & Ginsburg, 1985）。嬰兒在第一年中便發展形狀概念，十二個月時，觀看僅是利用移動的光畫出形狀的外框，便能知覺那是一個形狀（Skouteris, McKenzie & Day, 1992）。

式的互動而加長注意的時間，藉由他們自己的身體動作及遊戲增加環境的新奇。學步兒在參與自己選擇的活動中，展現逐漸增加的能力，到了三歲，許多孩子能長時間自己玩或和別人玩。比起大人所選擇的活動，孩子在自己選擇的活動中參與的情形比較好。

教保人員在協助小小孩增加注意力時間上，扮演了重要的角色，也擔任孩子自然興趣的良好觀察者，並提供孩子可拿取及可回應的材料，引起孩子探索的興致。為了增進孩子遊戲的專心時間，你可以變更環境以保持環境的趣味、吸引孩子注意環境的新刺激，並陪需要鼓勵的孩子玩，以延長注意力的時間。

最重要的是當孩子自己專心的玩耍時，你應避免經常的干擾；給予孩子時間，以產生深度遊戲的經驗，這將進一步增加他們專心的時間。

動機

許多學校學習的討論，重心放在個人動機的重要性，並時常提出策略，幫助教師提昇學習者的動機。就嬰兒和學步兒而言，學習動機並不須從外誘發，除非孩子生病或不便，因而嚴重傷害他們在環境中活動的機會，不然他們的學習動機源源不絕。他們有動機坐、站和走路；製造聲音和利用肢體及文字跟人溝通；學習物品的特性；與人和動物互動；解決自己設的難題，學者稱之為「精熟動機」（mastery motivation），並認為孩子對物品精熟或社交精熟的動機強度有個別差異（請見資訊加油站 1.2）。由於小小孩的學習動機如此強烈，以至於有時候大人會對回答他們的問題、回應他們的興趣和協助他們探究他們發現的問題感到「筋疲力盡」。

身為一位教保者，你需要一直回應孩子的動機訊號（motivational signals），並將其運用於課程活動的安排。對於展現動機意圖有困難的孩子（如肢體殘障的孩子無法做出想要觸碰玩具或玩玩具的動作），可能會用眼睛看著你或是身體呈現緊張的狀態，所以解讀孩子更多細微動機訊號的能力是瞭解如何反應課程需要的關鍵。因為遊戲非常自然，是一項能引發內在動機的活動，故遊戲中學習對所有的孩子而言，具有高度學習動機。遊戲成為孩子的「學習布景」（learning set）；也就是說，

資訊加油站 1.2

他們視學習為一項有趣的活動，因而願意學得更多。

模仿和精進

　　研究顯示，即使是小嬰兒，只要顯現的行為是嬰兒做得到的範圍內，他們看到就會模仿。例如，他們看到大人伸舌頭，他們會學著做。嬰兒時常練習他們模仿到的技能，他們非常善於模仿，甚至會出現延遲模仿的行為，這樣的情形直至學步期。特別有趣的是，孩子表現模仿的行為幾次後，他們不再完全地重複，而是加入變化，他們經由模仿精進練習，再加上個人回應的風格。例如：他們笑的聲音和笑的模式，會隨著變化的增加而不斷重複（請見資訊加油站 1.3）。Piaget（1952）認為模仿是一種調適（accommodation）作用，嬰兒企圖重新創造他們

資訊加油站 1.3

所觀察到的行為。他聲稱遊戲的精進是模仿經同化（assimilation）之後的結果，是孩子將新經驗融入既有的認知基模裡的過程。模仿和遊戲對於建構知識同等重要；模仿通常是學習起始的催化劑，而透過遊戲的精進是學習精熟的方法。

身為一為教保者，當你觀察到小小孩正在模仿各種行為並在遊戲中精進時，你可學到很多孩子思考的過程。所以要知曉孩子現在精熟某事的最佳方法之一，就是觀察他們的精進行為。請記住，當孩子表現動作或語言型態的方式愈多時，表示他們精熟度愈高。由於小小孩是絕佳的模仿者，因此你必須留心這

樣的事實，孩子會從大人的示範中學習行為和感覺的表達方式。

習慣

當嬰兒最初接觸一項感官刺激時，他們會專心地面對這項刺激；但如果這是一項很突兀的刺激，譬如很大的噪音，或如打針的討厭事件，他們可能會哭和主動退縮。對於許多形式的視覺刺激，孩子會凝視，並且似乎想要從刺激中吸收資訊。可是如果相同的刺激時常重複，孩子的回應就不會那麼強烈，而且一段時間後，孩子的回應會變得很微弱。當孩子學會刺激表示的意思後，便不再覺得該刺激新奇了。孩子習慣一項刺激的能力，也就是說，熟悉刺激並減弱對它的回應，是人類學習的一項重要基礎能力。人類時時被視覺、聲音和其他感官資訊轟炸，如果不能「漠視」這些刺激，也就是習慣刺激，人類將處於混亂的狀態。嬰兒不斷增進習慣的能力，以致這能力被用來當作一種測量，作為一般發展的早期測試項目之一（Brazelton, Nugent & Lester, 1987）。習慣的測量通常用在發現嬰兒能辨識什麼、學到什麼、以及記得什麼（請見資訊加油站 1.4）。小小孩在遊戲中與環境的各式刺激互動，因而學會何時給予注意，何時忽略刺激。

身為教保者，當你觀察到嬰兒不再對某項玩具注意時，意指他們已經從那個玩具學到他們需要的知識，並準備好請你提供更多的新事物。在一個回應的環境裡，所有教保者若能留心孩子所發出的習慣訊號，隨之改變環境，維持適當的新奇程度，便可讓孩子產生最精進的遊戲和學習。

運用習慣來測試嬰兒的知識時，研究者發現嬰兒幾乎能區分人類語言中每一個說話的聲音（Jusczyk, 1995）。嬰兒會習慣一個重複的音（如 ba、ba），但當聽到一個相似音（如 ga 或 ma）時會解除原有的習慣（不同的回應）。習慣研究已經證明四月大的嬰兒能察覺音高和旋律曲式的不同（Jusczyk & Krumhansl, 1993），並能將球掉在不同地方群組成一系列的相似事件。當出現「不可能」事件時（球掉下穿過硬的物品），他們會視它為不一樣的事件，並解除原有的習慣（Spelke, Breinlinger, Macomber & Jacobson, 1992）。Sahoo（1998）發現嬰兒偏愛有複雜花樣的方塊，這樣他們可以探索更多東西。可是，五天後會習慣這探索行為，意指已熟悉了這份刺激。

辨別、分類和概念發展

人類在嬰兒期明顯出現的另一個基本特徵是對於所接收的連續刺激賦予意義。嬰兒會觀察這些感官經驗的相似和相異，並將這些和物體與動作的經驗群組分類，即是企圖將這些經驗意義化。根據 Greenspan（1989），嬰兒最早的分類能力顯現在對家族成員的不同情緒反應。他認為情緒和認知在學習上相互

交纏，而大腦的研究也證實了此項論點（Perry, 1994; Perry, Pollard, Blakley, Baker & Vigilante, 1995）。觀察嬰兒動作基模的研究顯示，早期辨別和分類能力的發展令人驚訝（請見資訊加油站1.5）。小小孩學習辨別和分類十分容易，表示這些能力是自然發生的認知過程。觀察孩子「所犯的錯誤」（如稱所有有毛的動物為「狗」），大人便能掌握孩子的概念發展，並提供協助，讓孩子連結個人的辨別，然後進入分類或其他更廣的概念。例如，當孩子能分辨貓和狗的圖片，大人可以回應：「貓和狗都

 資訊加油站 1.5

　　Baldwin、Markman 和 Melartin（1993）發現九個月大的嬰兒能夠對物體的特性做出簡單的推論。當給外觀相似但不同特徵的玩具，例如，一個玩具具有會製造聲音的明顯特徵，另一個沒有。嬰兒會試著讓外觀相似的玩具，出現這項明顯的特徵（如讓聲音發出），但不會對外觀不相似的玩具做出如此舉動。DeLoache、Pierroutsakos、Uttal、Rosengren 和 Gottlieb（1998）描述九月大的嬰兒會用手探索圖片，以手碰觸和感覺圖片中的物品，就像它們真實呈現眼前。十九月大的嬰兒會用手指向所描述的物體，替代用手探索，這表示孩子已發展「圖片」的概念，能用一項物體代表另一項物體，此外也展露了關於圖片文化適用的社會知識。

是動物。我們想想，還有哪些是動物？」這樣的回應提供孩子「鷹架」（scaffolding）（Wood, Bruner & Ross, 1976），大人從中幫助孩子在其「最近發展區」（zone of proximal development, ZPD）內學習。Vygotsgky（1962）說明「最近發展區」是「孩子不需協助而能自己做到」和「經由協助而可以學習並做到」之間的空間。鷹架幫助孩子由協助轉為個人的獨立表現（請見資訊加油站 1.6）。

　　身為教保者，如果你能仔細觀察什麼是孩子已知的，以及什麼是他們還有困難的，你才能決定如何給予孩子需要的協助，以建立分類的辨別和其他更廣的概念。你能給予孩子親手操作多功能物體的機會、談論物品和動作的特點、可歸類為群組的

資訊加油站 1.6

　　Gelman、Coley、Rosengren、Hartman 和 Pappas（1998）研究一群在閱讀區的母親和她們二十及三十五個月的孩子，探討母親如何教導分類的資訊。母親並未直接教導分類（如外觀、基本特徵），但會提示分類的實例（如馬和豬都是動物）。顯然地，孩子藉由大人一般的指導原則就能熟練分類，不須詳細的細項教導，依據 Vygotsky（1962）的觀點，概念的學習是來自概念的分別實例的累積，而非抽象原則和特徵的教導。

東西、使用分類的名稱、指出各動作、空間位置、和人們之間的相似和相異。如此的鷹架技巧將會有助於孩子早期的概念發展。

記憶

　　早期的理論家和學者都不認為嬰兒有記憶的能力；但是，最近的研究顯示，嬰兒在某些狀況能顯現長期記憶。例如，嬰兒到一個曾到過的環境，會記得之前在這地點表現過的動作；嬰兒記得先前物體放置的位置，也能「延宕」模仿，表現出一段時間之前看到的動作。嬰兒記憶的研究，擴展了大人對早期經驗和早年長期學習記憶儲存重要性的瞭解（請見資訊加油站1.7）。孩子和物體遊戲的重複性可促進記憶能力，孩子學會語言時，他們可以更輕易地顯現他們的記憶能力，通常利用像照相式的記憶回憶事情。學步兒能記得物品的名稱、重述聽到的故事、複誦詩句和唱歌，大一點的學步兒時常呈現各種形式的記憶，也能進行假裝遊戲，他們記得一般社會互動情節的程序和型態，譬如「上床睡覺」、「接電話」。

　　身為一位教保者，你可以鼓勵假想的進行程序，並給予孩子機會回應及複述故事、詩句和歌曲。由於這個年紀的情緒和認知發展緊密連結，所以孩子會記得很多情緒內容的事件和概念。然而並不是所有的記憶都是美好的，孩子的害怕也許可以追溯至負面情緒的事件；為建立孩子正向的記憶能力，你可以提供溫暖的、遊戲式的、以及正向的互動關係，如此不但可創造深厚的關係連結，也能提高記憶能力。

資訊加油站 1.7

> Rovee-Collier（1997）發現四個月大的嬰兒被放在特別的嬰兒床時，會記得踢他們的腳讓物體移動，因為後來將他們放回相同的床時，他們會重複剛剛的動作。記憶特別會和地方產生連結，六個月大的嬰兒能記得壓下橫桿讓火車發動。記憶認知力隨著年齡增長而增強，但是偶爾給予刺激的暗示，小小孩記憶的時間會更長。七個月大的嬰兒能記住物體之前所放的位置（Fox, Kagan & Weiskopf, 1979）；而九個月大時，他們能記住並模仿二十四小時之前所看到的行為（Meltzoff, 1988）。

統整

　　雖然所有嬰兒的感官系統功能自出生時或出生後不久就相當完好，但他們在第一年時會發展出統整一種以上感官接收（如看和聽）的能力。嬰兒學習同時接收視覺和觸覺、辨認物體的移動與速度、靠近並抓取物品，這些都需要感官能力的統整（請見資訊加油站 1.8）。許多嬰兒早期的遊戲都提供統整的經驗，例如對於物體的探索，小小孩可能會碰、吃、看和聽；學步兒亦在空間中學習統整他們的身體，以及在遊戲中結合各式的感官接收。

資訊加油站 1.8

對於感官接收統整有興趣的學者（Bahrick, Netto & Her-
nandez-Reif, 1998），將大人和小孩錄影的臉及聲音呈現給四
和七個月大的嬰兒。有的聲音和臉一致，有的不一致。二個
年齡層的嬰兒都能將男人（或男孩）及女人（或女孩）的聲
音與臉配對起來，因為他們注視正確配對的時間比較久。嬰
兒比較喜歡看孩子的臉（看得比較久）；但是將臉放反，七
月大的嬰兒就不會配對了，但是還是比較喜歡看孩子的臉。

身為一位教保者，你可以給小小孩具有不同感官特徵的多
樣化物體，讓他們在同一時間經歷一種以上的感官接收。你可
以利用玩具讓他們同時看和聽、觀察和靠近碰觸、或摸和聽。
透過提供豐富的遊戲環境，而其中具有許多練習統整感官接收
技巧的機會，你將大大助益孩子們的發展。

溝通和語文萌發

在生命早期一項令人驚嘆的成就，是全功能溝通系統的發
展。大部分的孩子發展語言時，不需要特別的教導，所以有些
理論者便認為人可能擁有天生的語言機制（Chomsky, 1976）。
雖然真正產生有意義的語言一般開始於九至二十個月大時，但
是小嬰兒能藉由哭泣、肢體和發聲來溝通，而父母傾向於把他

們當作「溝通夥伴」，輪流與他們進行語言和非語言的互動。嬰兒在第一年的後半也開始表現他們對語言意義的瞭解，甚至十二個月大時，他們已擅長依循簡單的指令，到了十三個月，他們一般能瞭解五十個字詞，十三到十五個月的語言理解能力，可讓人預測其二歲到二歲半的語言生產能力（Nelson, 1973）。

　　基本上，學步兒會先經歷一段一個字或單字句語言，用一個字表示一個想法的全部意思。例如，「車」可能代表「我要坐車」或「我看到一部車」，大人詮釋孩子的意思則有賴當時說話的情境。而「電報式語言」則是省去不必要的字（「坐車」可能意指「我要坐車」），是學步兒另一階段的語言形式。小小孩的溝通是個別化的，有些孩子著重物體的提及（如玩具的命名），有些則著重情感的表現（如人和感覺的命名）（Shore, 1997）。

　　當孩子獲得運用語言符號系統的經驗後，他們開始會將口語表達和書中的圖片、記號（文字）結合。孩子首先是利用物體和視覺的線索瞭解符號意義；之後將語言的發音和符號材料連結。在早期的塗寫，他們開始製造自己的「記號」，這同時是繪畫和寫字的前身。語文的發展上，首先為探索期（一至兩歲），然後是語文萌發期（約起始於三歲），兩歲的隨意塗寫是開始於文字發音前（製造像文字的記號），而早期配合字音的書寫（製造文字符號並命名其聲音）則發生在兩歲半到四歲。閱讀需要發展三「感」的：故事感、文字感、字音感（Roskos, 1999），研究顯示語文萌發發展好的孩子，是大人自他們嬰兒期起，便在語文材料中與他們進行遊戲和隨機式的互動（IRA/

NAEYC, 1998；並請見資訊加油站 1.9）。

語言和語文的傳遞有文化的背景，並深受社會互動的影響，Piaget（1952）稱這類的知識為「武斷」（arbitrary）；這類知識的學習是來自社會傳承，而非來自對物理環境的活動（這是「社會」知識而非「物理」知識）。身為一位教保者，你可以藉由語言的示範、回應小小孩的溝通意向，讓他們在語文材料中從事遊戲性互動而影響孩子的語言發展，當你進行豐富的例行性語言遊戲時，你便教導了孩子適當的溝通模式。遊戲當中，你若提供敘述性的閒談（如「我看到你在堆積木高塔」），便幫助孩子瞭解自己行為動作及描述文字的意義；當你注視圖畫或書籍、使用押韻的兒歌、指出單字和名稱、閱讀並談論故事、鼓勵塗鴉和塗寫，你將讓孩子的語文發展更進一步。

遊戲中發展社會—情緒的關係

就嬰兒和學步兒而言，遊戲也是發展社會—情緒關係的主要因素之一。孩子在大人保育和例行性遊戲中學習，學會許多社會認可的方式調整他們情緒及行為。大腦的研究證實社會—情緒經驗以重要的方式與認知的過程有關，例如，當小小孩處於壓力的狀態，神經元傳導素——**腎上腺皮質素**（cortisol）（一種經由神經元傳遞訊息的化學物質）的分泌將增加；如果小孩被虐待、忽略，可能會產生長期高濃度的腎上腺皮質素，這將傷害海馬回（hippocampus）（大腦牽涉學習與記憶的區域）的神經元。在穩定、滋養環境生長的小小孩，當遇到壓力的情境

資訊加油站 1.9

Fernald、Pinto、Swingley、Weinberg 和 McRoberts（1998）研究十五和二十四個月大幼兒聽到圖片命名時，其眼球轉動尋找圖片的回應，發現嬰兒第二年語言進步的速度和效率戲劇性的增加。二十四個月大時，孩子能在口說文字結束前凝視適合的圖片，速度近乎大人。Namy 和 Waxman（1998）用新奇的單字或符號的手勢，向十八和二十六月大的幼兒介紹新奇物品的種類。十八月大的孩子認為手勢和單字是物品的名稱；但二十六月大的孩子則明白單字才是物品的名稱，手勢不是。一開始學習符號的一般能力，此時變成著重將單字當成主要的符號形式。

時，較少出現腎上腺皮質素升高的情形，而被虐待和被忽略的孩子即使只是遇到小小的壓力，也較容易出現強烈的生理反應（Gunnar & Nelson, 1994; Perry, 1994）。由於大腦是由相互連結成網路的神經元構成，當影響大腦的其中一區（如情緒）時，必定也將影響其他區域（如語言、認知）。理論者和研究者也著手研究社會—情緒發展的其他層面，譬如孩子如何在獨立和社會行為中學習情緒表達、發展信任和依附關係，並獲得自信。

情緒表達

　　學者已發現很多關於情緒出現的向度，甚至在生命最早的幾個月。根據Izard（1980）表示，情緒表達似乎有天生的基礎；嬰兒藉由獲取大人的注意和回應的照料，提昇了存活率。未滿月的嬰兒就能出現像微笑、悲痛和厭惡般的表情（並非真正的社會性微笑），四到六個月大時出現社會性微笑。在四個月大嬰兒身上看到生氣、驚訝、喜悅和難過，而害怕和害羞則要到六至九個月（請見資訊加油站 1.10）。在大人認定小小孩的主要情緒反應向度裡，兩歲時出現輕視和罪惡感。Greenspan 和 Greenspan（1985）認為三歲前發生的情緒發展包含六階段：

1. 基本情緒的自我規律化。
2. 愛戀（對照護者形成依附關係）。
3. 發展和他人的互動溝通。
4. 獲得有組織的個人感。
5. 創造情緒的構想。
6. 運用情緒思考（幻想）。

　　身為一位教保者，你必須知道小小孩的情緒向度並尊重那些情緒的出現。你和孩子的互動遊戲能夠協助他們增加情緒的向度，並學習掌控表達的強度，你也可以藉由情緒的命名幫助孩子瞭解情緒，例如：「現在你似乎在生氣（傷心、高興）」。瞭解早期的情緒發展，你才能協助小小孩正向地經歷這些發展階段。

在一份研究四個月大嬰兒五種情境中臉部表情的報告中，Bennet、Bendersky 和 Lewis（1999）發現嬰兒有臉部情緒表情的特定性。當給予酸味，他們會傷心；限制手臂的移動，他們會生氣；搔癢，他們會高興；看到魔術箱，他們會感到驚奇，這支持了 Izard 的差異情緒理論。Lewis、Sullivan、Stanger 和 Weiss（1989）發現十八和二十四個月大幼兒已能表現羞愧、內疚和不好意思等感覺的行為，這支持了當孩子發展出自我認同時，會出現這些情緒的說法，這些稱為「自我覺察」（self-conscious）的情緒。

心理社會和依附關係發展

早期的社會和情緒發展，Erikson（1963）和Bowlby（1969）也曾描述過，Erikson曾提出發生在三歲前的二項心理社會發展任務與危機：發展信任與不信任、發展自主與羞愧及懷疑。依據Erikson的說法，假如嬰兒處在一個需要被滿足的可預期、照顧的環境，他們會發展出施予和接受愛的能力，並且相信照顧者會照料他們。他們同時顯示出信任／不信任的向度，和家庭成員及教保者正向互動，而對不熟的大人猜疑（例如，七到十個月大的小孩會有的陌生人的觀念和分離焦慮）。根據Bowlby

和他的同事 Ainsworth（1979）的研究，安全的依附關係也在這個年齡層與主要保育者共同形成。依附關係形成的階段是：

1. 前依附關係（Preattachment）（出生到六星期）。
2. 依附關係的建立（Attachment in the making）（六星期到六－八個月）。
3. 依附關係的切割（Clear-cut attachment）（六－八個月到十八－二十四個月）。
4. 互惠關係（Reciprocal relationships）（十八－二十四個月後）。

分離焦慮是依附關係切割期最嚴重的焦慮；到了最後一期，孩子能夠明瞭與大人的關係還是持續進行，焦慮因而降低。假如嬰兒十二個月已發展信任感（Erikson的用詞）和安全的依附關係（Bowlby的用詞），與主要的保育提供者產生一份濃郁的依附連結亦即指讓一個嬰兒產生信任感的情形。因為能保有自己的「安全基地」（secure base），他們會運用知識探索環境，享受新的移動能力。已建立良好信任感和依附關係的學步兒，將擴展他們的個體感，成為一個自主的人（Erikson 的自主階段），能夠自信的探索、清楚的表達需要、企圖控制自己身體及大人和同儕的行動。透過假裝遊戲，他們開始表達和掌控情緒的需要。雖然大部分的依附關係研究都鎖定在孩子對媽媽的依附，其實爸爸和兄姊也是重要的依附對象，再者如果是一個大家庭，也可能對家中其他成員產生依附關係。孩子在嬰兒期擁有安全的依附，長大後易有較好的認知及社會能力（請見資

訊加油站 1.11）。

　　身為一位教保者，當你提供溫暖、一致性的照料，並進行社會遊戲的例行性活動後，將有助孩子依附關係和信任感的建立。和孩子輪流換角色玩像「躲貓貓」的遊戲，便提供很好的機會增強信任感與依附關係。孩子能和教保者形成濃郁的依附連結；這關係並不會干擾孩子與家庭建立依附關係的強度，反而是擴展孩子的安全基座，允許他們在教保環境中自信的遊戲。此外，你也能幫助學步兒的自主需求，就是提供一個安全且有趣的環境，鼓勵孩子作選擇、自我規律、學習自我照顧技能、獨自遊戲，以及與同儕互動。

 資訊加油站 1.11

　　根據Elicker、Englund和Sroufe（1992）的研究，安全依附的嬰兒，到了兩歲能表現較精進的假裝遊戲，而且解決問題的堅持度較高；四歲時，老師對其自尊和社會能力的評價較高。Carlson和Sroufe（1995）的研究重複顯示嬰兒期時安全依附的孩子，長大後有較好的同儕關係、解決問題能力、支配動機和自我規律。Bus、Belsky、VanIjzendoorn和Crnic（1997）發現安全依附的母子閱讀書籍時會出現互惠的互動，但逃避和抗拒的母親，閱讀書籍時不顧孩子的興趣，孩子也不會作回應。就書籍閱讀型態而言，父親沒有與依附相關的差異。

利社會與社會認知發展

經由與大人和同儕的社會互動，小小孩得知他們是擁有與大人分離的個體自我意識，並瞭解社會規則的行為，譬如輪流、分享。四到八個月時，嬰兒開始將自己和父母區分為一個「獨立的自身」（separate self）（且能區分熟識的人和陌生人）。到了一歲，孩子有堅定的自我認同。他們對自我的意識從十二個月持續發展至十八個月，這使他們出現早期利社會的行為，如服從大人的要求、在遊戲中合作和同理別人。兩歲時，他們喜歡協助大人做瑣事和喜歡模仿大人的活動（Allen & Marotz, 1999）。孩子順從和合作的動機時常與自我意識（如自主）的動機衝突，就像兩歲Connor的例子。當他反抗媽媽的要求時，媽媽說：「Connor，你應該聽媽咪的話。」而他回答：「可是媽咪，我應該聽我自己的話！」（請見資訊加油站 1.12）。

同理心在嬰兒期即發展，Feinman（1991）稱其為「社會參照」（social referencing），這是一種能覺察別人感覺的能力，並運用這些線索表達自己的感受及詮釋事件。嬰兒會回應和家中成員相似的情緒反應（如當媽媽心情不好時，嬰兒會變得煩躁）便是一項證明。同理心具有認知和情緒的部分（Damon, 1988），一歲前，嬰兒只有同理心的感受；長大些，他們會真心關懷，但不知要採取什麼動作回應。例如，年幼的學步兒看到同伴受傷時，會感到悲傷，同理心由此可見，但他們不會做出任何協助的行為。兩到三歲的幼兒當感覺同理時會有效回應，他們視每個人為「獨立的個體」，並能決定做些讓對方感覺舒

資訊加油站 1.12

> Kochanska、Tjebkes 和 Forman（1998）研究八到十個月
> 嬰兒如何注意和回應媽媽的管束與十三到十五個月時自我約
> 束與順從的關聯。二種類型的順從被界定：**指派性服從**
> （committed），孩子接受母親的安排（內在引起動機）；**視**
> **情況的服從**（situational），孩子不一定配合媽媽的安排（外
> 在引起動機）。指派性服從會出現較多的「你不可以……」，
> 而視情況而定的服從則相反，會出現較多的「你可以……」。
> 女孩顯示較多的指派性服從；而視情況的服從，男孩與女孩
> 的表現相似。八到十個月時的注意力與將來的管束有相關，
> 這錯綜複雜的現象意含著孩子對社會規則的內化和接受大人
> 指導的意願。

服一點的事（如給一個「抱抱」、給一個物品）；到了三歲，
他們已有種族、性別和年齡的意識，而且也會表現要保護更小
的孩子。在假裝遊戲的社會腳本（如晚餐時間）中，學步兒和
兄姊及同伴一同遊戲，進行角色扮演時，可看出他們正在發展
社會認知，因表現一個角色需要有角色洞察的社會認知技巧。

　　透過社會遊戲和假裝遊戲最能促進社會認知和利社會行為；
因此，身為一位教保者，你應該提供小小孩很多與大人和同儕
進行這些遊戲類型的機會。你給予行為的解釋，能幫助孩子明

瞭他人社會行為的意義（如「傑會哭是因為你把所有的積木都拿走了，他沒有積木可玩了」），此外，教保者須自身示範利社會的行為（如當孩子給你東西時說「謝謝」，或你不小心撞到他們時說「對不起」）。

安排以遊戲爲基礎的課程

每個教保機構都應該設計以遊戲為基礎的課程來助長孩子的遊戲技能。為了讓以遊戲為主的課程成為好的助力，教保者應瞭解嬰兒和學步兒期的遊戲發展階段，並發展適合的方式助益遊戲式的學習。

遊戲發展階段

早期的物體練習遊戲　因為遊戲起於嬰兒對環境的感官探索，所以探索和練習遊戲在這年紀時常交替發生，卻常常難以區分他們是在探索還是在練習。嬰兒藉由一直使用一些動作基模（如張嘴……等移動模式）開始感官的探索，並且無差別地用在探索的每件物品上。他們逐漸發展不同的基模，以適用物體的特質（Uzguris & Hunt, 1974）。例如，小小孩會將球、一串玩具鑰匙、杯子放到他們的嘴裡，或者會搖沙鈴和布偶娃娃。十二個月大時，他們能辨別動作，表現在各種動作基模的運用；也就是說，他們能搖鑰匙、丟球、晃動娃娃。孩子能成功的和物體互動，有些瞭解來自大人所提供的示範，而一些則來自物體本身的「提供」（affordances）（Wachs, 1985）。「提供」包含

了物體的種類、數量和特徵，能引發孩子執行某種動作的互動和訊息。物體可能有「會回應」的元素，譬如鈴聲或嘎嘎叫、部分會彈跳起來、或不同形狀的洞，能引發孩子進行特定的動作（如搖動、打擊、輕拍、或放入其他物體）。孩子初始探索了物體可以如何操作後，他們會逐漸精進地重複這些動作基模。這是為什麼Piaget（1962）稱這類型的遊戲為「練習遊戲」（practice play）的原因，練習遊戲起始於四個月大，當孩子能做出產生結果的動作時，如按下一個鈕，以聽到發出的聲音。在學爬和學走的階段，孩子練習遊戲的時間裡，通常大部分在練習這些動作技能，用他們的身體進行練習遊戲。九到三十六個月是練習遊戲的最高峰；也就是說，練習遊戲是嬰兒和學步兒個人開始遊戲的最主要形式（請見資訊加油站 1.13）。

身為一位教保者，你應給予小小孩很多練習遊戲的機會，以助長他們對身體、認知、社會情緒技能的掌控。你可以提供不同操作形式的玩具或其他物品，留心安排環境中物品所具有的「提供」，這些將成為遊戲學習的線索。當物理環境包含課程時，課程便促進了「身體和相關知識」的發展。

早期的社會例行性活動／遊戲　嬰兒二個月大時，透過和父母與教保者的遊戲互動開始學習。在嬰兒會社會性微笑時，他們開始回應由大人發起的，遊戲式輪流的社會例行性活動。當父母和教保者以活潑的臉部表情、親密的臉部接觸、張眼和張嘴、以及高音調和特別強調的發音和嬰兒互動，他們傳遞給孩子的訊息是——遊戲是發生在一種「遊戲架構」（playframe）中的無文字活動（Sutton-Smith, 1979）。令人驚奇的是給予「這

McCall（1974）發現嬰兒有會回應的物品時，其探索和練習遊戲會增加；當物品有下列特徵時，孩子遊戲的時間較長：(1)條件式回應（物品的回應依賴孩子的動作）；(2)會產生有趣的聲音；(3)可塑性高，不易弄壞（孩子精進動作時不會有壓力）。Adolph（1997）觀察嬰兒練習爬上爬下的情形，從開始學爬的第一星期起，到幾星期後開始會走為止。他們練習爬時，穿越空間移動的判斷，愈來愈精準；可是開始走路時，他們須要重新練習如何移動他們的身體。肢體的能力似乎受到一般經驗、身體尺寸和在平面地板上的熟練度影響，而各種形式的動作方法是獨特的，都需要練習的階段。

是遊戲」訊息的動作（Bateson, 1956），嬰兒似乎非常容易瞭解。嬰兒藉由出現微笑和笑聲、興奮及有興趣重複這些動作，表示他們瞭解。

三個月大的嬰兒和大人進行簡單或偶爾的遊戲互動，到六個月時常會變成有情節的社會例行性活動或「遊戲」（games）。爸爸特別喜愛和嬰兒玩身體的遊戲，這個被信任的大人小心地與孩子做空間上的移動，當嬰兒被舉高或放低，或從躺的姿勢被拉起成坐的姿勢，他們通常會笑得非常開心，他們對大人動作的期待，能在他們盼望的臉龐和預備好的肢體中看到。

七到九個月大時，嬰兒自己會發出邀請的訊息，並成為真正的遊戲輪流者；九個月大嬰兒最喜歡的互動遊戲是躲貓貓，雖然遊戲是大人發起的，但卻是由孩子掌控玩的速率和重玩的次數（通常遠長過大人有興趣的時間！）。有聲音的互動遊戲也受一歲以下的嬰兒喜愛，大人將他們的臉靠近孩子的臉或身體，並發出奇怪的聲音，孩子通常會有回應。

　　Bruner 和 Sherwood（1976）提出嬰兒在早期社會遊戲中學習到「接觸—退縮—再接觸」的規則形式，是孩子將來遊戲規則的原型。在這些互動中，小小孩學到的不只是遊戲，還有有效社會互動的一般規則（請見資訊加油站 1.14）。雖然遊戲式互動的廣度和品質會因家中不同的成員而不同，但是父母一般會進行社會遊戲，儘管他們並未接受過任何訓練。

　　身為一位教保者，你應該例行地和孩子進行遊戲互動，因為遊戲互動和基本照料的互動同等重要。通常你可以結合社會遊戲和基本保育；例如，幫孩子換尿布或穿衣時，你可以和孩子玩躲貓貓或輕輕搔癢的遊戲。你應該堅信每個孩子都喜歡社會遊戲的經驗，而不只限於那些最有回應和吸引人的孩子。因為孩子的課程也蘊涵在社會環境中，便促使了社會知識的發展。

　　假裝遊戲的早期證據　第二年中一項令人驚喜的發展是假裝遊戲的萌發，對於物品、動作和社會角色，已能從語文轉變為非語文的陳述。首見的假裝通常是孩子的模仿動作，由媽媽、爸爸或兄姊的行為所促成，但這些行為動作很快就成為孩子自發的假想動作，例如，媽媽可能拿一個空杯子假裝喝牛奶，稱想像的內容為「牛奶」，之後小小孩也「喝牛奶」或是從一個

資訊加油站 1.14

Shultz（1979）發現嬰兒和媽媽玩搔癢遊戲，比和陌生人玩更興奮，因而他推斷遊戲能增強與熟悉玩伴的依附連結。其他的學者也證實愈安全依附的嬰兒愈能進行愉悅的母子遊戲（Blehar, Lieberman & Ainsworth, 1977）。Carpenter、Nagell 和 Tomasello（1998）發現花較多時間和媽媽玩的嬰兒，以及媽媽花較多注意力指導語言的嬰兒，比其他嬰兒較早出現肢體和語言的溝通。美國非裔三歲孩子的爸爸中，若與學步兒遊戲時出現照顧行為，且是家中經濟來源的提供者、對於親職的態度正向，其孩子有較好的認知及語言能力（Black, Dubowitz & Starr, 1999）。

空茶壺倒一些「牛奶」給媽媽。由此之後，孩子會自動複製這些假想行為並精進它們。

在一歲孩子身上可以看到簡單的假想基模，特別是那些已經有很多「命名」字的孩子，到了十八個月，這種情形變得更普遍。因為語言和假裝遊戲同為具象想法的顯示，所以言辭的產生和假裝遊戲通常在差不多的時間出現。語言理解能力發展好的孩子，即使還不會表達，也能回應大人的建議，如「搖一搖小 baby」或「開車」（這時孩子還會模仿汽車引擎啟動的聲音）。

假裝的能力好像是一種自然發生的發展，但是學者已發現不同的孩子在學步期展現的假裝，在數量和深度上有極大的不同，這些不同的原因可能是個人特質，也可能受是否有可供遊戲的物品、以及父母和兄姊對假想的示範和促進所影響。Wolf和Grollman（1982）確定二種個性形式──「典型者」（patterners）和「戲劇家」（dramatists），這二者的早期遊戲中，分別對於與物體的遊戲或參與社會和假裝遊戲的喜愛程度不同。

　　小小孩若有一個實際的物品，而其具有假想真實物的特徵，此時他們自發的假裝最棒；不確定的物品，幾乎沒有清楚的特徵，則學步兒能夠運用它們假想，他們會用積木「吃蛋糕」，而不需要一個塑膠的蛋糕玩具（Bretherton & Beeghly, 1989）。大一點的學步兒會顛覆物品的慣用性，譬如拿筆當球棒，而有些孩子則開始使用虛幻的物品。

　　媽媽、爸爸、兄姊和同儕在許多方面可以助長假裝遊戲，例如，Miller和Garvey（1984）提及媽媽可以提供情境和道具、正向回應孩子的假想行為、示範假想的動作、以及擔任遊戲的夥伴。然而在提供的示範中，有文化的差異（請見資訊加油站1.15）。

　　身為一位教保者，對於學步兒，你應只期待看到簡單形式的假裝遊戲，但是，你可以拿可能引發早期假裝遊戲的相似品來促進假想，你也可以由建議和示範中鼓勵精進的產生。例如，孩子在餵娃娃時，你可以建議和示範洗娃娃的臉、抱或搖娃娃、及放娃娃入睡。由於你的協助，學步兒便能演出簡單的假想情節。

資訊加油站 1.15

Reissland 和 Snow（1997）發現媽媽和十一至十二月大嬰兒遊戲時，會運用音調的高低和長短顯示在玩和沒在玩的差別；和十五到十六個月的嬰兒，媽媽也是運用音調高度的變化和孩子進行假裝遊戲。對於學步兒，媽媽進行假裝遊戲的程度會高於他們一至二級的程度，以提供鷹架學習（Adler, 1982）。Farver 和 Wimbarti（1995）發現爸爸和十八和二十四個月的學步兒遊戲時，孩子會比他們獨自玩時進行更多的象徵性遊戲。爸爸會和兒子玩車子和工具類的主題，並使用清楚的指導語；和女兒時則是玩家庭類的主題，並使用暗示的指導語。Haight、Parke 和 Black（1997）發現爸爸和媽媽都喜歡和學步兒玩假裝遊戲，但二者在理念和假想角色的關係上不同。Dunn 和 Dale（1984）發現兄姊和學步兒的遊戲開始於兄姊示範了假想的動作，學步兒跟著模仿；而媽媽和學步兒的遊戲則是起始於媽媽使用物品假想。學步兒和媽媽及兄姊假裝遊戲的量愈多，將有助於他對他人感受和想法的瞭解（Youngblade & Dunn, 1996）。

促進遊戲性的學習

教保者能做很多幫助小小孩遊戲發展的事，如設置一個物

理和社會的環境，以遊戲者的角色，幫助他們從探索到練習遊戲、提供鼓勵社會遊戲和假想遊戲的鷹架、並協助他們獲得自我效能（self-efficacy）。你應該提供有回應、多樣化和新奇的物品，並給予孩子時間進行物品的練習遊戲，以促進他們對物體世界的探索。練習遊戲助長複雜的練習遊戲技巧以及物理和關係知識的發展，運用聲音和視覺訊號幫助嬰兒學習「這是遊戲」、示範的遊戲只略高於他們的遊戲程度（如鷹架）、在互動的過程中運用物品假想，都可支持孩子社會與假裝遊戲的發展。二種性別的大人都應進行社會遊戲，以讓小小孩學習風格的差異。當社會遊戲增多，你應提供鷹架讓他們與同儕進行這樣的遊戲，社會遊戲增加孩子的社會知識，同時也增強孩子與你的依附連結，特別在學步兒時期，當孩子正發展自主，遊戲能促發自我效能（如他們能達到期望的終點和能影響他們的世界之信念），這是Bandura（1997）所言，對於一生的學習和表現很重要。你協助孩子在遊戲中作選擇、掌控和精熟，提昇了他們的自我效能，為之後有效的學習建立根基。

透過以遊戲爲基礎的課程評估孩子的進展

　　課程這個字意味著教保者不管孩子的年紀、技巧和氣質如何，都應為所有教保的孩子嘗試學習和發展的更長遠目標。一個有反應的課程，需要教保者對每個孩子發展技巧、統整經驗、及建構知識的能力作系統和小心的觀察。身為一位教保者，你應在觀察每個孩子及檢視你可以如何安排經驗以促進他們學習

之後選擇課程目標〔請見第十一章（Cohen, Stern & Balaban, 1997）有更多有關觀察的資訊〕。你須持續追蹤並瞭解每個孩子哪些能力可以獨自展現、哪些能力需藉由少許協助才能表現（ZPD 區域）、以及哪些能力需要很多的協助才能展現。而孩子在ZPD區域的能力能改善，大部分是來自教保者的協助（Bordrova & Leong, 1998）。

　　持續每天在表格上記錄孩子能獨自遊戲和需要協助的遊戲活動與你看到他們的基本需求，你可以將這些資訊與孩子的父母分享，並和父母討論孩子在家的經驗，包括常態（如睡眠型態）和非常態（如外婆來訪）的情形。你應該收集表格資料、將觀察紀錄和孩子的成品表現（如積木建造的照片、塗鴉的圖畫）放在孩子的檔案夾裡，以顯示孩子這段期間的發展情形（Apple, Enders & Wortham, 1998），這些紀錄可以幫助你規畫符合每個孩子需要的個別化課程。運用個別化安排一覽圖是檢視孩子進展的一種方法，請見圖 1.1（摘錄自 Apple, et al., 1998）。

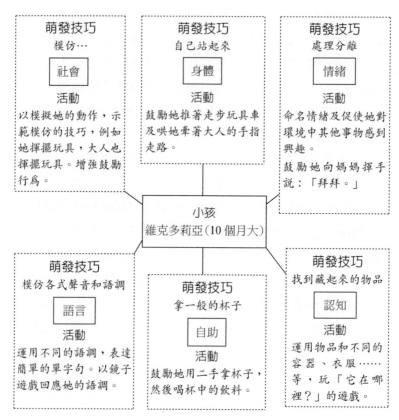

圖1.1　個別化安排一覽圖：嬰兒和學步兒

資料來源：Apple, P., Enders, S., & Wortham, S. (1998). Figure 3.8 from Portfolio assessment for infants, toddlers, and preschoolers: Bridging the gap between data collection and individualized planning（p.43）. In S.C. Wortham, A. Barbour, B. B. Desjean-Perrotta, P. Apple, & S. Enders (Eds.), Portfolio assessment: A handbook for preschool and elementary educators. Olney, MD: Association for Childhood Education International. Reprinted by permission of the authors and Association for Childhood Education International, 17904 Georgia Avenue, Suite 215, Olney, MD 20832, Copyright © 1998 by the Association.

摘要

　　嬰兒和學步兒的課程是建立在活潑學習的機會上，透過在物理環境中與物體及在社會環境中和家庭成員、教保者與同儕進行遊戲。嬰兒和學步兒的發展是快速的從一個階段歷經到另一個階段，而其在以遊戲為基礎的課程中，所助長的學習是寬廣且重要的。雖然以遊戲為基礎的課程之建構並沒有制式的方法可依循，但是在後面的章節，有列舉教保者可運用來符合個別孩子需要的課程活動例子。課程進一步可運用的資源則條列在附錄 A（譯註：為英文資料）。

問題討論

1. 對於學者針對嬰兒和學步兒能力的研究發現中，哪些是你感覺訝異的？此外，你認為這些知識如何影響你對孩子課程需要的想法？

2. 為什麼你需要告訴家庭成員，和家中的孩子玩是多麼重要？你會給他們什麼樣的遊戲建議？

2 規畫以遊戲為主的課程環境

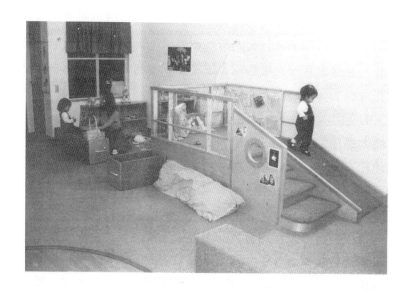

　　嬰兒和學步兒的課程特別仰賴進行活動的物理環境（如空間的安排、設置的設備、物品和材料）和社會環境（如現職人員的數目和類型、及他們社會—情緒互動的方式），因為環境

探索和遊戲是小小孩的主要教育活動（Torelli & Durrett, 1998）。
尤其是環境的探索（如觸摸、攀爬、爬行、走路）不只提供身
體技巧發展的機會，也提供了增進認知和社會—情緒能力的機
會。身為一位教保者，你必須安排一個能建立小小孩基本學習
模式的環境、評估現存環境的效能，並為提昇環境品質而進行
改變。為了做到這些，你可以使用環境規畫的基本原則。

環境規畫的原則

　　安排嬰兒和學步兒的環境，你必須考量環境可能會影響長
時間在那兒的孩子及大人的行為和情緒。對於辦公室或居家的
設計，通常會有一大堆想法，很不幸的，對於小小孩的環境就
沒花費那麼多的心思，部分原因是小小孩的環境通常是「被找
出來的空間」，而不是特定建造的。不合適的小小孩環境規畫，
可能太過花俏、明亮、擁擠和吵鬧；也可能太過平淡、呆板、
稀疏和安靜。一項適合教保者用來評估環境刺激適當度的好原
則是環境應具有中度的環境裝載量（moderate environmental load）
（Mehrabian, 1976）。

　　環境裝載量是指在特定的環境中，資訊流動的速率和刺激
所呈現的數量與強度。非常高度裝載量的環境有如龐大、忙碌
的機場和超大型的購物商圈，其範圍廣大、複雜、密集、擁擠
和不確定性，而且會有不定期、隨意的刺激，罕見和令人驚訝
的事件可能發生；因此這樣的環境可能提供許多高度新奇的經
驗。相反地，極低度裝載量的環境就如內科醫生的個人檢查室

／等待室、單人牢房、以及如臥房的個人空間，低裝載量環境的特質是熟悉、重複、小範圍、簡單、稀少、不擁擠和確定性，它們擁有的刺激一般是持續、平靜或典型的（例行事項）。

　　環境裝載量有時被定義為環境中新奇和複雜的總和。雖然每個人想要新奇和複雜的總和不同，但是一般而言，大部分的人還是喜歡刺激達到平衡的環境。非常高裝載量和非常低裝載量的環境對孩子有非常大的影響，引誘出教保者不願見到的行為。連續處於這二種環境的孩子可能會產生不安和狂暴的行為、過於亢奮和冷淡、被動和退縮、或極端的情緒表達。這是因為持續有壓力的環境傷害了孩子的大腦發展，所以不讓教保環境增加孩子可能在其他生活地方正經歷的壓力是特別重要的。這就是為什麼中度裝載量的環境對嬰兒及學步兒最理想的原因。

　　環境規畫的原則能幫助你安排的教保環境具有一些高裝載量和低裝載量的特性。當然，孩子的氣質不同也扮演了決定理想裝載程度的角色，就像適合「容易型」氣質孩子的環境裝載量就比「遲緩型」的孩子高。可是，大部分的小小孩在中度裝載量的環境中能自在的探索空間，並且專心地玩耍稍微新奇的玩具，所以中度裝載量的環境比較適合。你應該各準備一些變化與複雜以及重複與簡單的材料，平衡與大人互動的時間及孩子自己獨自玩的時間，並且確定熟悉及新奇同時存在。對嬰兒而言，中度裝載量的環境應該創造像家一樣的氣氛，備有熟悉的柔軟品質及提供新奇多樣的物品。舉個為年幼學步兒同時安排熟悉與新奇物品的例子，在空間中持續擺放大型的木質中空積木（熟悉），並搭配多樣的周邊物，如可加入及移走的小車

子、人物模型、動物模型和標誌（新奇），一切都基於觀察孩子的使用狀況和興趣而擺放。

創造一個中度裝載量環境的原則可以同時適用於家庭和教保中心。教保者的工作環境有很多類型，如孩子自己的家、家庭式托兒的家庭、大大小小營利和非營利的托兒所、更早起頭教育方案的機構、特別補助的家庭方案，而環境規畫的中度裝載量原則是所有類型教保環境的評估準則。家庭中的裝載量可能會高，因為有許多的小孩／大人、聲光俱備的電視、凌亂的房間、多樣化的物品；但也可能低裝載量，因為缺乏操作的物品、少聲響（音樂或人聲）、稀少的壁飾、以及只有一位小孩和教保者。同理，教保中心機構可能因擁有的空間太大或太小而令孩子覺得不舒服、太多或太少的成人或同儕互動、時常改變或一直維持不變。假如你在這樣的環境中，可能發覺到孩子探索和遊戲的品質低落，那你應該確認如何合宜的增加或減少環境裝載量。除了掌控環境的裝載量，你也必須知曉一些可建立高品質的物理和社會環境所建議的特定指導方針。

物理環境的品質指引

物理環境包含很多因素，例如可用的材料和設備的形式、空間的大小與安排、每段時間流程的長度和順序、感官材料的品質、環境的限制和挑戰。所有小小孩的物理環境都應具備足夠的美感、安全、促進健康、舒服、便利、彈性、空間，讓孩子自由移動，並擺放各式容易拿到的物品和材料，允許孩子選

擇（Torelli & Durrett, 1998）。

美感的愉悅環境

環境安排之初，美感通常是最後才考慮的項目，但我們的觀點是，賞心悅目的美感是孩子物理環境的必要要求（Bergen, 1998; Torelli & Durrett, 1998）。Olds（1998）陳述了理由：

因為沒有明顯的設計缺陷及安全的大問題，只通過基本的安全和乾淨標準，就認定環境是適合的想法是不切實際且可能有害的。環境，如同生活的所有層面，是刺激、資訊和影響的有力提供者，它的效力在某些地方總能感受到並被結合。孩子根據他們的感官所提供的資訊生活，盡情享受各種微細差別的顏色、燈光、聲音、觸感、組織、音量、移動、視覺和動覺的共鳴、形式和節奏，經由這種方式認識這個世界。孩子的遊戲主要是對環境中的變動回應，正如印度人聲稱〈Sarvam annam〉，每樣東西都是食物。環境必須用好奇心和喜愛去創造，以提昇孩子的心靈和尊重其增加的敏感力。設置一個適合的環境是不夠的，而它還必須要漂亮（第123-124頁）。

嬰兒、學步兒和教保者的漂亮環境並不是貴的環境，而是你經過考慮和選擇，購買或製作美感上愉悅的顏色、家具、圖片、材料和物品。你的環境應該避免雜亂，而是用簡單的線條和對照物，這些包含了帶給孩子與大人有趣和撫慰的要素。最好的狀況是，建置的環境（如櫃子、地板）應該採用自然的材質，採光也用自然的方式，如果不行，用白熾燈，不要用螢光燈（Olds, 1998）。讓人感到美感的愉悅環境，通常是中度裝載

量的環境，提供促進刺激平衡的各類感官經驗。

安全和促進健康的環境

可想而知的是環境應該安全，無硬體的危險，如未覆蓋的插座、不堅固的傢俱和櫥櫃、旁邊無護欄的階梯、或其他的危險物。但是嬰兒階段到學步兒期，安全環境的標準隨孩子的成長狀況而改變，當孩子開始坐、爬、走、跑和攀爬時，因而增加他們探索和遊戲的範圍，應定期檢視環境中是否有潛在的不安全部分。

每個年紀的安全環境仍需含有挑戰的程度，以符合及拓展孩子的發展能力。安全環境裡的種種特質都是邀請孩子與環境安全的互動，而不是需要大人在旁嚴格和持續地管制。例如，當孩子開始攀爬，環境中應有許多安全的攀爬方式，而不要因環境中有危險的構造，大人就禁止孩子攀爬。環境最佳的平衡是「可以／可以／不可以」，這表示環境中很多的行為被許可、很多的物品可以被操弄，只有少數的行為和物品被限制使用（Bergen, Smith & O'Neil, 1988）。

由於學步兒正在發展自主、練習動作技巧、好奇探索環境的每一個角落，他們需要機會，用「創意」的方式安全地使用物品，以展現自主行為。沒有足夠的「可以」，環境中隨時會發生意外。當然，小小孩確實需要學習自我規範，這是為什麼環境中會安排一些「不可以」，但是，應有「可以」的選項搭配「不可以」。例如，你可能不准孩子攀爬椅子或櫥櫃，但鼓勵孩子攀爬堅固的小夾層閣樓、樓梯和溜滑梯的步階。

健康的環境裡不能有有害的氣體、化學物或其他污染物。應具有獨立的空間換尿布和上廁所，最好的狀況是，教保者協助孩子進行這些事時，仍可觀察到活動室中的其他活動，另外還有食物備製和儲存的獨立空間，以及容易拿取但安全存放的清潔用品儲藏區。此外應該有一套很健全的健康和緊急事件的政策，而教保者也應該接受良好的訓練，使其處理的方式與政策一致。再者應該有區隔開生病孩子的空間。水源的取用對大人和小孩都應方便，且室內溫度維持在舒適的範圍。由於新鮮的空氣和戶外的經驗也能促進健康，所以最好能有室外的照顧區域，好讓嬰兒和學步兒在大部分的日子和每個季節擁有戶外活動的經驗。良好的空間設計是室內能直接通往戶外的區域，而戶外場所應具備許多自然的材料，如小山丘長滿草、遮陰的傘型樹，和放置玩具和其他材料的地方，並且還要建置適合學步兒的大型設施。

大部分設計給嬰兒和學步兒的環境中，對安全和健康相關的事考量最為小心。但是你如果使用的空間原本是為其他目的規畫的（如住家、教堂），你必須慎重小心地檢視可能產生的危險，並逐步移除危險和有害健康的地方。戶外的擺設同樣也以安全和健康為評估的項目。附錄 B 提供設立教保機構的細則，以確定環境是安全並能促進健康。

舒適、便利和彈性的環境

物理環境應讓孩子和教保者都感到舒適和便利，因為他們會花許多時間在這環境中。舒適的特徵包括環境中應有一些柔

軟的部分（如沙發、地毯、包裹的隔板），並有一些堅固且容易清洗的區域（如磁磚表面、木頭、櫥櫃）。舒適的環境須有能支持與他人互動的空間、安靜與半隔離的地方，便利的環境則是一些家具（椅子、桌子、水槽、櫃檯）的高度適合孩子；而有些家具的高度則適合大人。環境中需要經常清洗的表面，應該容易清洗，而且接近水源，放置在櫃子的清潔用品，應只方便大人拿取。遊戲設施的規畫中，「濕」和「乾」以及「安靜」和「吵雜」的學習區應該區分開來，且讓孩子有選擇性，以提昇孩子自我控制的感覺，和幫助孩子發展延長興趣的時間。

環境規畫中的彈性是必要的，因為孩子的需要會隨發展而逐年改變，每日例行的活動也需依孩子的興趣而修改。若環境空間可能重新安排，使用可以摺疊起來收藏和容易搬遷的家具比較方便。適當的收藏是必須的，環境中所有的設備和材料並不適合每天都陳列出來，這個概念對家庭式教保特別重要，因為家庭的空間通常較有限。假如你規畫的環境讓孩子和教保者都感到舒適、便利和彈性，他們便能夠停留在這環境較長的時間，並且不覺得無聊或焦慮。環境的彈性應該擴及到戶外場所，戶外除了設置適合學步兒的大型設施外，你還需準備玩沙的玩具、球、小的手推車、小車子、三輪車、大型木質積木、和假裝遊戲的材料，最好還有一個可上鎖的收藏空間，來收放這些「零散的東西」。附錄 C 提供了二個高品質環境的例子，嬰兒和學步兒的機構可依個別的目標和條件做調整。

支持移動和挑戰肢體的空間環境

　　空間的考量，一定要在地方立案的標準內，如基本要求每個小孩的活動空間為三十五平方英呎。但這項空間要求，可能只適合教保十八至二十五個孩子的大團體，對一般小的教保機構可能無法適用。以這項空間標準，假設教保八個學步兒，推算出只需要二百八十平方英呎的空間，這只是一間大臥房的大小啊！無論學步兒或教保者都無法在那麼小的空間停留一整天。我們建議設計嬰兒和學步兒教保環境時，請參考對嬰兒和學步兒機構有經驗的專家提供建議（Lally et al., 1995），並提供五百至六百平方英呎的空間給八至十二人的混齡嬰兒和學步兒（請見附錄 B）。

　　非常小的嬰兒並不特別需要空間，當他們能自行移動，環境若能讓他們自由地移動和寬廣地探索，以善用他們感覺動作的技巧，便對他們的發展非常的好。環境規畫者常會認為爬行的嬰兒和剛會走路的學步兒個頭小，因此他們需要的空間比大孩子小，但恰巧相反。移動的嬰兒和剛學會走的學步兒因為身體動作技能尚未純熟協調，若處在太小的空間，他們很容易碰到互動的問題。環境如果能支持孩子移動和肢體的挑戰，不僅協助其動作發展，也促進認知、社會和情緒的能力。小小孩應該處於能給他們很多「活動空間」的空間內，而且室內和戶外都有適當的肢體挑戰。

　　雖然小嬰兒需要的空間非常小，但這些尚不會移動的嬰兒和他們的教保者仍需要一份空間感，故鼓勵設有一個大窗戶，

能眺望建築物裡的其他空間，以及能通往到戶外去。而設備的擺置也會增加或減少空間，影響孩子能移動的空間大小。當然，空間內若孩子數太多，偌大的空間也會覺得擁擠，因此團體的大小也是決定空間大小的重要因素。一個空間內的孩子假如年紀不同、發展程度不同，通常空間須更能彈性運用。而一個空間內所有的孩子若都正對爬行或攀爬有興趣，如果空間沒有特別的大，這空間便顯得太「忙碌」了。

給予空間感的另一項作法是，讓孩子在一間主要的空間，有時候可以跑到別的空間去。相鄰的二個空間，以門隔開，於「流動時間」打開門，讓孩子紓解在小空間的約束感。有些州的托兒規定不准混齡，那這個作法就不適用。

小孩必須有足夠的空間探索和遊戲以成長和學習。如果你確定空間適宜並且設計良好，你將發現大部分孩子的管理問題都不見了。

擁有多元物品和材料的環境

當互動的物品有一些些的新奇（即是那些熟悉的項目中，帶有一些不同以往的特質），嬰兒和學步兒會展現最長的注意時間長度，所以你選擇的材料應該具有多樣的使用方式。通常一個物品再增加一項物件就能變得新奇，例如塑膠的鑰匙再加上一個能放進去鑰匙的杯子，就會變得更有趣。遊戲的材料不要一次全擺出來，因為熟悉的東西會失去趣味。你若讓有些玩具「消失不見」或輪替出現，你能重新攫獲嬰兒的注意力。

一些玩具應該放在開放式的櫃子、籃子或桌子，讓孩子能

夠自由選擇；其他玩具則放在取放方便的櫥櫃中，讓教保者能從中提供多樣性和挑戰。如果玩具一直沒更換地塞入籃子中，小小孩會失去興趣，尤其是當玩具肢解或缺損的時候。

為了讓學步兒進行遊戲，活動室中材料的空間安排特別重要。對學步兒而言，材料安排應該為半開放，這樣孩子「一窩蜂」的行為（即是當學步兒看到一個孩子進行一項活動時，所有的孩子都做相同的活動）會減到最小。由於嬰兒和學步兒與物品及材料的遊戲是課程中主要的部分，所以你陳列的物品應讓孩子能拿取並完全地使用，如此最能達到你預設的學習目標。

社會—情緒環境的品質指引

即使物理環境設計得良好，它還是受教保者所提供的社會—情緒環境的品質所影響。實際上，教保者和孩子所發展的關係形成課程的核心，但孩子和同儕發展的社會—情緒關係也很重要，因為同儕會影響所傳遞出的社會—情緒的訊息。當然，社會和情緒發展上，孩子的家庭提供最基本的部分。教保者必須考量以下五項重要的社會—情緒構成要素，其中每一項要素相互依存。這五項要素是：

1. 符合每一個孩子的基本照護、營養和安全需求。
2. 提供個別化、有回應和遊戲化的社會互動。
3. 對於孩子自主和自我效能的發展提供協助。
4. 助益同儕間互動技巧的發展。
5. 讓家庭成員感覺自己是教保環境中受歡迎的夥伴，並支

持教保的目標。

　　為了達到身為教保者的責任，你必須每天扮演許多不同的角色，包括扮演一位照顧者、觀察者、指導者、教師、教練、活動的起始者、回應者、參與者、環境的準備者，甚至為舍監（Bergen, Smith, K. & O'Neil, 1988），表 2.1 將詳細解釋這些角色。一群教保者討論嬰兒和學步兒最重要的需要時，將恆常的照護和健康／安全的環境列為嬰兒最重要的需要，而一個著重自主和認知發展的刺激性環境對學步兒言是最重要的（Bergen, Gaynard & Torelli, 1985）。

　　同儕用「同儕的眼睛」（peers'-eye）來看他們自己和社會─情緒的世界，因此同儕提供了非大人賦予的觀點，此外同儕的互動有助同理心和社會技巧（如分享）的發展。當然家庭才是支持社會和情緒成長的主要核心，而教保環境予以協助，所以家庭需提供孩子個人、家庭和文化價值觀的資料給教保者，以利教保者有效的互動。

照護、營養和安全的環境

　　雖然對於社會─情緒環境的必要品質有普遍的認同，但美國各州執照的標準和聯邦機構的要求差異很大，如大人與小孩的比率、團體的大小、家庭式教保的教保人數、以及一個孩子的空間需求；因此，各州的教保者所提供的教保品質會有些差異（Gallagher, Rooney & Campbell, 1999）。例如，有些州允許大人對嬰兒的比率為 1：6，大人與學步兒的比率則為 1：12，或

表2.1　教保者在嬰兒及學步兒機構的角色

1.照顧者：注意孩子生理及情緒的需要，傳遞溫暖和信賴的感覺。

2.回應者：敏感於孩子發出的暗示，對孩子的活動保持興趣，注意孩子的溝通企圖，進行輪流的社會遊戲。

3.觀察者：行動要像「悠閒但警覺」的觀察者，以監護孩子的起始活動，引發「最近發展區」，並準備好在孩子需要協助時或遊戲需要增加時介入。

4.準備者：安排環境，規畫容易接近、安全和具學習價值的設備和材料，並提供能邀請孩子遊戲時使用的物品。

5.起始者：安排學習活動，示範精進的遊戲基模，並鼓勵孩子遊戲的精進行為。

6.教　練：當孩子學習特別的技能時，給予鼓勵和鷹架的協助；當孩子完成一項工作或陶醉於遊戲時，給予陳述的讚美。

7.參與者：和孩子一起角色扮演、遊戲及肢體活動，並擔任遊戲技巧的示範者。

8.教　師：（在學習者建立的學習環境中）使用預先指示的模式進行教學活動。

9.指導者：關於安全的規則、預期的行為、或例行的活動，給予清楚的指導。

10.舍　監：為了讓環境維持健康和賞心悅目，進行清潔、收拾和丟棄。

備註：角色的拿捏依孩子的年紀而定，嬰兒和學步兒的教保者會扮演混合的角色。例如，在嬰兒早期，照護者和回應者是基本的角色，而起始者和教練的角色通常運用在大一點的學步兒身上。

資料來源：Originally published in Bergen, D., Smith, K., & O'Neil, S. (1988). Designing play environments for infants and toddlers. In D. Bergen (Ed.), Play as a medium for learning and development (p.205). Portsmouth, NH:Heinemann. Copyright © 1988. Reprinted by permission of D. Bergen.

是更高，可是美國聯邦政府所設的更早起頭教育方案的指引中要求，大人和嬰兒與學步兒的比率為1：4，而一個團體的最多人數為八人。專家建議孩子應該給相同的教保者教保三年，但州執照的標準並不能確保教保的持續（APHA/AAP, 1999; Lally et al., 1995）。因此，規畫有品質的教保環境，不能僅依賴執照的標準。

我們建議二種可接受的大人與小孩的比率及團體大小的標準：(1)於NAEYC鑑定（accreditation）標準中所概述的「適合」的情形（NAEYC, 1998），及(2)這領域的專家所建議「高品質」的情形（Lally et al., 1995），表 2.2 顯示二者的比較。在「適合」和「高品質」的指引中，建議主要的教保者（即長時間相處的大人）教保的持續性最少能維持一年，而且主要的教保者／長時間相處的大人在他們教保的團體中，特別需要和孩子的社會—情緒需要與氣質「對味」（tuned in）。而團體中其他的教保者也需要知道所有孩子的需要，並對孩子的興趣給予回應。

不幸的是，美國大部分州的教保者不需要接受基本的訓練，只有非常少數的州要求教保者需要有幼教資格，但不包括早期介入／特殊需要的機構，而更早起頭教育方案則要求需要證書。事實上，教保者必須具有小小孩的發展和教保的知識，而且必須接受訓練，這可以是拿學位或在職訓練的方式。最好的情況是同時擁有男性和女性的教保者，這樣孩子可以經歷兩種性別的照護、遊戲和角色示範。假如沒有合格的男性教保者，可以聘任男性的助理，並鼓勵他們追求專業的成長。此外還可以選擇找高中男學生擔任義工、男性廚師、男性司機、或社區男性

表2.2 教保者與孩子的比率和團體大小的建議

適合的狀況	高品質的狀況
比率*	**比率****
1：3 嬰兒小於六個月	1：3 所有的嬰兒
1：4 大一點的嬰兒	1：4 所有的學步兒
1：4 二十四個月的學步兒	
1：7 三十六個月的學步兒	
團體大小	**團體大小**
1歲以下嬰兒：六至八人	嬰兒：至多六人
學步兒：較小的學步兒為八人，較大的學步兒為十四人（二位教保者）	學步兒：至多十二人（三位教保者） 混齡的團體：六至八人，但低於二歲的孩子至多二人

註：* Guideline from NAEYC, 1998
　　** Guideline from Lally, et al., 1995

長者參與，再者，也鼓勵教保機構聘請不同種族和文化的人員。

　　雖然大人和小孩的比率、團體大小、和教保者的訓練很重要，但教保者的社會—情緒互動的品質和模式更為重要。對小嬰兒而言，教保者只要在餵食、換尿布或其他的保育時，伴隨社會互動和語言／非語言的溝通，就能傳遞情緒的安全感；孩子大一些時，教保者則是透過保育活動和遊戲互動傳遞安全的訊息。因此，教保者最重要的特質之一是能和孩子遊玩。

回應和遊戲化的環境

當嬰兒出現需要和有興趣的神情時，大人若能給予回應，便是孩子發展信任和依附關係的關鍵。透過這些互動，嬰兒學會預期他們表達溝通後會得到的結果和信賴保育他們的人。小小孩的互動回應情形與教保者之間的關係品質有很大的關係。教保者和嬰兒遊戲式的互動，可以讓孩子學習社會遊戲的規則和暗示，也就是「遊戲架構」（playframe）的邊界；而教保者和學步兒的遊戲則是提供社會互動的練習，幫助他們能和同儕遊戲。

當教保者要對一群嬰兒回應時，他們會覺得沒時間和嬰兒遊戲，因而僅是提供基本的保育。由於遊戲式的互動有助嬰兒依附關係的發展，教保者可以將遊戲嵌入例行的保育活動中。例如，在保育時，你可以編唱有「對話」的好笑歌曲或玩社會遊戲。著重互動的遊戲應該多次進行，而且機構中的教保者都應和孩子進行這類的遊戲，當嬰兒不只和一位教保者進行過遊戲，他們將學到不同形式的互動，並和多位大人形成依附關係。所有的嬰兒，特別是那些發展遲緩或被虐待的孩子，需要有和教保者一對一的遊戲機會，即使他們剛開始對活動的回應並不熱烈。對於這樣的孩子，你必須更努力去獲取他們的回應，當然在孩子社會—情緒的發展開始進行順利時，孩子就願意對我

們回應了。

　　和學步兒的假裝遊戲中，你的參與是必要的，因為大人社會假想的示範幫助學步兒將假想轉化為具象的想法，學步兒的父母通常會因角色示範、主題建議、和提供相關玩具，而促進孩子的假裝活動，可是父母工作時間過長，會削減他們和孩子進行假裝遊戲的時間。教保這類父母的學步兒，你必須擔任假裝遊戲催化者的角色，你可以起始主題和劇情、示範角色和動作、及教導孩子們如何扮演角色和將劇情表演出來，你也可以擔任遊戲中的參與者，扮演其一的角色，協助劇情能夠連貫，你也可以在劇情中加入一些角色，拉引其他的孩子進入假裝遊戲中。

　　如果你持續教保同一群孩子，你會知道他們的需要，並瞭解如何和他們遊戲。例如，一個孩子開始了社會性遊戲，可能需要你對他回應或協助同儕參與他的遊戲。有的孩子在表演前，需要先當觀察者，先觀看你的示範；但有些學步兒卻不需要你的協助，就能表現各式情節的遊戲並成功地引領其他學步兒進入遊戲中。當孩子的能力越來越好時，你的角色就轉化為自主和自我效能的推手。那時，你所做的是多一些觀察和監護、準備或取得合適的材料，並經營一個能讓學步兒和同儕自主遊戲的環境。

促進自主和自我效能的環境

　　教保者不僅是提供保育和互惠的社會性遊戲，還須預備好一個能鼓勵嬰兒和學步兒探索物體、實際遊戲和社會性觀察的

環境。你可以經由幫助嬰兒達成遊戲的工具性目的而助長他們的自主性，例如，拿到玩具、開門或鎖門、爬過隧道、或拉他們站／坐到某項家具上。若使用鷹架的方法，那你只需提供必要的協助，就能讓孩子達到他們的目標。例如，僅需要在學步兒第一次玩溜滑梯時，「教導」他們如何上滑梯，孩子試過一次，以後便能有效的自主進行此活動。所以物理環境必須儘可能安全，如此你不必時時跟在孩子旁邊，且能讓孩子在大人最少的介入下探索和進行嘗試錯誤的操弄與感官遊戲。「悠閒但警覺的觀察者」是教保者和學步兒遊戲時扮演的主要角色。你必須準備好在需要的時候介入，但卻不過於操控和主導。學步兒的教保者有時要在互動和觀察中取得最好的平衡點並不容易。你需要謹記的是學步兒有自己遊戲和學習的時程表，因此，孩子主要需要的是大人的助長，而不是主導。

有障礙的孩子也需要機會獲取自主，所以遊戲環境裡必須調整，以促成他們能獨立遊戲。即使孩子的肢體技能有所限制，環境也須對其有影響力。調整的環境中，如要孩子用手指、手臂或頭的力量移動玩具，請幫助孩子有效地與物體互動，並提供多項感官刺激經驗（如觸覺、聽覺和視覺）的物體，讓有單項感官缺陷（如視覺）的孩子能維持探索的興趣。

男孩或女孩都應嘗試各類自主的遊戲，不管材料是髒亂的或安靜的，你不能限制女孩玩打仗的遊戲，或不准男孩打扮成「媽媽」的樣子。在這個年紀，所有的孩子都應有機會玩洋娃娃和火車、進行安靜和吵鬧的活動、並幫助達到自我效能——就是感覺能用自己的能力行動、做事和達到目標，自我效能也

能擴及到感覺自己能夠成功地與同儕和大人互動。

助長與同儕互動技巧的環境

嬰兒很早就意識到同儕的存在，他們會專心地和圖片中或錄影帶中的小嬰兒互動，並以萌發的社會技巧，啟動與嬰兒同儕的互動。他們剛開始時會用現有的探索行為接近同伴，如拍同伴的頭或抓他們的頭髮。因為同伴是以不同的方式回應，所以很快地，他們便瞭解到其他嬰兒不是物品。一歲結束前，嬰兒會被其他嬰兒的哭聲或笑聲影響，尤以當同伴是在眼前時情形更為明顯；他們在同伴面前會玩得很高興（平行遊戲）。

學步兒會用物體當作啟動同儕互動的「介紹」工具，例行的「玩具給予和拿取」是學步兒早期常見的現象；到了學步兒晚期，可能萌發聯合遊戲（這通常需要大人協助使其發生）。當安排社會—情緒環境，你必須考量同儕團體的影響（正向或負向），並準備促進正向社會—情緒互動的環境。雖然小小孩和教保者間的關係品質很重要，但好品質的同儕關係也有助於促進孩子健康的發展，而教保者與孩子家人建立的關係也有如此影響。

歡迎家人擔任教保夥伴的環境

教保的社會—情緒環境是由受教保家庭的體貼所架構而成的。家庭對每個年齡的孩子而言，具有舉足輕重的角色，但家庭對教保者的支持和參與，對孩子來說更重要，尤其當孩子非常小的時候。很多父母對於將孩子送出家門讓人保育和教育的

決定，停留在精神層次的要求、懊悔，或從教保者身上獲得滿足，因而造成教保的困難。依據家庭的文化背景，家庭會選擇在外的保育和教育，可能是想試試新的想法和實施，而家庭的親戚可能不允許父母將孩子送出家門讓人保育和教育。家庭也會因工作和其他角色的壓力而影響家庭支持教保者的目標和不能以教保者期待的方式參與教保。

讓家庭感覺受到歡迎的方式，是在環境規畫時就考量他們的需要。雖然家庭成員待在教保環境的時間可能很短，可是教保環境仍需讓他們感到舒適和方便。你能提供一個半隱密空間給母親們餵奶或在接回孩子前喚回孩子的熟悉感；也可以安排歡迎家庭的項目，如在廚房或職員休息室備有咖啡或茶、圖書室的書和玩具館的玩具可讓大人和孩子借回家，總之讓人感覺這環境很歡迎家庭到來。此外，還可以安排一處隱密空間，讓家庭成員對教保者談論他們關心的事或影響孩子行為的家庭問題。這個空間最理想的大小是能大到教保者能和家庭所有成員同時溝通，一個歡迎家庭的環境會讓家庭知道你已準備好聆聽他們的想法和關心的事。

家庭的問題涵蓋在社會─情緒環境的情境中，所以你必須知曉這些問題、起始互惠的溝通、認真回應家庭的建議和關心的事，並運用策略讓家庭適當地參與。很多小小孩的教保機構會家訪家庭成員，而有些機構會鼓勵家庭增加參與機構的時間、參加聚會或其他的事情。教保者和家庭藉由一起討論他們對孩子設定的個別和共同目標，並一起合作以完成這些目標，達到教保機構和家庭的教保一致，提供小小孩一個最佳的社會─情緒環境（請見第十二章對教保者和家庭關係的討論）。

摘要

雖然環境設計有一般性原則（如中度裝載量的概念）可以
依循，而且還有對於建構物理和社會─情緒環境的明確指引，
但是卻無法提供一份適合每一間嬰兒和學步兒機構的「完美」
設計。反而是教保者必須設計最適合他們所照護和教保孩子的
環境，而且所安排的環境需涵蓋每個個別的孩子和家庭的差異
（另一份評斷環境的資料，請見 Harms, Cryer & Clifford,
1990）。

問題討論

1. 假如你打算在一個既有的空間經營一家嬰兒和學步兒的機構，
   而這空間當時並不是為教保孩子所規畫，針對物理環境，請
   寫出你選擇這空間的五項重要考量。

2. 你會尋求什麼特質的教保者？在有品質的社會─情緒環境中，
   你會告訴他們什麼是最重要的？

卷二

影響嬰兒和學步兒課程的個別發展因素：個案和學習活動

卷一所述的一般指導原則，可幫助教保者維持所有活動的高品質。然而，為了配合個別孩子的需要，你必須依個別和適合年齡的差異加以調整。這意指建立課程的彈性和多元性，當孩子的需要改變時，適時地調整環境，而你的課程同時也必須對孩子家庭的價值觀和目標有所回應。

　　在這一卷中，我們將呈現一到三十六個月大孩子的真實個案描述，並在九個年齡分段中，給予課程的指導原則。當你閱讀這些個案時，想想你所教保的孩子，思考如何運用書中的知識設計課程，並用書中的建議檢核你的設計。經由細思每個孩子是一種特殊文化情境的一個個體，也是一個年齡層中的一個成員，你將能讓你的課程更符合真實情況。每一章節最後的問題，需要你從卷一、三，以及卷二擷取資訊；因此，當讀完卷三時，你可以再一次討論這些問題。

　　我們所呈現的課程不同於一般。跳脫使用「學校─體制」內容的範圍（如國語、數學），我們將課程活動分成三個內容領域，這在第一章已探討過，是關於知識如何被建構、和如何形成社會─情緒關係。所以這三部分是：

　　1.知識建構。

　　2.社會─情緒關係的建立。

　　3.遊戲發展。

　　依據Piaget的觀點（由Kamii和DeVries所詳述，1978/1993），知識建構的內容可再區分成四個次領域：

　　1.感覺動作的探索（Sensorimotor exploration）。

2.物理知識的建構（Physical knowledge construction）。

3.關係知識的建構（Relational knowledge construction）。

4.社會知識的建構（Social knowledge construction）。

前三部分主要是孩子與物理環境直接互動學得的，而第四部分需要大人的調解，因為它是武斷的知識（特別是文化的部分）。社會知識包括物理知識和關係知識發生時，概念建構中學習到的文化標籤。這如同 Vygotsky（1962）強調的，知識的建構是一個社會文化經驗，建立在孩子—物體和孩子—大人的互動。

第二個內容領域——**社會—情緒關係**的建立，引用的是E-rikson（1963）、Bowlby（1969）和Greenspan（1999）的理論，強調信任、依附關係和情緒—認知概念的重要。而第三個內容領域——**遊戲發展**，堅稱遊戲在成長早期扮演著學習媒介的角色（Bergen, 1998）。在下列數章每一段年齡層中，依三個內容領域形成組織的骨架，依據所提的環境特徵，討論優先考量的課程和建議。

3 4－6星期：
阿比（Abby）和布塔妮（Brittany）的課程

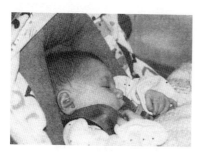

阿比

阿比（Abby）的媽媽生產順利，因她施行硬膜外麻醉（epidural，譯註：無痛分娩），所以她能不覺得痛地在反射鏡中觀看生產的過程。阿比的爸爸和奶奶也在生產現場，阿比的奶奶還將整個生產過程拍錄下來。阿比的媽媽懷孕過程非常快樂，當阿比出生時，阿比的媽媽還覺得她和阿比早已相識。阿比有滿頭的頭髮、金色的膚色、大眼睛及長得和爸爸一樣的唇。她現在重七磅二盎司（3.21公斤），非常靈活，並長了二顆下排門牙。阿比的媽媽認為阿比的誕生是一個奇蹟，因為懷她之前，阿比的爸媽還到不孕中心就醫。現今，阿比一個月大了，她有純藍的眼睛、棕黑色的頭髮和橄欖色的肌膚。從她出生起，她就會吸吮她的拇指。

雖然阿比每日改變她的時程，但是差不多每二小時就要吸

奶瓶一次。現在她醒著的時間比剛出生時多,出生前,阿比晚上時活躍,約於凌晨二點半活動而吵醒媽媽,她現在的活動和清醒時間仍是這樣的模式。阿比吸母奶吸了兩星期後,變得易煩躁和「多氣」(gassy),阿比的媽媽歸因於直接吸乳頭的關係,便讓阿比改用奶瓶吸。阿比的媽媽在兼差,爸爸常常要出差,因此他們需要快一點找到一位好的保母。因為大人的作息和阿比的煩躁,曾讓媽媽考慮過放棄餵母乳,後來還是覺得有喝母奶的必要。阿比的媽媽嘗試建立阿比的例行時間,但現在阿比還是在她自己要求的時候進食。目前阿比爸爸可以照顧阿比幾天,而他們已找到一位教保者,可以在阿比的媽媽兼差和爸爸外出工作時,到家裡來。

　　阿比的媽媽說阿比現在有較多的回應,當物品在阿比的視線範圍時,她會微笑並對物品揮動她的手。她的氣質是容易滿足、溫和自然、易親近,但是「她對事情已經有自己的意見」。例如她不喜歡她的汽車兒童座椅,但喜歡旁邊有人或有人碰她;她對聲音有反應,「從某日起」,當她聽到她的車子發出音樂,便停止吵鬧、看向聲音的來源並安靜下來,她也會走向有聲音的地方、凝視黑白色的物體和觀看電視上的色彩;在她的活動桌上,她注視壁紙的花朵。阿比的媽媽說幾天前看到阿比社會性的微笑,而且當媽媽餵飯時,阿比會抓著媽媽的手指。阿比能坐在她的嬰兒椅上約十分鐘不煩躁。她喜歡趴著睡,而且能用她的手向上推。被抱起時,能直立她的頭並在床上做出要走動的樣子。她的眼睛注視著中間,身體二側的動作能力都相當好。當聽到大聲的聲音時,她會尖聲哭、發出吱吱聲、咕咕聲或其他的聲音。

阿比的媽媽希望教保者能處理好阿比打飽嗝的問題，因為阿比吃飽後時常會有胃脹氣。阿比的媽媽還要教保者能讓阿比喝完兩盎司（約 60cc）的奶前仍保持清醒，因為阿比通常喝完一盎司就睡著了，媽媽建議在喝奶的中途替阿比換尿布，這樣阿比能清醒地喝完第二盎司的奶，媽媽還要求熱奶要用隔水加熱，而不是用微波爐加熱。又因為阿比的皮膚很敏感，所以阿比的媽媽希望幫阿比換尿布時，教保者能用水擦拭，而不是用含化學藥劑的濕巾。此外，對教保者其他的要求是「每天和阿比說話、放玩具在阿比面前、常常抱她、不要放她獨自哭泣而睡著」。阿比的媽媽要教保者在阿比醒的時候馬上回應她，而不是等阿比在嬰兒床哭了一陣子後才回應她，因為孩子「很快就學會你都在她身旁」，阿比的媽媽不要有人「傷害了阿比的信任感」。

布塔妮

布塔妮（Brittany）的媽媽生產順利，伴隨幾小時的強烈背痛，孩子很快就生產出來。當布塔妮的頭出產道時，她很快就出來，沒有任何困難。布塔妮重九磅十盎司（4.4 公斤），高二十二吋（55.9 公分）。布塔妮出生時，爸爸和奶奶在產房裡，另還有一位實習助產士在旁拍攝生產過程，布塔妮的媽媽很愛拿這些照片

給她的朋友和同事看。生產後的五分鐘內，布塔妮吸了很短時間的奶。

六星期大時，布塔妮有一頭深棕色的頭髮、藍眼睛、長手指和腳趾。她的動作生硬，但很有精神，常動個不停，即使睡覺時也是這樣。當她在睡眠中移動時，她會發出咕嚕聲和鼻息聲。在最早的幾個星期，布塔妮雖然常常動來動去，但她很安靜、很滿足、很容易安撫、也很快樂。而她現在有好長一段時間容易煩躁。她通常哭的原因是她餓了、太熱或想讓大人抱。

布塔妮出生後的幾個星期就能整晚睡覺。白天時，她通常會清醒二至六小時、睡個十五到二十分鐘的小小「提神午睡」。當她被抱來吸奶，吃得很有精神，吃到睡著（十至十五分鐘內）。而她現在一天吃八到十次，在餵奶時和餵奶後是清醒的，她是一位悠閒的吸奶者，通常要花二十分鐘才結束吸奶。雖然布塔妮現在晚上有一個餵奶時段，但她早上五點半會醒來，而且顯得非常餓，她會用吸手指來表示她的飢餓。布塔妮的媽媽是一間機構的教保者，她已經在那個機構為布塔妮報名，這樣方便媽媽白天時能常常看到她，也方便媽媽餵奶。

布塔妮喜歡做的事，包括注視人的臉、車子和一個拉扯玩具上的方格子耳朵；凝視米老鼠嬰兒床上的圖案；觀看天花板電風扇上黏的彩帶旋轉；坐在她的搖椅搖晃；以及聽人說話、搖動玩具發出的咯咯聲和音樂。雖然她會對任何擺在她眼前的東西微笑，但她最喜歡的還是媽媽。她注意媽媽的每個動作，坐車時，媽媽若坐在她的旁邊，她會一直盯著媽媽的臉，每當媽媽看她時，她會一直地微笑。布塔妮開始會大聲的笑。布塔

妮的骨骼肌肉愈來愈堅硬、強壯，她躺著的時候能抬起頭，高過她的腹部，而且當她的腳碰到堅硬的物體時，她會去推。

布塔妮的媽媽覺得非常幸運，能一邊工作一邊帶小孩。因為第一次當媽媽，難免會擔憂布塔妮的教保者是否盡全力去符合孩子的需要。她希望教保者能夠很敏感於布塔妮會不會太熱、餵完奶（用奶瓶喝母奶）是不是會打飽嗝。布塔妮的媽媽也覺得很重要的是教保者要常幫布塔妮換尿布。而媽媽最關心的是教保者是否花時間和布塔妮進行「有品質的肢體時間」（quality physical time），搖晃她，嘗試讓她快樂，並常常對她說話。

優先考量的課程

為未滿二個月的嬰兒設計課程可能有困難，但阿比的媽媽和布塔妮的媽媽已經點出一些讓教保者注意的課程重點。這二位媽媽所關心的大部分是有關基本的需求（吃、睡、換尿布）；但她們也注意到關係建立的重要，強調和她們的孩子說話及互動，即使孩子還這麼小。人最早的一至三個月，能力會產生巨大的改變，開始覺察周遭環境的物體、和人互動、溝通他們的需要及慾望、並自發地控制他們的身體活動。因此，對於這個階段嬰兒的照護，你必須觀察孩子的發展和學習，對他們幾乎每天的改變回應。雖然阿比和布塔妮的需求很多是相似的，但是她們還是各自獨立的個體，將這個概念謹記在心是很重要的。其優先考量的課程包括：

1. 滿足孩子基本的健康和生存需求：給予安排良好、規律、個

別化、營養的餵哺、換尿布和睡眠經驗。

2. 發展孩子基本的信任和助長依附關係：經由溫暖、有回應的教保互動，且在愉悅、安全的環境中進行可預期的例行活動。

3. 提供適合所有嬰兒程度的感官刺激：環境中提供許多可以引發感官探索的事物。

建議的環境特徵

- 嬰兒生活中這個階段特別重要的是，環境能表現出尊重父母的角色。通常，父母會發現離開他們的小嬰兒交給別人教保很難，所以環境必須讓家長感覺他們是受歡迎的。因此有必要提供沙發或搖椅給父母使用，以及提供半隱密空間給父母餵奶或教保他們的嬰兒。

- 團體的人數應該小到讓教保者不僅能夠滿足嬰兒的基本需要，也能讓教保者每天對每個嬰兒擁抱、抱起、說話等一對一的社會互動（請見第二章，重新溫習教保者─小孩的比率和團體大小的指引）。

- 牆面、地板和其他表面（如活動桌、長形桌）的顏色應該是溫暖但為淺色系。牆面布飾、角落地毯和活動物品應該採用各式明亮的顏色和織品並彈性運用。

- 當嬰兒對環境進行視覺探索時，柔和的燈光比明亮的燈光適合；因此，避免孩子在躺著時直視上方安裝的燈光。

- 離開交通主要道路，提供安全、舒適和充滿視覺探索興趣的空間是重要的規畫原則。

◎因為嬰兒有興趣探索人的臉，環境中應該有舒服的沙發（覆蓋沙發套，以方便清洗）或搖椅，讓教保者在擁抱嬰兒或餵奶時使用，也方便嬰兒視覺探索教保者的臉。嬰兒也可放在這些家具或鋪有墊子的桌上，以體驗大人—嬰兒面對面的互動。

◎為了方便基本需求的保育，工作桌的高度應在大人手臂範圍內，表面應加裝防護且容易清洗，並且方便接近水源和拿取保育物品，如換尿布和衣物區。

◎睡覺應該規畫在每個嬰兒都設有個人床（小尺寸）的安靜區，至少要離開遊戲的區域。

課程活動範例

感覺動作的知識建構

視覺經驗

◎嬰兒環境中應該具有引發他們注視物理環境的特色（如門、牆、窗戶的形狀）、物體（如移動的物品、發出聲響的玩具、家具）和其顏色、以及光和影的關係。

◎因為嬰兒喜歡對比色和黑白相對的顏色，你可以自製這類的「書」，在白色厚紙板上用黑色麥克筆畫圖，或在白色厚紙板上貼上色紙，做成像剪貼本的顏色書。當孩子在安靜、清醒的狀態時，你能使用這些書與嬰兒互動，當然市面上也可

購買到這類的書。

- 嬰兒床的上方應該安置會移動的物品，位置約為嬰兒臉部上方的十至十五吋（26 至 38 公分）。因為嬰兒的頭傾向轉向同一方向，移動的物品放於上方，方便嬰兒注視，但須注意不讓物品有機會掉落孩子身上。物品的外觀圖案包括格子狀、幾何形狀和同心圓。你可以自製這些物品，如在色紙或亮面包裝紙剪下圖案，黏在卡紙上，將圖案那一面朝下，另一面用細繩綁在衣架或鐵絲環上。另一種簡單移動物品的做法是，將一大張、圓形、有點厚度的彩色紙剪成螺旋狀，將它吊起來，當有微風時，這物品就會擺動和旋轉（注意：這些自製的移動物品如果黏牢、綁緊，對小嬰兒是安全的，但是如果嬰兒會伸手抓並放到嘴裡，這些物品就不適合）。

- 可以使用音樂鈴（visual chains）（買現成或自製），安全地繫在嬰兒床的一端，音樂鈴上的物體便懸吊在嬰兒上方。音樂鈴上有一些小玩具、布小狗、鑰匙或是小家用物品，以細繩安全、牢固地連接到一條粗繩或塑膠片（注意：當嬰兒開始會伸手抓時，確定音樂鈴上的每個物品都緊緊繫牢，不會鬆脫）。

- 將嬰兒放置在不同位置，提昇他們視覺探索能力。例如，你可以將嬰兒挺直抱在你的肩膀上或是胸前，將孩子的臉朝外，這樣可以幫助嬰兒觀看移動的事物，如冷氣口或電扇上黏的彩色長條片、水槽中流動的水。你還可以在室內四處移動，讓孩子能看到牆上的佈置或照片、照鏡子、待在室內的人或動物的移動，你也可以坐下，將嬰兒抱在腿上看玩具或圖書。

當孩子熟悉而感到不耐煩時，你必須改變姿勢或觀察的事物。

☞ 當嬰兒稍微能抬頭時，將孩子趴放在有顏色的地毯或鋪布上。在嬰兒的視線內放一些玩具，這可引發嬰兒弓背和抬頭注視玩具。你可以放一些有聲響且會移動的玩具，這可以鼓勵他們移動身子，以強化他們頸部和背部的肌肉，並增強他們追尋的技巧（注意：嬰兒不適合趴睡，因為會造成呼吸困難）。

☞ 使用搖椅或吊床，也能增進視覺經驗，而你必須扶著孩子或在他們身旁，偶爾改變他們的姿勢。嬰兒不宜長時間獨自在這些設施上。由於新奇和移動能引起小小孩的注意，加上他們不會調整自己的身體姿勢，所以需要你在身邊密切掌控並時常變換姿勢。

聽覺經驗

☞ 就如同阿比和布塔妮表現的，嬰兒喜歡聆聽有趣和各式的聲音。多樣性的音樂選擇，可以使用收音機、CD、錄音帶或唱片方式播放，選擇的每首音樂都應有清楚的開始和結束，以讓孩子能區分每首曲子不同的速度、節奏和旋律。樂器彈奏和清唱也應列入考量。收音機（或電視機）不宜整天播放，因為收音機（電視機）一直呈現的聲音是相似的音高，而我們的目標是提昇嬰兒辨別和回應不同的聽覺刺激，一直呈現相似音高的聲音會令嬰兒因習慣而「不再聆聽」。

☞ 嬰兒醒著的時候，喜愛時常有人唱歌給他聽，或對他說話。你對嬰兒唱歌或說話時，音調必須配合你的臉部表情和肢體語言（如微笑時用愉悅的聲音）。說話和唱歌的內容應該重

複和多元。你運用這樣的方式，嬰兒將學會預期將發生的事件及進行「輪流」的聲音模式。當嬰兒製造任何形式的聲音回應時，你都必須給予回饋的回應。

☞ 除了人的聲音可以安撫嬰兒，聆聽週期性旋律的聲音也可讓嬰兒放鬆，如洗衣機或烘衣機轉動的聲音，這些聲音在大部分家庭和托兒中心都可以聽到。對於難以自我平靜的嬰兒，水聲的錄音帶或其他柔和的聲音也可以平穩嬰兒的情緒；可是你必須仔細觀察，有些嬰兒聽到這些聲音會變得亢奮，而不是被安撫。

☞ 嬰兒醒著且清醒時，他們通常喜歡聽到如音樂盒、玩具、鈴鐺、鳥叫聲錄音帶所發出的聲音，一般小嬰兒對這些聲音和人唱歌的聲音最感興趣。

☞ 為了增強孩子多種感官的整合（如視覺和聽覺一起活動），你可以在嬰兒的視線內，拿沙鈴、鈴鐺、樂器、或是空的底片盒內裝種子或豆子（將蓋子黏牢）。搖動這些物品，慢慢的移動它們，從左邊到右邊或繞圈，嬰兒便能用他們的眼睛和耳朵追隨物體。

☞ 要增強嬰兒聲音方向的辨認，我們可以讓嬰兒背對或站在嬰兒後方，在他們一隻耳朵旁低語或發出聲音，這活動可以引發嬰兒轉頭並尋找聲音的方向。

觸覺經驗

☞ 生理的刺激對小嬰兒而言，是建立基本信任的必要部分；嬰兒年齡愈小，愈需要被擁抱。嬰兒醒著的時候，你必須挪出

時間擁抱或抱起孩子，這活動也可以促進多感官的整合（視覺、聽覺和觸覺）。

☞ 你應該為嬰兒進行溫和的碰觸活動，如配合旋律輕敲嬰兒的臉、手和腳，或擺動嬰兒的手臂和腿。

☞ 運用不同的織物（如硬的、柔軟的、絨毛的、濕的、乾的）給予嬰兒不同的碰觸經驗。你可以拿人工毛料、天鵝絨、絨布、緞布觸碰嬰兒的臉頰、手臂、手和身體其他的部位。建議使用溫暖、稍微潮濕的布摩擦嬰兒，特別是嬰兒需要撫慰時。

☞ 搖晃嬰兒可以促進嬰兒的平衡感和對側邊動作的意識。大部分的嬰兒喜歡每天被搖晃，但有些嬰兒雖然喜歡被抱著走路，卻不喜歡搖晃。

☞ 對嬰兒而言，空間的碰觸和移動不應伴隨甩動，或劇烈、突然由上到下的移動。這類動作會傷害嬰兒的腦部。

嗅覺經驗

☞ 嬰兒已能感受各種味道，他們最早發展出辨識父母和教保者的方式，大部分是基於每個人身上的味道。

☞ 你必須知道許多物品具有味道，也有其他的感官刺激；通常嬰兒對大人不喜歡的味道，很少會顯現出嫌惡的神情。

☞ 許多乳製品和清潔劑會散發出味道來，嬰兒能從味道中辨認現在將進行的保育活動。

☞ 保育活動如餵食，也能增進嬰兒多感官的知覺（視覺、觸覺、嗅覺），嬰兒從中將各種感官經驗整合在一起。

味覺經驗

☞ 像阿比和布塔妮這樣年紀的嬰兒,最主要的活動是餵食;不同味道的飲料(奶類、水、果汁)提供最早期的學習經驗。

☞ 從出生開始,嬰兒已能辨別味道,他們嚐到酸味和苦味,臉上會出現扭曲的表情;他們比較喜歡甜味。嬰兒煩躁時,可以嘗試用嬰兒喜歡的飲料安撫他們。

社會知識的建構

☞ 為了讓嬰兒明白他們是獨立的個體,你應設計一些活動,幫助他們聚焦在自己身體和他們的動作如何影響物品和他人。要讓嬰兒瞭解基本的因果關係,可以用彩色髮帶或橡皮筋,安全地將一個大鈴鐺繫在嬰兒的手腕上,你應該注意和記錄當髮帶進入嬰兒視線時,嬰兒如何將焦點集中在髮帶上;以及/或是他們如何停止動作只為了想聆聽鈴鐺聲響。

☞ 碰觸嬰兒身體部位的活動,也可以刺激嬰兒感覺身體的各部位。

☞ 阿比和布塔妮都會主動用腳抵著物品推。你可以用軟布將一塊板子包起來,放在牆邊或嬰兒床孩子腳方向的床邊,讓嬰兒光腳趴著或躺著,腳一碰到牆邊或床邊的板子,他們會用他們的腳抵著板子將自己蹬開。如之前所提醒的,如果讓嬰兒趴著,一定要有大人在身邊照料,而且不能讓嬰兒用趴著的姿勢睡覺。

☞ 如果你在嬰兒床上或其他地方放了一個會發出聲音的物品,

當嬰兒移動時，它就會出聲，那嬰兒便會開始故意移動。嬰兒很早就能發現他們的移動掌控聲音的出現。

社會──情緒的建立

☞ 你應該提供很多讓嬰兒聽人聲音的機會，特別是伴隨保育的活動時；這些活動不應該在寂靜中進行。當你進行例行的保育工作如換尿布、餵奶、對嬰兒的活動評論（例：「你讓你的腳速度快一點」）時，請描述你正進行的一切。

☞ 嬰兒開始學說話時，你必須製造話題回應，以引發語言表達的進步。當嬰兒牙牙學語和喃喃發聲時，如阿比和布塔妮現階段的狀況，你給予允許和熱切欣賞的回應，將會促進孩子創造更多的語音。

☞ 鼓勵嬰兒模仿他人的行為動作，有助他們發展非語言溝通的技巧。你需要呈現多樣的臉部表情，幫助孩子瞭解他們所展現的臉部狀態和情緒，也讓孩子學會分辨、熟悉不同情緒的臉部表情。

遊戲發展

☞ 從簡單的旋律和歌曲開始，當你唱《小小豬逛超市》（This Little Piggy Went to Market）或《哎喲喂，媽呀，媽呀！》（Whoops, Golly, Golly）時，碰觸嬰兒的手指和腳趾（以《哎喲喂，媽呀，媽呀！》為例，配合旋律輕捏孩子的指頭，從小指開始，但唱到「哎喲喂」時，你的手指從嬰兒食指的頂端做滑下的動作，然後滑向拇指，到拇指頂端時剛好接唱「媽

呀！」）。這個活動不宜玩太久，應在孩子臉上出現不耐煩的神情前結束。

問題討論

1. 在阿比和布塔妮媽媽優先考量的事項中，阿比和布塔妮的課程有哪些一樣的需求？有哪些不一樣？
2. 想想還有哪些活動能幫助阿比和布塔妮的發展？這些活動對男孩也有相同幫助嗎？請陳述是或不是的原因。
3. 如何調整一些活動以適合肌肉無力或感官缺陷（如聽障）的特殊嬰兒？
4. 在四至六星期大的這個階段，對於難產或早產嬰兒的保育會不會有所不同？這些父母關心的事和一般家長有哪些地方相似或不同？

3－4個月：

查蘭（Charlayne）和
巴尼（Barnie）的課程

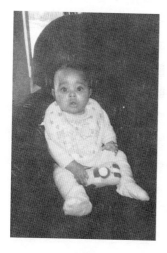

查蘭

查蘭（Charlayne）的媽媽回憶說，她認養查蘭是在她出生後三天的時候，查蘭似乎是一個安靜、情緒平穩的孩子。她正常、健康的出生，沒有任何併發症。四個月的時候，查蘭依然是一個「可以預期」（predictable）的小孩，在她二個月大時，她就能整晚睡覺。查蘭黑色卷髮、深褐色大眼、淺褐色的膚色的特徵證明她是黑人和白人共生的孩子。她現在重十·五磅（4.7 公斤），比出生時多了三磅（1.4 公斤），而且比出生時二十一吋（53.3 公分）高了三吋（7.6 公分）。媽媽說查蘭很快就明白她餵食和睡覺的時程安排，而她只有在疲累或飢餓時感到煩躁。現在她晚上是吃喜瑞爾（cereal），只是她還不會自己用湯匙吃。

查蘭的肌肉狀況自出生時就良好。現在她能將頭直立得很好，而且喜歡被拉起坐著。她最喜歡的姿勢是坐在跳跳椅（jumper chair）上，或是在父母的膝上跳躍，這樣可以讓她看到每件在進行的事，她特別愛看她二歲半歲的姊姊和七歲半歲的哥哥正在做什麼。當她看到哥哥放學回家並向她打招呼時，她顯得興奮；在新環境裡，她「每件事都要參與」。查蘭的媽媽認為查蘭的肢體發展會比較早，因為參與兄姊的活動之故。她二個月大就出現「社會性微笑」，現在，爸媽幫她換尿布或洗澡時，會和她玩搔癢的遊戲，她會大笑。哥哥也會扮鬼臉和發出好笑的聲音逗她笑。查蘭一般是安靜地躺在嬰兒床觀看她的動物和動態物品，可是當她看到家人時，她會露出開懷的笑容。

查蘭的小肌肉發展良好，二個星期前，她就能自己拿著奶瓶躺在媽媽的懷裡。當她飢餓且看到奶瓶時，她會搖晃奶瓶。她還能自己伸手抓取物品，並試著將她的奶嘴和咬牙棒放到嘴裡。她喜歡伸手去握懸掛的玩具，她會試著輕丟或旋轉玩具和觀看自己在鏡中的動作。她已開始和爸媽一起看書，並且時常學著發音說話，特別是在家人一起做一件工作（如烹調晚餐）時的交談。雖然查蘭喜歡社會互動，而且個性開朗，但是當她疲累時，她會一直哭著找媽媽，直到媽媽抱她為止。

查蘭三星期大時，媽媽回到工作單位，查蘭由教保者照顧，這位教保者和教保她姊姊的是同一位。媽媽很滿意這位教保者，因為這位教保者教保孩子時會維持她們家原有的作息流程，並且常常和孩子互動及說話，也提供很多能刺激孩子的玩具。查

蘭的媽媽希望教保者能記錄查蘭發展出的能力及喜惡。例如，查蘭喜歡別人幫助她入睡的方法是輕敲她一邊的臉；她被抱的時候，喜歡用手輕碰大人的頸部。查蘭不喜歡寒冷，當她覺得不夠溫暖時，她會睡不好，此外，聽到別的孩子哭泣時，她會心情不好。查蘭喜歡直立的姿勢，所以她的媽媽要教保者常讓查蘭坐著，好讓她觀察各項進行中的事物。另外，媽媽要求當查蘭煩躁、飢餓或疲憊時，不要忽視她，而是花一些時間注意她。這個教保機構收托的是混齡的孩子，這樣查蘭就不會「被孤立」。這對父母而言非常重要，他們相信孩子會從兄弟姊妹和同儕身上學到很多，而且當各年齡的孩子在一起時，概念的理解會更好。查蘭家住在多元文化的區域，因為她的父母相信，從小接觸不同種族和文化團體，對查蘭和她的姊姊（她也是被認養，而且是混血兒）很重要。

巴尼

巴尼（Barnie）出生在東部，這是她媽媽的家鄉，最近她們搬家到中西部。巴尼出生時重七磅五・五盎司（3.3 公斤）、高二十一吋（53.3 公分）。巴尼的媽媽說她生產過程順利，但巴尼一出生就大哭。巴尼有一頭黑髮和一雙大棕眼（現在還是這樣）。巴尼的媽媽讓她自己的父母和姊妹留在醫院陪她，直到最近，她才

回到她美國非裔的大家庭。雖然巴尼的媽媽與家人同住，但是她還是承擔巴尼大部分的保育，因為她要確定巴尼心繫著她。

最初巴尼只是吃和睡，很規律地每隔四小時吃一次奶。巴尼的媽媽只餵奶一星期，因為她並不想餵母乳，餵奶只因為醫生告訴她初乳能幫助孩子獲取需要的營養素。此後，巴尼就改喝牛奶了。巴尼並沒有煩躁的時期，並逐漸增長醒著的時間，他晚上只醒來一次，是為了喝奶，而白天大約小睡四次。

巴尼二個月大時，開始喜歡東看看、西瞧瞧，特別容易被聲音吸引。媽媽開始每天讀兒童聖經和一些其他書籍給他聽，因為閱讀能讓他平靜，而且媽媽本來就安排一段和他共讀的時間。媽媽認為巴尼三個月大前是「不會玩」的孩子；從那時起他開始會握一些物品，如會叫的玩具、玩具鑰匙和奶嘴，並和人進行社會互動。巴尼四個月時，重十五磅十一盎司（7.1 公斤）。他會咬「所有他拿在手的東西」，而且流口水，所以媽媽認為他快要長牙齒了。他平常吃喜瑞爾、喜歡坐在嬰兒車或在嬰兒吊椅上搖晃，當有人跟他說話時，他會表現警戒，然後才逐漸友善，現在愈來愈興奮聽到人的聲音。

巴尼之前住在人多的家庭，聲響和活動有時會令他興奮，所以他媽媽喜歡他們現今住的公寓，只有她和巴尼住，靠近媽媽以前就讀的大學。巴尼不害怕搭飛機，並且對於搬家，適應良好，只是第一次看到爸爸時大哭，爸爸也住進他們的公寓。現在巴尼平時就看得到爸爸，可是他的父母並沒有結婚的打算。

巴尼現在的動作發展是當他趴著時（他不喜歡趴著），他會用手把自己撐起來；將他撐起坐著時，會觀看四周和伸手要

拿玩具；可以讓媽媽攙扶站著。巴尼喜歡媽媽搔癢或其他碰觸的遊戲，進行這類遊戲時，他都會欣喜地大笑。

　　巴尼九星期大時開始接受教保，因為他媽媽在家鄉有份工作。她會選擇這間機構的理由是她的姊妹在那兒工作。巴尼似乎適應良好，媽媽離開時從沒有哭過，媽媽來接時，會面露微笑。巴尼媽媽對於機構教保最關心的是它的乾淨度，活動桌是否定時清潔、教保者有沒有常常洗手。媽媽較不在意教保者有沒有常常和巴尼遊戲，因為那時巴尼還不會玩，但她焦慮的是教保者似乎缺乏個別化和溫暖。她在機構中觀察時，看到教保者「對孩子吼叫」。在新住處的地區，媽媽現在在找工作，因她獲得補助幼兒教保的費用，讓她能夠外出工作。她從整合社區幼保中心協會（Community Coordinated Child/Care, 4C）提供的名單中，拜訪了四家家庭式教保機構，她會選擇家庭式機構，是想讓巴尼「感覺他在家裡」。媽媽現在已選擇一家最乾淨、規畫最好的機構，而且教保者是「用尊重的態度和孩子說話」。她覺得其他家有些「凌亂」，她說：「我存錢才來這裡，所以我要花時間找一間最適合巴尼的機構。」她給教保者主要的建議是：「最重要的事是不要害怕表現你的親切。如果你不喜歡孩子，他們能感受得到。他們會變得恐懼和疏遠。」媽媽們因為工作而不能照護自己的孩子，但她們還是要她們的孩子感覺到被愛。

優先考量的課程

　　二至三個月大的階段到約四個月大的嬰兒，最大的改變是喜歡用直立的姿勢被抱著。他們頭的穩定性發展良好，而且軀幹也趨於強壯。隨著大肌肉控制的增強，在他們所達之處，他們會伸手拿、拍擊和抓取物品。這些自發的動作行為是重要的發展里程碑（Bushnell & Boudreau, 1993）。他們現在的視力範圍已約為成人的程度，對世界展現更多的好奇心。由於他們視覺鑑別度提昇，當手眼開始協調時，他們便能進行視覺提示的抓取。他們開始對手產生高度興趣，他們會重複地觀看他們緊握和鬆開的手。查蘭和巴尼的媽媽瞭解到他們的小孩對於被抱、遊戲、餵食、換尿布和安撫，已建立明顯的喜好，因此讓長時間教保的教保者知道孩子的這些喜好是非常重要的。查蘭和巴尼表現出他們記得平日的例行事件，及預期事件發生的程序（如預期大人將抱他們時會弓起身體，看到大人準備奶瓶時會安靜下來）。他們溝通的企圖明顯且多樣，他們喜歡角色輪流的對話和遊戲，他們會玩製造聲音的遊戲以吸引注意，如咕咕聲、笑聲、尖叫聲／喊叫聲。他們已較能自我平靜，特別是在祥和的環境中。這二個小孩顯示，他們能辨識家中成員和教保者，並給予不同的回應。雖然對於陌生人，他們還不太會出現焦慮，但他們卻能區分熟悉和不熟悉的臉。儘管他們喜愛社會性遊戲，可是他們進行的卻是獨自的活動〔這是 Piaget 所稱的初級循環反應（primary circular reaction），1952〕，如玩他們自己的手、

聲音和發出的聲響。優先考量的課程包括：

1. 由瞭解孩子並建立例行活動，讓孩子可以預期的人擔任主要的教保者，提供持續的教養，且考量孩子的喜好和個別差異。

2. 利用回應迎合孩子溝通的企圖；探知每個孩子的溝通模式；說出孩子生氣、害怕或不高興的感覺，並幫他們自我平靜。

3. 在安全多元的環境中，提供機會練習發展中的動作和感官技能（如碰觸、抓取）。

建議的環境特徵

在很多方面，環境近似於前述較小嬰兒的環境。這些孩子仍需要一個像家一樣、安靜、且豐富感官的中度裝載量環境。像較小嬰兒的父母一樣，也需要有歡迎父母的環境，因為父母通常是在這個階段才將孩子送出教保的。所以對環境的建議，除了較小嬰兒那章所述的之外，應該還包含下列各點：

✎ 安全且有吊帶式的椅子，能讓嬰兒較常處於直立的姿勢，只要不使用過度，這是個很好的添加物品。另一個能讓嬰兒觀察環境的好方法，是將他們抱在腿上坐著，讓他們的臉朝外，當然你要先有個舒服的坐姿。

✎ 在環境中的互動必須要比之前的階段更多，嬰兒和物品的互動可練習他們感覺動作的基模。嬰兒大部分會將物品放入口中，然後是抓取和搖動；所以，這些物品必須常常被清洗且沒有易鬆動的零件。

✎ 在低處放置一面鏡子是一個好方法。雖然嬰兒還不會辨識鏡

中的自己，但他們會對鏡中的影像微笑和遊戲行為的回應。
這個年紀的孩子對臉部的興趣超過無生命的物體。

☞ 物品安全的吊在嬰兒的視線範圍內，可以引發嬰兒很高的興致。當孩子碰觸和掌控物品的能力逐漸增加時，他們會出現伸手要拿取或敲擊物品的動作。

課程活動範例

知識的建構

感覺動作／物理／關係知識

　　小嬰兒時期的感官活動仍可延續，只需將活動精進，以挑戰三到四個月大的嬰兒。這些活動可以幫助嬰兒建立物理世界的知識，及瞭解世界各層面間的物理關係。

☞ 關於視覺經驗，這階段嬰兒仍對移動和懸掛的物體感到興趣，而懸掛的物體應掛在嬰兒床上方且嬰兒伸手能碰到的地方。嬰兒仰躺的上方也可放置小小健身器，當嬰兒開始可以側躺時（即能被抱坐或坐在有吊帶的椅子時），嬰兒床的側邊可以懸掛物品。因為這年紀的嬰兒很可能將自製的產品拉到解體，最好是購買市面上已接受過安全測試的移動物、小小健身器和懸掛物。當嬰兒結合視覺和肢體活動以碰觸和操作物品時，他們正在練習感官的統合和進一步的關係知識。嬰兒增強的記憶技巧幫他們更快習慣刺激。因此，當嬰兒對移動

物和床邊／牆面的佈置失去興趣時，你需要更換這些物品。而你也應常更換嬰兒的姿勢，以保持他們對視覺環境的挑戰性。

- 對於聽覺經驗，增加各種會發聲的玩具，以及一些嬰兒不小心碰到它們，才會發出聲音的玩具。這類玩具提供一個早期的因／果關係──嬰兒最早企圖學習產生一項結果的方式之一。你可以給嬰兒一些發聲的玩具如沙鈴、內放鈴鐺的小球，或在他們手腕和腳踝上繫上鈴鐺，讓嬰兒確認發聲的位置和嘗試讓聲音出現。你可以在嬰兒床末端的床板上黏一個一壓會唧唧叫的軟墊，當嬰兒的腳一壓到軟墊，他們便瞭解，只要他們踢向軟墊，就會出現唧唧叫的聲音。也可放一些經搖動或拍擊會出聲的物品，它們也能鼓勵嬰兒練習出聲的遊戲〔這是 Piaget 所說的次級循環反應（secondary circular reactions），1962〕

- 關於觸覺、嗅覺和味覺經驗，應該擴大各種形式的碰觸、嗅聞和口嚼的範圍。

- 每天戶外的遊逛能夠給予嬰兒新的感官經驗，他們可以經歷風吹、日曬、鳥鳴、溫度變化和不一樣的視覺環境。

社會知識

雖然二個月大的嬰兒已表現出瞭解社會的輪流規則，但是三到四個月大的嬰兒就像查蘭和巴尼所顯現的，更瞭解語言、聲音遊戲和歌曲中蘊涵著武斷的社會知識，他們能活躍的和同伴以輪流的方式參與。因為每個孩子的環境不同，他們可能學

到略有差異的互動模式，但這年紀的所有小孩都已準備好學習社會知識。

☞ 透過小心觀察和閱讀嬰兒所透露的暗示，教保者將變得熟悉嬰兒的喜好和個別需要。你應建立個別化的溝通模式，執行各式你認為某位孩子會喜歡的策略，並且正向回應。查蘭和巴尼的媽媽都已分享很多孩子已展現的喜好（如他們喜歡的姿勢），那將有助於你的教保。從孩子父母表現的不同文化，會幫助你知曉個別孩子的喜愛和家庭文化如何影響社會互動模式。

☞ 因為這個年紀的嬰兒瞭解基本的社會例行活動，並能預期這些例行事件，你必須持續教保和提供遊戲的例行活動，幫助孩子建立社會知識。你也可以告訴孩子將進行的活動及描述進行的活動，這樣他們會學到例行活動的訊息。

☞ 你可以開始在顏色書、相本或圖片的介紹時，和這年紀嬰兒進行社會知識的溝通。你可以將嬰兒抱在懷中，一邊欣賞這些教材，一邊說明所看到的內容。進行的時間儘量短，一段時期後再加長時間，嬰兒會開始預期「閱讀書籍」的情節。

社會—情緒的建立

許多建立社會知識的活動，也能建立良好的社會—情緒關係，因為孩子對這社會的意義與運用的知識，和他們對能力、信任和依附關係的感覺是互補的。

☞ 因為嬰兒現在的知識基礎幫助他們分辨熟悉和不熟悉的臉及預期例行事件，所以維持固定的教保人員甚為重要。固定的

教保者讓孩子感覺到這個世界是一個可以預期的地方。一旦你所教保的孩子能辨識一件熟悉的事件將發生或預期一份緊急的需要會被滿足，你就需讓這活動繼續發展，不能突然停止或拖延結束。如果活動進行的過程和以往不一樣，或你的情緒音調或活動模式因你的心情而改變，嬰兒會感到困惑和混亂，特別是這個年紀的嬰兒。

- 嬰兒喜歡和教保者「對話」及玩活動，這份喜愛對於雙方依附連結的建立有很大的幫助。如之前所述，嬰兒和教保者之間的依附關係並不會干擾家庭的依附連結。家庭建議的方式通常有助於強化你和嬰兒的關係，而當你和嬰兒有好的關係時，會強化你和家庭的關係。這也是展現你對家庭文化尊重的最佳方法之一。

- 通常嬰兒在這年紀開始將牛奶摻著喜瑞爾或其他固體食物。如果用湯匙餵食固體食物，嬰兒將能體驗每樣食物不一樣的風味和質地。讓嬰兒適應固體食物，你需要有耐心，因為這是建立社會—情緒關係重要的方法，所以幫助嬰兒學習將食物從湯匙上吃掉，是值得全心全意安排和執行的任務。這也是一段可以對嬰兒說你正在做什麼的時期（如「喔，試試這好吃的喜瑞爾」），當向嬰兒介紹新的食物味道和質地時，你必須運用正向情緒的音調，這樣嬰兒們才會將吃視為正向的社會時間（注意：由於嬰兒耳朵的組織尚未通暢，將喜瑞爾倒到奶瓶中食用，可能造成阻塞或中耳炎）。

- 現在嬰兒有較多的身體活動，所以在更衣桌上換尿布和衣服時，你必須比以往更警覺。通常玩社會遊戲能吸引嬰兒的注

意，因此可在例行的保育活動中使用，使其平靜下來。由於換尿布和衣服的時間嬰兒可以學習預期，所以這是另一個進行互動時間的時刻。

遊戲發展

身為一位教保者，你各項的社會遊戲應能適用在各式的機構和環境中，這裡有一些例子。

⊜ 教保活動中，你可以玩「繞圈呀繞圈」（Round and Round），用手指在嬰兒的肚子上畫圓，一邊繞圈一邊唸「繞圈呀，繞圈，繞到洞裡去」，這時手指恰好畫到孩子的肚臍。

⊜ 可進行不同的捉迷藏，如躲在手掌後、毛毯裡，或從周圍的角落旁或家具下方突然跳出來。

⊜ 「這麼大」（So Big）是一個坐在膝上的遊戲，可以幫忙伸展肌肉。抓住嬰兒的手向前，說：「你有多大？」，然後回答：「這麼、這麼、這麼、這麼大！」，並將嬰兒的手向二旁伸展，直到回答聲結束。

⊜ 為強化肌肉的控制，可和嬰兒玩這個遊戲：讓嬰兒仰臥，拉他們到坐的姿勢，然後再到站的姿勢。之後你可以將這些動作反過來，從站到坐、到躺。配合動作可以唸一些口白，例如：「巴尼現在坐起來，巴尼現在站著，巴尼現在坐下來，巴尼現在躺下。」這樣似乎會讓嬰兒的預期更明顯，而且要求更多的重複。

⊜ 每個活動都可變成歌唱遊戲。例如，當餵食坐在吊帶椅的嬰兒吃喜瑞爾時，你可以將嬰兒的名字編入歌詞中：「查蘭正

在吃午餐、吃午餐、吃午餐;查蘭正在吃午餐,坐在椅子上。」(可以配上《瑪麗有隻小綿羊》的曲調)。

問題討論

1. 查蘭的媽媽說她放喜瑞爾在嬰兒的奶瓶中,但醫生卻不鼓勵這麼做,因為可能會引發併發症。你將如何和查蘭的媽媽討論這個問題,而且讓她覺得她的想法和做法被尊重?

2. 孩子在這個年齡才開始接受教保,你如何從他們已建立的喜好,協助他們適應教保的例行活動並感到舒服?

3. 父母若希望他們的孩子擁有符合他們種族和文化傳統的經驗,你該如何滿足這個年紀孩子的需要?

4. 一個氣質「困難型」的孩子,很難自我平靜下來,你會如何做,以幫助這個孩子學習自我平靜?

5

6－7個月：

瑞恩（Ryan）和
萩登（Jordan）的課程

瑞恩

瑞恩（Ryan）的媽媽是家中第一個承認瑞恩是「大嬰兒」（big baby）的人，他的身高和體重都落在前 99%。六個月時，瑞恩重二十二‧五磅（10.13 公斤）、高二十九吋（73.7 公分）。瑞恩有藍色的大眼、棕髮、長又捲的睫毛和「極棒的微笑」。出生後的幾個月，瑞恩得疝氣，他媽媽花很多時間在抱他或搖他，並且一天餵奶十二到十四次。瑞恩沒有腹痛時，他總是看起來很餓的樣子。瑞恩的媽媽選擇當一個單親媽媽，沒有瑞恩的爸爸和自己親人的支持，這段時間她必須完全負擔瑞恩的保育。

儘管瑞恩媽媽擔心瑞恩不能成為一個快樂的孩子，可是瑞恩卻擁有很好的性格。八星期大時，瑞恩開始發出咕嚕的聲音、

滿足的咯咯聲，而且常常微笑，沒多久就會大聲笑。現在瑞恩是一個雀躍、友善的孩子，會對每個人微笑。他 90% 的時間是快樂的，只有在飢餓、疲憊、無聊和脹氣時才會煩躁。

瑞恩第一個月時，睡眠很短淺，白天常常小睡一下。媽媽餵奶是依瑞恩的需求，他一個晚上會醒來二或三次吸奶。現在他晚上只醒來一次，並在家小睡二至三小時，睡眠也比以往更沉穩。瑞恩和媽媽是「同居人」（瑞恩睡在媽媽的床上），媽媽認為這是親職角色中一種最自然和必要的部分。

瑞恩發現家中有很多娛樂的東西。他喜愛看有彩色圖片的書、聆聽音樂、觀看跳迪斯可舞的燈投射在房間的牆壁、玩弄自己的手指和腳趾以及看鳥。他喜歡在浴盆中打水花。媽媽健行時，會將他背在背上，他喜歡媽媽將他的腳浸在小溪中，他特別喜歡觀看流水和聽流水聲。他還喜歡拍打掛在學步器上的沙鈴並且啃咬它。他在嬰兒床上娛樂自己的方式，是抓和咬他自己的腳趾，他還會在自己面前伸出手臂，觀看自己的手指。雖然瑞恩喜歡和人在一起，但早上醒來的半小時內和睡前的二十分鐘，他會玩他自己。瑞恩最大的優點是他的社交力，當有人跟他說話時，他能很快地尋求視線接觸，並變得多話來回應。他媽媽稱瑞恩「好管閒事」，因為他對周遭的人太感興趣了。

瑞恩展現的另一項優點能力，是他能將手上的物品移到另一隻手，然後將它放入口中。他發現了咬固體物品的樂趣，而且學會了，當想拿的物品拿不到時，翻動身體，從正面到背面，或從背面到正面。瑞恩最近才開始趴著玩遊戲，以往如果有人將瑞恩俯臥，他會馬上顯現煩躁。每當他把自己翻正，或用手

臂將自己撐起來時，他會露出微笑並看著媽媽，為自己發展出的能力感到十分驕傲。把他擺放成坐的姿勢，他也會非常高興。

　　因為瑞恩的媽媽需要外出工作，他很小的時候就到教保機構去。媽媽要求教保者要多花時間和瑞恩互動，以充分瞭解瑞恩的發展。教保者應該清楚瑞恩萌發的技能，並鼓勵他練習這些技能。媽媽要求瑞恩所有的需求都應被滿足；飲食、乾淨的尿片和衣服，一切安全的事項都應被注意，但最重要的是瑞恩能感受到愛和關心。

萩登

萩登（Jordan）是一個嬌小、黑髮、藍眼和左頰有酒窩的小孩。七個月大時，她倔強、活潑，醒來且清醒時會動個不停。她也是一個愛說話的孩子，時常咕嚕咕嚕地吸引別人注意。媽媽形容她是「輕微的善變」：一分鐘前是活潑、快樂、滿足，下一分鐘就安靜、煩躁、好爭議。剛出生時，萩登善感、常要求，而且會腹絞痛。她做任何事都不會減半，不管什麼情緒，她都表現非常強烈。一個月大時，她時常哭，只有伴隨言語安慰的用力拍她、搖她和抱她，才能讓她安靜下來。她每天每二小時就要吸奶一次，二次吸奶間則小睡一下。已經好幾個月了，她還沒有發展出例行的生活流程，仍喜歡每幾小時就要吸奶。媽媽說萩登在

第一個月時有明顯的改變，她比較能自我控制和放鬆，此外，雖然她飢餓、疲累或受傷時會哭泣，但她較易被轉移注意力，而且較少要求。萩登小睡後醒來或吸奶後，充滿了精力，並且準備要遊戲。萩登清醒後便不會安靜地停留在嬰兒床內。

萩登喜歡人，自己一個人玩時，時常和家人「報到」（check in）。她和四歲的哥哥是遊戲的關係，和爸爸則是興奮而混雜的關係。目前，萩登的父母分居，且正協議離婚，而爸爸就住在隔壁，所以萩登可以常常看到爸爸。

除了人之外，萩登第二個喜愛的是肢體活動，大部分的肢體活動她都喜歡。她喜歡在鄰近區域散步和盪鞦韆，不用扶她，就能坐椅子坐得很好，由於她又倔強又強壯，一直動個不停，坐的時候也一樣。她能成功地伸手拿物品而不會掉落，她開始會扶著家具或握著人的手指，拉自己站起來。現在她會用手和膝蓋將自己撐起，如果有人固定住她的膝蓋，她會搖動她的身體。坐的時候，一旦厭倦手中的玩具，她會試圖轉身，伸手再拿另一項玩具。萩登開始用杯子喝飲料，並嘗試放湯匙到嘴巴裡。

萩登的遊戲風格如同她的個性一樣激烈。她會要求持續刺激及時常改變的環境，這樣能讓她一直有事做。媽媽說她剛接觸一樣新玩具時，起先是小心地玩，之後是用「粗魯」的行為玩──抓、打、丟。地板上若放一個桶子讓她玩水，她可以玩很久，她會興奮地用手潑水和拍打水。她喜歡操作和探索各式的玩具，她還會和她的聲音遊戲，製造嘲笑的聲音和重複「答、答、答、答」的聲音。

萩登的媽媽是一位家庭教保者，如果她聘有其他的教保員，

她會要他們彈性和放鬆。由於萩登是一位容易刺激過度的孩子，教保者需要願意去實驗發現怎樣和她互動最好，以及讓環境平靜和放鬆的策略。她媽媽說當大人焦慮時，萩登能感受並會被感染；還開玩笑地說，面對萩登這樣高社交和愛說話的小孩，要當她的教保者，需要有「強壯的手臂和耳塞」。

優先考量的課程

六個月大時，嬰兒的個別差異發展更明顯，而和出生時不同的性格特徵是，他們學習認識他們的世界，且有其所執愛的主要方式。這二位媽媽已能確認她們孩子獨特的性格特徵，並且相當成功地調整她們施予的保育方式和遊戲互動，以適應孩子的喜好。她們清楚孩子的長處，沒有特別擔心的事，但卻能給教保者一些教保方式的建議，來協助她們孩子的發展。瑞恩和萩登都表現出高度的社交興趣，而且對家人有濃厚的依附關係。

萌發行動力的興奮，再結合對於事物如何進行的漸強好奇心，是六到七個月孩子的主要表徵。獲得坐的能力，改變孩子的經驗以及他們的「世界觀」（worldview）。這發展的里程碑也改變了教保者的經驗，因為教保者須監控孩子坐的「不成熟」階段（例如快跌倒）和迎合個別的需要，此時的角色，仍像是帶領一群孩子的監督者。這階段孩子的感官和身體發展非常重要，課程應結合很多機會，讓孩子練習和掌控其大小肌肉感官動作的協調。與物品實驗的過程中，他們開始展現目標導向的企圖行為；此外，他們也沉迷於探索因果的現象。雖然喃喃學

語的聲音仍給他們感官上的滿足，他們也顯示一些企圖與人溝通的跡象，因此課程亦應提供機會迎合孩子這些與社會、遊戲相關的溝通企圖。當嬰兒向外觸及他們的世界時，他們需要聽到大人描述他們的動作且告知他們感興趣的物品之名稱。為了增強和引發他們發出母音和子音的結合音及音調的改變，常常和他們進行對話是關鍵。優先考量的課程包括：

1. 關於基本的保育，迎合個別萌發的喜好，並幫助他們發展溝通他們偏好的能力。
2. 透過持續和有回應的照護及遊戲互動，建立孩子對父母深厚的依附關係，特別是孩子在這個年紀外出讓人教保（如果孩子尚未和他的家人建立安全的依附關係，此點更顯重要）。
3. 提供機會讓他們練習正在發展的感官、身體動作、溝通和社會技能，特別是協助他們提昇大小肌肉的動作技巧，獲取對環境中物品的掌控感，並享受他們的練習遊戲，也讓他們「在做中思考」（thinking in action）。

建議的環境特徵

雖然之前給小小孩的環境特徵建議，有很多在這階段還可以應用，但也需額外添加許多的需求：

✍ 需要安全和界定好的活動空間，以讓嬰兒能探索和操作不同的物品。

✍ 擺放安全的矮鏡，能協助提昇自我認同的發展。

✍ 應擺放許多可以引發測試、搖動、打擊、掉落和拋出的物品，

以建立「做中思考」的基模。

- 為了那些才學會不需扶就能自己坐的嬰兒,如同瑞恩;也為了才剛剛學會坐的嬰兒,如同萩登,有必要放置防止滑落或跌落的軟「牆」當靠墊。這些坐的位置可當「觀察」的地點,促進孩子當一位旁觀者,觀看移動的同伴所進行的活動。

- 為了讓像萩登一樣活潑、會滾、爬或拉的嬰兒活動,有必要安排一個可以移動的安全空間,讓他們在其中「旅遊」,而不會傷害到自己或其他小孩。

- 當嬰兒能獨自就坐時,雖然可以使用高椅子,但小椅子(5 1/2 吋)和矮桌(12 吋)會比高椅子更適合。高椅子佔用較多空間,且較不安全,需要密切的監督。如果孩子還不能獨自坐著用餐,餵食時應抱著他們,而不是讓他們在椅子上,然後頂著他們。

課程活動範例

知識的建構

感覺動作／物理／關係知識

- 因為孩子現在具有操作玩具的動作技能,所以沙鈴、吱吱叫的玩具和其他會發聲的玩具,都能引起他們很大的興趣。市面上有很多這類製作精良的玩具。如果留心思考,你也可以自製不貴的沙鈴,將豆子、珠子、乾玉米粒、或其他小物件

放入小果汁鐵罐、塑膠藥品罐、或其他符合手掌大小的容器中。你必須用膠帶安全的黏牢封口，而且只在操作時才拿出來。這些物品可以拿給嬰兒看，每次呈現時，鼓勵嬰兒用不同的手拿取。這個年紀的嬰兒，也喜歡將物品由一手傳到另一隻手，因而獲得手通過身體中線的練習。

- 對於像瑞恩一樣，還不能在獨坐或趴臥時感到舒服的嬰兒，仰躺時的視覺探索便非常重要，同時，將他們放在你膝上觀察和操作物品也有很大獲益。

- 對於已能自己坐和趴臥的嬰兒，將玩具放在略超過他們可以拿到的範圍外，可以引發他們伸展身體取回玩具或用夾子夾取。

- 假如嬰兒坐在小椅子（或高椅子）時，會搖動、敲打、滑落玩具，並開始會丟玩具，你可以將玩具綁在椅子上，方便撿回玩具；這樣也可以讓嬰兒瞭解物體恆存及做因／果的思考，因為物品掉落時，物品就會看不見，除非嬰兒低頭看。

- 你可以拿一些自製的物品給坐著的嬰兒，引發他們探索因／果。如利用筒狀的大物品，如裝燕麥、玉米片或鹽的筒子（黏牢蓋子）和紙巾捲，讓孩子推，使其看到產生移動的結果。你也可以在堅固透明的塑膠盒內放入有顏色的物品，如亮面紙、鈕扣、串珠，然後將蓋子黏牢。這可引發嬰兒執行搖晃、旋轉、轉動的動作。市面上也有許多相似功能的玩具。

- 一些嬰兒喜愛進行將小物品放入大物品內的遊戲。除了可以購買市面上的玩具，家中許多物品也可以廢物利用。你可用不同大小的紙盒或塑膠盒，並準備大珠子、大鈴鐺、衣夾或

量匙。請注意，給嬰兒的任何東西，都必須大到不會讓他們吞下去，而且必須堅固，能承受他們的操作，因為他們的肌肉控制尚未精巧，而且仍善於口部的動作。

- 嬰兒也喜歡探索不同的織紋。室內和室外都應有很多有趣的表面供嬰兒探索。你可以抱著嬰兒四處逛，讓嬰兒觸摸牆面、門把套、各種織布、有波紋的瓦楞紙和其他有趣紋路的物品，或是黏在牆上、製成被單或書籍的不同織紋方塊。

- 如同對瑞恩和萩登的描述，六到七個月大的孩子喜愛水。瑞恩喜歡聽水聲和看流水；萩登在地上玩小水桶的水可以玩很久。對於水的活動，你要在水桶下面和旁邊放置毛巾，以方便清理，同時，當孩子在水桶邊，將溫水潑起水花或用手在水中打轉，你應給予支持。孩子玩水時，身上應該只需包著尿布。

- 六個月大時，嬰兒開始對照鏡子產生興趣。如果將鏡子拿到他們面前，他們會覺得有趣。此外，可以用鏡子和嬰兒玩躲貓貓的遊戲，拿一塊布將鏡子蓋起來，掀起布的一端，讓嬰兒在掀起的布下面，在鏡子中看「另一個」嬰兒。也可以將熟悉者的照片藏在布的下面。這些活動可以幫助嬰兒瞭解物體恆存性（知道看不見的物體仍然存在）。

社會知識

- 適合這個年紀嬰兒的語文活動多得不可數。你可以唱歌、抱著嬰兒在膝上和他玩遊戲、唸兒歌、玩手指和腳趾的遊戲。
- 你應該利用每個機會和嬰兒「對話」。當他們牙牙學語時，

你可以製造一些模仿聲音，讓嬰兒創造更多的聲音。當你改變活動、餵食或幫他們更衣時，你可以描述每項動作行為、常常喊他們的名字、告訴他們你所給的物品名稱（如「這是你的鞋子」）。在這個階段，孩子開始瞭解語言所含的意義，所以他們需要透過和你對話，才能真正獲得社會知識。

社會──情緒關係的建立

☞ 和這年齡的嬰兒相處，可以運用許多令人「興奮」的社會例行活動，例如「要去找你」或搔癢的遊戲，但這些活動需在良好依附關係建立後才進行。如果嬰兒和父母玩過這樣的遊戲，他們會熟悉這些活動，這時教保者若和嬰兒關係良好，且進行這些活動時，他們會有喜悅的互動。但若遇到下列的情形，這些活動反而會嚇到孩子：陌生人和嬰兒玩這樣的活動、嬰兒和此人的依附關係是焦慮或逃避、嬰兒和此人的互動是緊張的、所進行的活動和嬰兒原先與父母或其他熟悉的人玩得不同。

☞ 前幾章教保者和小嬰兒建立關係所運用的活動，很多在這個階段還是可以持續。嬰兒若二至四個月就來教保機構，此時他們必定已和固定的教保者建立很好的依附關係。但是，有些嬰兒到六個月時才外出教保，對於這樣的嬰兒，你須特別著重在關係的建立，方式如同對小嬰兒的一樣。不管嬰兒在什麼年紀到教保機構，你都必須特別花時間為他們提供一個溫暖、營養的環境。

遊戲發展

⊜ 社會遊戲在這個年紀非常重要，教保者可以透過社會例行活動的互動回應，讓嬰兒練習許多的社會和情緒技巧，例如躲貓貓。進行躲貓貓時，任何手邊可以遮蓋的器材都可運用，如手、籃子或家具。你應該清楚孩子此時擅長預期活動的進行，在經常發生的地點和時間，他們待在那兒，可能表示他們準備好開始進行活動。因此，當他們開始社會遊戲時，你的回應就非常的重要。

⊜ 像瑞恩和萩登的例子，這年齡的嬰兒非常投入練習遊戲，大部分是著重在肢體動作的協調。你應提供這類遊戲的機會，又因為這階段的嬰兒善於模仿動作行為，當你開始一種肢體和物品互動的新方式時，他們會將其吸收，在之後的練習遊戲中使用。譬如，一個孩子將積木放入一個塑膠盒，你可以示範如何將容器內的積木倒出，當積木倒出時，你可發出「嘻」的聲音。孩子很可能模仿你的動作和聲音，面對其他物品和容器時，便會精進所模仿的動作和聲音，成為新的練習遊戲活動。

問題討論

1. 如何安排一個同時適合像瑞恩和萩登的環境？萩登比瑞恩需要更多不同種類的玩具嗎？請說明是或不是的原因。

2. 還有哪些活動──如社會例行活動，能增進孩子的發展？此外，還有哪些與物品的遊戲活動？

3. 萩登和瑞恩在非常小的時候氣質相似，但現在氣質似乎不同。假設他們都是在二個月大時進入教保機構，你會如何滿足他們的保育和社會─情緒需要？

4. 這二個孩子，一個是單親媽媽，一個媽媽離婚，但是爸爸還會出現在孩子的生活中。教保者可以做些什麼支持單親和離婚父母的需要，以及協助孩子社會─情緒關係的建立？

6

9－10個月：
蓋瑞（Garret）、
妲拉（Dara）和
斯丹（Stan）的課程

蓋瑞

蓋瑞（Garret）有一雙棕色的大眼睛、長睫毛和甜甜的笑容，長得很像暢銷嬰兒食品罐子上「完美嬰兒」的照片。蓋瑞的媽媽說從出生起，蓋瑞的性情就很好，不煩躁、平靜、適應力好、及可預測其行為。雖然蓋瑞的氣質良好，但是媽媽還是讓蓋瑞先適應可預期的例行活動，這是蓋瑞父母教養孩子所使用的方法（蓋瑞出生前，父母去上課，課程建議他們需建立例行活動）。蓋瑞很快適應三小時餵奶的例行活動，而且二個月時就能一覺到天明。當他愈大，愈能表現出能自己玩的能力。睡醒時，會「說話」和玩一會兒玩具，而不會一直尖叫到起床。他時常說話，並能知道顏色、形狀和聲音，特別是

音樂。從三個月起,他就觀看音樂類的錄影帶,看的時候都很專心,而且唸唸有詞。他也很喜歡玩操作後會發出聲音的玩具。

九個半月的時候,蓋瑞的行為和氣質,顯現許多他媽媽之前所陳述的特點。雖然有一些固執和適應力差一點,但他容易被轉移注意力。他的性情好、喜歡例行活動、不易怒。他的睡眠時間仍很規律(從晚上七點到早上七點),而且白天小睡二次,每次一個半小時。他吸母奶吸了四個月,現在是吸奶瓶(躺在媽媽的懷裡),還不會用茶杯。他會自己吃喜瑞爾、小脆餅、起司條和其他可用手指抓的食物,他現在處於吃「階段二」的嬰兒食品,媽媽也餵他吃一些柔軟的正規食物(如壓碎的馬鈴薯泥)。他目前有六顆牙,當餵他吃東西時,他會「咬」湯匙。雖然他出生時的重量和身長是一般體型〔七磅三盎司;二十吋(3.2 公斤;50.8 公分)〕,而現今他是一個高〔三十吋(76.2 公分)〕瘦〔二十磅(9 公斤)〕的男孩。

蓋瑞整體的協調能力不錯,但動作能力並未超前。六個半月時就能坐好,而今能運用像「突擊者」的滾翻爬行,讓自己在房間內遊蕩。他的腿很強壯,能在座位上跳躍,站的時候喜歡抓著大人的手指。他還不能自己站著或在家具中遊走,也不會獨自形成站的姿勢。

蓋瑞持續發展娛樂自己的能力:他坐著玩玩具,一次可達十至三十分鐘,特別是具高提供(affordance)的玩具。他會測試、旋轉玩具或移動零件、回應因操作而產生的改變,並且對玩具「說話」。他開始出現手指—拇指的對抓,但他還是用整隻手抓物品。當玩具掉落時,他會找尋玩具,而他會故意將玩

具弄掉或丟出，然後再尋找它們。對於物品，他會使用適宜的動作基模（如搖鑰匙、轉按鈕、看書中的圖片）。蓋瑞對玩具強烈興趣的特質，被認為是孩子中的「典型者」（patterners）。

蓋瑞對人有回應，是出現在玩躲貓貓的遊戲（遊戲當中會自己拿毯子）和吃餡餅蛋糕時，但是不一定每次要求都有回應。當媽媽說：「那裡（熟悉的物品）」時，他會看著物品，並瞭解這是例行活動的說辭。他會發出不特定的母音和子音的結合音，如「爸、爸」。近來他會發「媽、媽」的音，當媽媽走出房間時，他會說出這個「字」。他很黏媽媽和爸爸，但對第一次看到的人並不會陌生，他會盯著他們看，然後再看看媽媽，才會放心。

蓋瑞的媽媽要他學習自己站立、瞭解更多字和問題、吃大塊一點的食物、辨識物品、玩更複雜的玩具。她還要蓋瑞學手語，因為在她參與的一個課程，講師建議這個年紀的孩子學習手勢，以表達基本需要（如「還要」、「夠了」），這樣他們才不會遇到溝通上的挫折。媽媽在意蓋瑞爬行緩慢，但最近他的爬行技巧雖然還不像一般孩子，可是速度已增快，媽媽的擔憂便減輕了。

由於媽媽的工作，蓋瑞一星期有二個上午需要到教保機構。蓋瑞是一個適應能力好的孩子，而且擅長於自娛，因此媽媽擔心他得不到教保者足夠的注意，因為教保者會花很多時間在「較煩躁」孩子的身上。這便是她給教保者主要的建議——不要忽略適應良好的孩子。媽媽還讓蓋瑞在一個他和其他三個孩子的遊戲團體，他是唯一還不會走路的孩子，他花大部分的時間在

觀看，而不是和其他孩子互動。

妲拉

出生時，妲拉（Dara）是一般的體重和身高〔六磅九盎司：十九吋（3.0公斤；58.3公分）〕，但九個半月大時，她卻落到體型較小的那一邊，重十六磅半（7.2公斤）和高二十七吋（6.58公分）。她紅金髮、眼睛淺褐色，剛長第一顆牙。媽媽形容她的氣質是「吃苦耐勞」。她從不做任何要求，但從很小開始，她會花很長的時間凝視圖樣（如她的被子）和人（如人的臉）。媽媽描述她的字眼是「迷人、甜美、親近和快樂」。從她出生後第一個月，她就會和人視線接觸，而約二個月大時，就會對家人微笑。除非她生病，不然她不會大聲哭泣。雖然她需要每二小時餵奶一次，但到三個月大時，她已能調整成每四小時餵一次的一般模式。晚上她都睡很久，但四小時是她能忍受不吃的最長時間。她在四個半月大時開始吃喜瑞爾，而且也吃脆餅、起司片和一些嬰兒食品，可是每天還是吸二次母奶。目前她就寢時間是晚上九點半或十點（家人喜歡的時間），然後睡到天亮。早上她還會有一次大休息，而下午當媽媽到學校兼課，她在教保者家會小睡一下。

姐拉九個半月大時非常活潑。五個月開始就能不用扶，自己坐著，七個月大開始爬行。現在她不需大人扶著，就能自己拉著物品站立，但她現在還不會走路。她跌倒時，會哭一、二分鐘，然後繼續她的活動。她會略蹲下來，重新取得平衡，目前她花很多時間在改變她的姿勢，從坐到站，或站到坐，這似乎意味著她的爬行期將要結束。

　　姐拉現在的小肌肉技巧是用手指搭配拇指抓起物品，以及能夠打擊立方塊和操作一堆玩具。她喜愛玩球及和家中的狗互動，她喜歡會發出聲響的玩具，例如鈴鐺或音樂玩具。她能找出藏起來的物品，並記得一些之前的動作，譬如，她拉過一次廁所捲筒式的衛生紙，現在一有機會她就要做這件事。

　　她牙牙說話時，說出一大堆沒特定意義的子音和母音的結合音，如「拉、拉」、「答、答答」，並開始瞭解她的名字和「不」這個字。這是因為現在她會例行地到家中各處未被允許的地方，這便是她時常聽到的一句要求。有一些模仿的動作，如拍手和搖晃，是學自教保者的家庭。雖然姐拉喜歡和人親近，但她主要還是和大人互動。和其他小孩在一起時，她只是看她們活動。在教保者家庭或教會的育幼中心，和家人分離時，她有分離焦慮並黏著媽媽。跌倒時，如果媽媽在場，她會哭得比較久。

　　姐拉是接受家庭式的教保，因為她的父母不要她和一大群孩子同處一室。媽媽已界定她要的教保行為，她不要姐拉被放在遊戲欄中太久，而她醒著的時候要能獲得教保者的關心和注意。媽媽還要求不讓她看錄影帶；須要堅定、堅持的常規（例

如對「不」的使用）；並希望教保者能幫她學習一些技能。非常重要的一點是，妲拉的教保者須是基督徒，節日時有宗教的活動。妲拉的父母特別不喜歡妲拉聽到有關萬聖節巫婆的事或其他不符合基督教義的事。

斯丹

斯丹（Stan）的父母在懷孕期羊水穿刺檢驗中得知斯丹有唐氏症候群（第二十一染色體多了一條染色體）；但是媽媽還是經歷正常的懷孕，在完整的懷孕後生下斯丹。斯丹重八磅六盎司（3.8 公斤）、高二十一又四分之三吋（55.1 公分），阿帕嘉（Apgar）測試的分數為七分。不幸地，斯丹出生後二十小時，得到敗血感染，造成心跳停止，接受人工呼吸。他留在醫院，接受一個月密集的照顧。根據爸爸的描述，斯丹身上有「二十條電線和管子」，過強的呼吸器，造成肺穿孔，因此需要修復塌陷的肺部，直到肺部傷口癒合。由於斯丹是「唐氏症小孩」，醫護人員認為他的免疫系統、甲狀腺和心臟可能會不正常，因此他必須接受很多的測試，以確定他有哪些不正常的生理疾病。爸爸說，斯丹出生六個月內，做了「每一項醫學的檢驗」。他的心臟被監控，並服用類固醇，直到生理系統（眼力、聽力、

心臟、胃腸、免疫系統、甲狀腺）健康為止。

現在他十個月了，已經脫離醫藥。他的父母認為早期那些問題都是來自感染。斯丹出生後幾小時，媽媽因輕微的細菌感染而發燒，這細菌可能在斯丹出生時傳染給他。醫療團隊因為知道斯丹的問題，透過檢查和各式醫療程序，以確定這些生理障礙不會再變成他早期外傷的因素。

他媽媽回憶說，在他八天大時，她才被允許抱他，到他二個半星期大時，媽媽才能餵他喝母奶。為了生存所造成的外傷已經對他早期社會─情緒經驗有一些影響；他在家的第一個月，對家中的每一個人都感到膽怯。他十個月時，快樂和外顯氣質才表現出來，他是一個有回應、溫暖和友善的小孩。他金髮藍眼，長得像爸爸。他睡得很好，晚上睡十小時，白天還需要二次小睡。斯丹現在重二十二磅（9.9 公斤）、高二十九吋（73.7公分）。他的頭圍比一般小孩稍微小一些。他是一個很好的進食者，「很少錯過哪一餐」，而且開始會自己吃喜瑞爾。由於他第一次的發燒（六個月時）即造成他當晚在醫院度過，所以他的父母和醫護人員對他的健康抱持著「極度保守」的態度。

斯丹「在出生前就已參與早期介入」，三個月大時，擁有了個別家庭服務計劃（Individual Family Service Plan，IFSP，將在第十二章解釋）。斯丹已開始接受物理治療師、職能治療師、語言治療師和早期介入專家每二個月的拜訪，下一個秋天起，這些治療將改為每個月一次。

現在斯丹發展遲緩情形並不明顯。他現在的語言技巧是當和父母遊戲時，他會用咕咕聲、牙牙學語聲或笑聲回應；瞭解

肢體和語言的提示：和物品及人玩時，會發出說話聲。他會對臉和喜歡的玩具回應，同時對環境充滿好奇。他會看他的手、用視線追隨物品、對同年紀孩子露出社會性微笑。可是他的大肌肉發展遲緩，五個月大時才開始翻身，且到九個月大才會有目的的翻身。當放他坐著，他可以安全坐好，但還不太會自己坐成坐的姿勢或離開坐的姿勢。他也還沒興趣爬行或站立。

他的小肌肉動作正持續發展，他現在可以將物品從一手傳到另一手、撿起小片的喜瑞爾及通心麵、把二項物品撞擊在一起、將組合玩具上的鈴鐺拿起（但還不會放回）。他開始學拍手和將物品放入容器內。他喜歡玩轉圈及和爸爸的混戰，如「我要來抓你了」，然後被舉到空中。當媽媽抱他並說故事時，他會看著書本，此外他還喜歡音樂和彩色橘子。他會注視同儕，會和他們有簡單的「物品給予和接受」。

斯丹的父母經營一所教保中心，他們對應如何對待斯丹和所有嬰兒，有很清楚的期待。他們相信孩子以他們自己的速度成長，而大人的回應若能依循孩子的指示，孩子的發展就會進步。雖然斯丹到八個月大前是教保者到他家教保，但他現在在教保中心也表現良好。斯丹的父母希望他經由教保者的協助，有時間自己探索和學習，而不是大人直接的教導。他們要教保者參與 IFSP 的過程，但前提是斯丹須被視為一個個體對待，而不是一個「唐氏症小孩」。雖然他們肯定斯丹所接受治療的價值，但他們在乎的是醫師和治療師「偏頗的觀念」，有時他們所用的字眼是描述唐氏症候群，而不是一個真實孩子的行為（例如他們稱斯丹三個月的回應為「鬆懈」）。他們不希望他人未

仔細觀察斯丹能做什麼，就下結論，而且，他們希望能給斯丹機會，讓他自理自己的事，而不是假定斯丹沒有他們的介入，就無法學習任何東西。

優先考量的課程

　　九到十個月的階段，讓許多父母和教保者意識到他們真的在教保或保育一個「人」。雖然在這個年齡之前，嬰兒的身心都成長很多，但是這階段孩子顯示開始瞭解例行活動、物質世界和社會情境的跡象更為強烈。大人給九到十個月大孩子的評語如「他能分辨不同的人，並對他們的行為有所期待」、「她能瞭解我所說的，即使我沒使用肢體語言」、和「他似乎要告訴我一些事」。就是在這個年紀，許多孩子開始探索「更寬廣的世界」，並試探他們的身體空間與環境的關係。許多嬰兒在這階段是「空間探險員」。現在，孩子新發展的行動力會和對周遭環境逐漸強烈的好奇心結合。他們大部分是用爬的或翻的，許多是抓著家具站著遊覽，而一些是自己走路的。孩子準備好站或走時，通常會有一小段時間專注在物品遊戲，主要是因為他們著眼於如何在空間中移動他們的身子。

　　並不是所有這階段的孩子都需要達到相同的課程目標；但是，在每個孩子的最近發展區裡，課程目標應配合他們的發展程度和學習風格。例如，像妲拉一樣的孩子，他們需要教保者小心地監控，因為他們喜歡探索教保環境的每個角落，甚至那些禁區，因此他們會很快地從一區移動到另一區。可能在一些

情境中，他們需要學習「不」的意思。而像蓋瑞和斯丹的孩子，他們需要鼓勵去擴展其行動力，可在孩子行動範圍外一點點，讓其看見有趣的事情，這會引發孩子練習他們的動作技能和探索環境。當然，當教保者的設計建立在孩子的興趣上，孩子將享受自己漸強行動力的挑戰。此外，孩子會對固定的物品和較少要求他們順從的人表現強烈的喜好，而增強的記憶容易讓他們對熟悉物感到無趣。但幸運地，對孩子來說，「舊」的物品和活動只要有一些些的改變或精進，就變成「新」的了。其優先考量的課程包括：

1. 給予孩子機會，讓他們體會行為對物品所產生的結果；學習物體在空間的移動（兼具無生命和有生命的物體，包括他們自己的身體）；並發現更多物體合適的社會性使用。

2. 協助孩子獲得在飲食行為、社會例行活動和身體控制方面的自我規範，及更清楚知道他們對物品和他人的行為所產生的結果。

3. 鼓勵孩子使用肢體溝通的方法表達需要、學習回應大人肢體和語言的要求、且將常見物品和行為動作與文字描述作連結，包括對肖像的介紹，肖像可以是呈現物品或人物的圖片，這活動讓他們更清楚他們是一個人。

建議的環境特徵

因為這年紀對肢體移動的喜好和溝通的動機有很大的差異性，因此需注意個別孩子在這二方面能力的不同，課程也需調

整以符合這些個別差異。所以這階段孩子物理和社會環境的安排比較少行動力和溝通力的六個月大孩子複雜很多。這年齡的所有孩子都需一個安全的物理環境，鼓勵他們不管使用哪種行動方法都能探索。

☙ 環境應促進動作技能發展，提供許多相似的協助，同時環境也需考量略小和略大的孩子。如蓋瑞、妲拉、斯丹的例子，有些孩子已準備好「脫離大人」，要學走路，而有些孩子可能還要再等三到五個月才準備好。環境中應該有一些器具幫助孩子將自己拉起、站立、在家具旁走路、以及獨自走路，但需有隔離的空間，讓還不太會移動的孩子能夠遊戲比較久，而不會常常受到干擾。

☙ 環境中應有種類多樣、易取得、能回應且有些新奇的物品，而不能僅是數量眾多而已。最好備有足量的物品，可以一星期更換一次，以保持孩子對物品的新鮮感。但這個年紀的小孩會強烈偏愛某些物品，並且每天要找到它們，所以這些被喜愛的物品，只要孩子還很喜歡，可以放較長的時間。九個月大的孩子幾乎對每樣物品都感到興趣，在家庭式的教保中心，他們可能對水壺、平底鍋、蓋子和其他堅固的廚房用具，比傳統玩具更感興趣。這樣的環境應該有一些安全的櫥櫃或抽屜，並允許會移動的孩子取得。

☙ 設計低（4至5吋）、深（12吋）的階梯讓孩子爬上爬下，會移動的孩子會對此感到興趣。階梯應該黏上地毯或墊子。低的坡道（18吋）是最吸引孩子的，特別是對剛會爬的孩子。固定良好的木板或泡棉隧道，加上泡棉或墊子的坡道，

可萌發孩子從滑道爬下，這是安全環境規畫裡具有挑戰性的好例子。可以將大型不同高度的泡棉墊黏接在一起，讓嬰兒爬行使用。設計一個安全的包圍空間是有必要的，讓嬰兒能在此空間內爬進爬出，而孩子也需要明白哪裡才允許他們進行這樣的活動。例如，教保者應決定是否許可孩子躺在矮櫃，或爬進樓梯高度的無門櫥櫃。如果不可以，應設計相似吸引力的活動，譬如有低支架的板子和大紙箱。

- 為解決孩子爬上爬下、爬進爬出和將自己拉起的需求，最好的方法是設計一個矮平台或夾層，大小是可以讓一個以上的孩子同時在其中進行活動，還包括能讓一位教保者參與其中，順帶看顧孩子。

- 物理環境需要安排半隔離的空間，給還不會走的孩子進行靜態遊戲。設置矮櫃或屏風當作區隔，保護這些孩子在遊戲時不會被走路的孩子干擾。

- 操作性的物品和填充動物布偶應該放置在矮櫃，讓孩子可以藉由爬行拿到或抽出。這櫃子應該非常堅固，不會傾斜（即黏在牆壁上）。

- 安排「豐富列印」的環境，這包括圖片和符號，將其張貼在孩子的視線高度，所張貼的內容若與孩子的經驗相關，會提昇孩子的興趣。

- 一箱裝有如沙鈴、波浪鼓和鈴鼓的簡單樂器，適合坐著的嬰兒探索。寬度約二吋的軟布和塑膠積木可以引發孩子用手指的抓取，而內附吱吱叫器或有鈴鐺的球或填充動物玩偶，會引發孩子進行因／果的探索。

- 「學習區」裡建議有可開啟的門和窗、拉起的吊簾、一壓就會出現有趣聲音的大按鍵。可以製作一塊操作木板，在平滑的木板上加上各式配件，如不同類型的門閂、能旋轉的小輪子、可以轉動的小門把、和可以扳上扳下的電燈開關。

- 如果還未對六個月的嬰兒提供上面縫製各式孩子喜愛的有趣物品的「活動遮布」，此時可以提供。這些遮布可以有拉繩，將布拉起，讓孩子看到遮布下的塑膠鏡子、孩子的照片或熟悉物品的圖片。

- 準備有蓋且容易打開的容器，如卡紙盒，裡面可以放一組大串珠、小串珠和串繩，而小的塑膠模型或小汽車也是很好的收容物。這個年紀的孩子喜愛打開蓋子，發現容器裡面裝什麼，然後將它們倒出。當然這些容器內的物品要大到孩子不會吞下去，因為有些孩子還未學會新的動作基模，會將物品都放入嘴裡。

課程活動範例

知識的建構

物理／關係的知識

- 六個月以前的小孩對塑膠鈴的興趣是將其放到嘴裡，而今他們開始了另外形式的操作。孩子還是會咬，但是開始會將它們撞擊在一起、旋轉以及將鈴從鈴噹拔除，有些孩子還會試

圖將鈴放回鈴噹，但他們還未注意如何玩鈴鐺。你可以偶爾示範操作的概念，有些孩子會開始模仿並練習操控（如蓋瑞）。

☞ 孩子探索過樂器後，你可以一起示範搖動和拍擊，或用一隻手輕拍。孩子會模仿，也會精進這些動作。此活動可以應用在像蓋瑞一樣喜歡音樂的孩子身上。

☞ 積木提供許多發展物理／關係知識的機會。為了引發孩子提昇能力，你可以給他們一塊積木、二塊積木、然後三塊積木，以不同的積木側邊拿給孩子。塑膠積木會產生有趣的啪啦聲，這會誘使孩子將積木撞擊在一起（斯丹喜歡這樣）。

☞ 孩子現在瞭解到用來綁住玩具的繩子，可以運用來將玩具拉近的工具。當孩子坐在椅子（或高椅）上，你可以用繩子把提供的玩具綁起來，玩具掉落時，他們可以拉繩子，將玩具找回。物品用繩子綁住還有另一種功能，當孩子拉繩子時，便引發孩子對因果的探索。可想而知，對這樣的活動，你必須密切看顧；在有繩子的活動中，決不讓孩子獨處。

☞ 雖然物體恆存的概念還沒完全建立，但這階段的孩子非常喜歡所進行的社會活動能製造出期待的驚訝。在孩子不預期的銜接時間，你可以玩簡單的「躲貓貓」遊戲，將自己藏在毛巾後面或用布將臉罩住，然後假裝四處在找孩子。玩躲貓貓也可用玩偶和孩子玩，讓玩偶從椅背或活動桌邊出現。

☞ 如像斯丹一樣對爬行或站立還不大有興致的孩子，可以鼓勵他們尋找；或是如果他們看到心愛的玩具在他們拿不到的地方，可以鼓勵他們去拿，特別是你在身旁時，鼓勵他們竭盡

所能。

⊷ 所有具提供（affordance）功能的玩具，都可促進因—果的探索，這些玩具當被推、拉、轉或壓時，會產生聲音、亮光、門打開、物品跳出或其他結果。具有多種動作物品的學習區、操作木板和地毯，非常吸引這個年齡的孩子探索，因為他們正發展對因／果關係的瞭解。如果孩子像妲拉擁有這些探索的機會，他們很少會說「不」。

⊷ 能爬進和爬出的地方，可以幫助孩子探索他們的身體如何適應不同大小的空間。其實不只對空間更瞭解，也能增進自我認同的知識。

社會知識

⊷ 九個月大時，一些孩子可以依指示指出身體的部位。你可以準備一個布娃娃，手指身體部位並說出名稱。你也可以為服飾命名（她穿了一雙白鞋子）和談論頭髮（哇，他棕色的頭髮多軟呀！）。你也可以讓娃娃走路、坐下、站立或跳舞，然後描述娃娃的動作。

⊷ 你可以提供孩子他們自己握得住的書，可以是塑膠、布或卡紙製的，並且唸書給孩子聽。這年齡的孩子還不會讀字，圖畫書最合適。你可以抱孩子坐在你膝上，談論每頁圖片上熟悉的物品和事件，而適合這年紀孩子的團體書，應該只有五到六頁厚，而且堅固不脫落。

⊷ 當孩子換尿片、銜接時間、或進行活動時，適合隨口唸誦熟悉的詩篇、手指謠、兒歌。例如，當孩子在大紙箱內或坐在

開放的櫥櫃玩時，你可以唸這首兒歌：「這是一個盒子／盒頂在這裡／打開蓋子／跳出一個×××（孩子的名字）」。

- 坐在大人膝上的遊戲最受歡迎，因為這階段孩子已能坐較長的時間。遊戲「餡餅蛋糕」（Patty-Cake）和「小小豬逛超市」（This Little Piggy Went to Market）可以幫助孩子認識身體的部位。

- 你應該常常運用孩子的名字，獲取或維持他們的注意，特別是在餵食或換尿片的例行活動時，此外還可讓他們清楚他們行為動作後的結果（約翰，你讓鈴聲響了）。

- 你可以錄下自己和孩子的聲音，然後進行遊戲。當孩子辨識出熟悉大人或他們自己的聲音時，他們會有所表示，你可以配合放出的聲音告訴他們名字。

- 跟孩子說話時，你可以變聲，讓孩子聽聽不同的聲調、聲音大小和速度。

- 孩子喜愛在鏡子中觀看他們自己、動物玩具或洋娃娃，雖然並不是所有孩子都知道鏡裡所看到的是自己和手中所握的物品。你可以告訴他們所看到的東西是什麼，並指出物或人在鏡中會反射出影像。

- 你可以製作一個腳偶，利用嬰兒的襪子，拿油性麥克筆在腳趾處畫一個臉。將腳偶套在嬰兒腳上，讓嬰兒去抓或將它脫下。像斯丹喜歡臉，這個遊戲可以引發他瞭解行為動作的因／果，這活動也可以擴展他的社會參與。

社會——情緒關係的建立

- 這階段孩子可以讀取大人臉部的表情並給予回應。你可以製作一個快樂臉和傷心臉的玩偶，利用木頭湯匙的柄，一面畫快樂臉，另一面畫皺眉或傷心臉。也可以用紙盤製作，先給孩子看一面（快樂臉），然後旋轉，旋轉的時候你也模仿臉部表情改變。活動中，你可以伴隨語言，描述快樂和悲傷。很快地，孩子就能預期他們會在鏡中看到的情緒和表情。

- 當孩子們在一起時，你的看顧是必要的，因為這階段的孩子對待彼此，比較像對待物品，而不像是對待有想法、有感覺的個體。他們可能會爬過及踏在同伴的身上，無視於自己對待他人的行為。你可以示範同理心和將孩子的感受言語化，這有助於孩子意識他人的需要。模仿行為可以促發孩子觀察生活中的人們，你可以提供許多活動，強化你和孩子關係的品質，以及幫助他們開始與同儕互動的過程。

- 簡單的手偶、手指偶和布娃娃非常吸引這個年紀的孩子，孩子時常會和它們「說話」。他們會將娃娃或填充動物布偶抱在身上或輕拍它們的頭，然後對它們牙牙說話。你可以示範和娃娃或布偶對話，還可示範擁抱、輕拍和親吻，這會引發孩子表現出他的關愛。

- 當有孩子哭泣或感到挫折時，你可以對其他孩子解釋原因及說明他們的情緒。這是告訴孩子，感受是人類很自然的一部分，而且你能辨識它們，並能將其說出。你必須以安靜、安慰的態度說明，協助孩子尋找可以自我平靜的方式，即使你

知道孩子正處於悲傷中。

☞ 孩子在這年齡開始瞭解到限制。當孩子的行為不被接受，你必須依循你設的限制，並以正向的字眼解釋，如「你的杯子還放在桌上」。

☞ 為了促進自我認同和同儕辨識，你可以讓二位幼兒一起坐在一面大鏡子前，引導他們注意他們的影像，你可以談論一些他們正在做什麼事及他們穿什麼樣的衣服的話題。

遊戲發展

☞ 練習遊戲開始替代物品的簡單探索。如同蓋瑞一樣的孩子，已經參與延伸的例行練習遊戲。像妲拉的孩子，似乎對小肌肉遊戲的專心時間較短，因為他們著重在練習他們的大肌肉技巧；而像斯丹這樣的孩子還沒有進行延伸的練習遊戲。你可以利用和這些孩子玩時，引導他們進行小肌肉動作的練習遊戲。例如，你可以拿出會製造有趣聲音的玩具或像拼圖的玩具，然後開始操作，慢慢地孩子就會參與，此時你可以稍微離開，但仍在他們的視線範圍內，常常回到原來的地方並認可他們正在進行的活動。雖然有些孩子像蓋瑞一樣，擅長娛樂自己，並能維持很長的時間，但他們仍需要你參與他們的遊戲。你應該避免讓仍以物品為中心的孩子，在社會互動時花很多時間在物品的練習遊戲上而犧牲了社會互動的機會。就像蓋瑞媽媽所言，不管孩子多麼活潑或需要更多注意的特殊孩子，都不應該被忽略。

☞ 這個年紀的孩子開始旁觀遊戲。他們會入迷地觀看人與人之

間的互動，且非常陶醉地觀看人來來往往。這年齡的孩子，像他們三位，他們社會互動的對象一直都是大人，他們需要被引發對其他的孩子回應。你可以在孩子間進行社會遊戲，例如讓孩子彼此相對，幫助他們讓球滾來滾去，或是讓一個人給另一人玩具。這種面對面的物理安排，能促進像蓋瑞、妲拉和斯丹這樣的孩子彼此間的社會互動。你需要密切的鷹架這樣的互動。

☞ 當遊戲建立在孩子對他人所萌發的興趣、對新奇經驗的需求、和模仿社會行為漸強的能力上時，這年紀的遊戲發展會被增強。在你示範簡單道具如玩具電話、碗盤和布娃娃的使用時，便能引發孩子的假裝遊戲。例如，你可以假裝用杯子喝水，然後給孩子一個杯子，並讓娃娃或填充動物布偶也用杯子喝水。

☞ 鼓勵進行使用語言的遊戲，因為他們現在會用更多的牙牙語言回應別人的說辭，並發出類似真實字的音（如「媽媽」、「爸爸」、和「ㄋㄟ ㄋㄟ」代表奶瓶）。

問題討論

1. 對於妲拉母親要求萬聖節活動中不可以出現巫婆，你會如何處理？如果你遇到其他宗教的父母對你有類似的要求，你又

會如何回應？又對於有些家長喜歡使用錄影帶或手語（蓋瑞的媽媽），而有些家長不喜歡用錄影帶和嬰兒的遊戲圍欄（妲拉的媽媽），那你會如何面對？

2. 哪些課程活動可以幫助斯丹？斯丹的發展速率和其他人不同，你和斯丹父母的溝通時間需要比蓋瑞及妲拉的父母多嗎？你預期斯丹的父母比較偏愛怎樣的教保活動？

3. 這個階段孩子大、小肌肉增加能力不同，有哪些活動可以幫助大肌肉發展很好，但小肌肉技巧還需練習的孩子？又有哪些活動可以幫助那些比較需要促進大肌肉技巧發展的孩子？假設一間房間有八個孩子，你如何適應每個動作能力不同的孩子？

4. 哪些方法可以幫助這年齡的孩子更意識到他人，又如何促進正向的同儕互動？

12-14個月：
亞絮蕾（Ashley）和雅燈（Eden）的課程

亞絮蕾

亞絮蕾（Ashley）十三個月大，是個肌肉結實的孩子，皮膚白皙，頭髮白金色，但稀少，兩頰豐潤，眼睛藍色且靈活。她重二十一磅（9.5公斤）、三十吋高（76.2公分）。亞絮蕾的媽媽說她是一個快樂、機靈、有趣的小孩──標準的「容易型」小孩。從醫院回到家，她舒服地過渡到例行

性活動，她很快就一覺到天亮，而且餵奶後馬上打瞌睡。雖然亞絮蕾的心情主要是快樂的，但她疲累時非常黏人。她通常小睡二次，長牙期例外。晚上如果外面電燈還亮著，她就很難入睡，但給她奶嘴便能安撫她。早上醒來，她會開始將嬰兒床內的玩具往外丟，等全都丟完後，她會叫喊著要出去。現在當她

醒著的時候，她會一直走路。

　　亞絮蕾的媽媽形容她的遊戲風格是非常聚焦。她一次只玩一種玩具，然後再玩另一項，她可以一個人玩很久，造成媽媽時常要確認她現在身處何方。亞絮蕾對每件事都感興趣，她喜歡跑、爬、追球、玩水和配合音樂跳舞。她喜歡有聲音的玩具，例如她的玩具鋼琴，她會壓下鋼琴上的按鍵，專注的聆聽所設定的旋律。她能坐很久自己看一本書，也喜歡讓娃娃坐在她的新娃娃車裡，推著娃娃車走路。

　　亞絮蕾也展現對社交的興趣，她會觀看四歲的哥哥並模仿他的行為，此外她還會拿著玩具或書本給大人，要他們和她互動。跟其他孩子在一起時，她會好奇他們在做什麼，並專心的看著他們。亞絮蕾的媽媽說她「還真忙呢」。

　　以亞絮蕾這個年紀而言，她大肌肉的動作技能很棒。在家時，走路能控制得很好且有自信，擅長使用推的玩具，搖搖晃晃地走在家具周圍，還會爬樓梯，當往上爬時，她會很小心，能夠轉身且快速坐下。她很容易地爬到沙發上，但還不太會下來。她小肌肉動作的控制也很好，她能花很長的時間將杯墊一個一個放進支架，然後再拿出來。她喜歡用湯匙自己吃飯，吃是亞絮蕾的樂趣之一，她喜歡冗長且悠閒的進食時間。亞絮蕾語言的發展神速。在遊戲「小玫瑰旁的鈴聲」（Ring Around the Rosy），她會說「謝謝」、「貝比」（baby）、「蘋果」、「餅乾」以及會喊「下」。她還會模仿歌唱和對話。媽媽稱她「聒噪」，因為她遊戲和探索環境時，嘴裡一直說個不停。

　　亞絮蕾不喜歡她移動和爬行時時受到阻礙，假如她不能馬

上拿到她要的東西，她會顯得不耐煩，導致發脾氣。如果看到哥哥坐在媽媽膝上，她會尖叫。媽媽不要她拿某樣東西時，她會換拿一樣類似的東西，而且還玩得不錯。

亞絮蕾到教保機構時，媽媽認為讓她女兒安全、快樂是她主要考量的重點。媽媽希望教保者是個溫暖、有愛心和會關心他人的人，能給她女兒很多的關照。她希望亞絮蕾有機會和其他孩子一起進行各項刺激活動，並且語氣堅決地表示不要她的女兒看電視。她眼中的女兒是可愛、活潑、有同理心、在她身旁會覺得她有趣，她要教保者知道亞絮蕾「確實是一個非常棒的小女孩」。

雅嬝

雅嬝（Eden）十四個月大，是一個苗條的孩子，高約三十吋（76.2 公分），重二十磅（9 公斤）。她是一個「凱爾特族娃娃」（Celtic baby），淺黃色皮膚、紅髮、外觀有點像小精靈、還有像她爸爸的灰藍色大眼睛。她父母一直很在意她瘦小的體型和過小的胃口。雅嬝的媽媽說，她小時候雖然身體瘦弱，但很強勢，需要什麼，一定會讓父母知道。她有時會煩躁，而且從來沒睡好，日夜作息顛倒。她最少二小時就要餵一次奶，六個月大時，開始讓她用奶瓶，她卻很能適應。現在她能一覺到天亮，除非餓

了或要奶瓶。整體而言，她的父母認為她是一個快樂、喜歡玩的孩子，非常喜歡和媽媽、爸爸在一起。

她喜歡在各式的容器裡，如家庭洗衣籃和她的玩具盒，裝入各種物品或將它們倒出。她非常醉心動物和模仿牠們的聲音，特別是狗吠聲。她喜愛聽爸爸彈吉他，以及靠爸爸的協助亂彈吉他。當有音樂響起，即使坐在地上，她也會扭動和變化身體。她發現在家中的休息室發出她的聲音、說話或尖叫時，會有聲音共鳴的效果。

亞絮蕾六個月大就開始爬行，她現在會扶著家具將自己拉起，然後爬上去。但是她還不能走得很好，她是用協助走步的推走玩具或椅子來平衡走路，她會花時間探索沿路不同的物品。家裡有一個搖搖馬，她常常重複爬上爬下的。她早上在家有一個活動是從床上跳到她父母身上，並伴隨尖聲的笑聲和說話聲。她一天最喜歡的時間是爸爸下班回到家的時刻，她一知道爸爸到家，會爬到門邊等爸爸進來。

白天在教保機構，大部分的時間都在爬一條泡棉隧道，她也喜愛球，當她從一個活動移到另一個活動，她都會帶著球。你常常能看到她坐在地上翻書，即使在閱讀，她也會對著書本說話。

爸媽都對雅燈飲食習慣很關心，並形容用餐時間對他們是一種折磨。為了讓她進食足量的食物，必須用一些道具引誘，因此用餐變成非常耗時的事件。他們說她的小兒科醫生擔憂她的體重增加緩慢和胃口不好。

當雅燈進行不被接受的行為時，她的父母會溫柔且針對事

件但口氣堅定的告訴她,這招通常有效。爸爸說她對大人聲音的語調十分敏感,所以他們只需說一次「不」做回應。她讓步後如果覺得挫折,他們會安慰她。她滿容易被轉移注意力,不能拿一項物品時,給她另一項大人允許的物品就可以了。

為了給雅燈安全感,她的父母要教保者對她客氣和慈愛,媽媽強調教保者一定要時常和她說話及遊戲,爸爸說教保環境要提供很多能吸引她女兒去做的事。雖然他們基本上認為雅燈是快樂、易滿足、適應好的孩子,但他們知道教保時讓雅燈有安全感是重要的。

優先考量的課程

這年紀二個重要的表徵是孩子需要練習和精進新萌發的移動力,以及渴望碰觸、品嚐和操作沿路的物品。正如 Burtt 和 Kalkstein(1984)所陳述的,如果孩子的探索沒有回歸到對細項的追尋,一定有問題!亞絮蕾和雅燈代表這階段的發展,技能和興趣有一些明顯的不同。他們需要一個特別安排的環境,引發他們的移動力和刺激他們的好奇心。

還不太會走路的孩子需要物理支撐物,當他們探索周遭環境時,協助他們直立的移動力。一旦開始走路,就像亞絮蕾和雅燈一樣,尋找可攜帶的物品,帶著它們四處走動。而重複地將容器裝滿物品,然後倒出,也是這階段所有孩子的興趣。

這些孩子花很多時間觀察他們的環境,而且模仿許多他們看到的行為動作。因為他們有很強的依附連結,對陌生人的焦

慮可能會比較明顯。社會遭遇十分重要，但無法清楚限定。一歲的嬰兒基本上是坐著觀看周圍的人、事、物，他們的探索包括發現更多有關同儕和他們的活動，而這些探索開始於呈現、給予或拿取物品的形式。

這階段通常是孩子萌發說出第一批字的時期。有些小孩所表現的牙牙語言，聽起來好像是在說句子，這是因為所說語調的關係，語言的過程是很難解釋的。有些孩子會用手指或咕嚕聲表示他要某樣東西或某件事。口語能力較好的孩子會被環境中命名的物品所吸引，並會模仿說出大人對物品的命名。他們也開始出現與教保者溝通的企圖，而且愈來愈瞭解大人的要求。因為口語技巧的不足，有時會因溝通困難而感到挫折。練習遊戲的技巧迅速增加，而假裝遊戲正開始產生。優先考量的課程包括：

1. 提供孩子機會建構物理和關係的知識（如比較大小、形狀、數量），方法是透過對環境中物品不同的動作行為，讓孩子使用完全不同的動作基模（如抱填充熊寶寶、堆積木）。

2. 引發孩子和大人、同儕溝通互動的深度和廣度，並且使用肢體和語言的方式。

3. 藉由改善他們自助的技能（如自己進食）和社會行為（如依循簡單要求），給予他們機會學習自我規範和「自己動手」，即使大人還沒有準備好讓他們練習。

建議的環境特徵

在環境需要增加複雜度之時，對九到十個月大孩子的環境建議仍然重要。一些環境的特徵需要有彈性，因為這年紀的孩子在行動力、溝通和社會─情緒的發展有很大改變。

☞ 那些還不太會走路的孩子，像雅燈一樣，需要矮桌、欄杆、以及推走的玩具、孩子尺寸的購物推車、或洋娃娃坐的推車，來協助學走路。有些孩子到十二或十三個月才開始有學走路的企圖，所以他們需要堅固的物品，讓他們可以將自己拉起並扶著走路。

☞ 你必須提供可以讓孩子爬上爬下的安全階梯、爬進爬出的隧道、可將東西放進拿出的盒子，讓那些像亞絮蕾一樣已準備好和他們身體進行練習遊戲的孩子，增進動作技能的發展。

☞ 提供練習爬進爬出、爬上爬下，和從上穿過、由下鑽入的環境吸引孩子，你也可以利用這樣的環境進行社會遊戲，例如捉迷藏和「老師說」，這是這年紀增加的活動。

☞ 為了像亞絮蕾和雅燈一樣的孩子，許多可以安全攜帶的小物品應該放在孩子容易拿得到的置物箱、水桶、籃子或矮櫃中。若孩子有自己的容器，可以促進練習遊戲，且較易收拾。

☞ 一個堅固的貼地、無門櫥櫃可以提供孩子一個隱密的場所，讓孩子在其中玩玩具、和朋友坐著，或僅是「觀看外面世界的運行」。

☞ 提供不同大小、形狀、數量、顏色和功能的物品，可以協助

關係知識的建構。而能增長社會知識的物品有不同類型和種族外觀的娃娃、娃娃用奶瓶、堅固的兒童碗碟和杯子（非縮小型的）以及娃娃的毯子。

☞ 將空間區分為幾個不同類型的遊戲區，這樣可提昇孩子移動和到各角落與區域的意願。

☞ 若是家庭式機構，你可以安排一個廚房的櫥櫃或矮抽屜供孩子探索。裡面擺放各式的物品（如湯匙、平底鍋、杯子、玩具），而這些物品可以讓孩子安全的進行練習遊戲（如拿出和放入、攜帶、操作）。

☞ 看書區應擺放各類書籍，並將其佈置得讓人想進入。書頁應是堅固且可沖洗，材質可是塑膠或護貝的卡紙。這階段正是提供孩子人物圖畫書的時候，這些人物可反映出孩子社區和教保機構的文化多元性。

☞ 可以反映孩子社會世界的海報、照片和圖畫，應該張貼在教室四周，如牆面上、櫥櫃裡、攀爬設施的下方、活動桌的旁邊，但須在孩子的視線高度處，你可以護貝、或加保護膜避免孩子撕毀。一個替代方式是製作樹脂玻璃展示區，放置圖片或物品以供觀賞。

☞ 應該定期小心檢查環境裡可能會造成進行探索的孩子的危險（如將插座蓋上覆蓋、將搖晃的櫃子移開）。你應該以孩子的眼光來檢視環境，這樣比較能預測孩子會有怎樣的危險環境。此外，確定所有的角落、櫥櫃邊緣和低窗台都是圓邊，這樣才不會讓走路不穩的孩子撞傷。

☞ 準備一個簡單乾淨的地方，可以讓孩子自己進食，即使環境

被弄得髒亂，還是應該被鼓勵。此外，還可以調整一些其他的環境，例如適合孩子尺寸的水槽（或在水槽邊放置木頭階梯站台），引發孩子「自己做」的能力。

課程活動範例

知識的建構

物理／關係知識

- 提供妙妙箱，將形狀積木配合容器上的形狀嵌入，將形狀積木放入或拿出，都找出解決問題策略的練習。
- 將不同尺寸和形狀的物件放入容器或將其倒出，提供了空間關係的經驗。
- 杯狀、罐狀或盒狀的套套杯，依序放入，提供孩子對尺寸大小關係的瞭解。
- 當孩子在箱子裡進出或圍繞、穿過隧道，或在一項設施爬上爬下時，你可告訴孩子其動作名稱及空間位置（如「往上又往下、往上又往下、亞絮蕾正在往上又往下。」）
- 提供有拉、轉、按功能的把手、或有按鈕、按鍵的玩具，動作完成後能將門打開、有東西跳出或發出聲音，這提供孩子能預期他們動作後結果的經驗。
- 像亞絮蕾的孩子，能用簡單的音樂玩具進行因／果的探索。所以環境中應該提供玩具鋼琴、大鈴鐺、沙鈴和音樂球。此

外，拉繩後會有動物叫聲或車子聲音的玩具也能引起孩子興趣。

- 牆上或攀爬設備上，用粗繩繫牢一條清楚的塑膠細管（18吋到42吋長），讓球、玩具車或其他小物品能沿著管子滑落。觀察管道所顯示的因果順序，這年紀的孩子會很有興趣。
- 將圖片或照片藏在小抽屜裡，這可以引發孩子打開抽屜，觀看圖片中的物品。
- 可以將部分玩具，如同小塑膠動物（不能太小到讓孩子吞得下去）或彩色塑膠蛋，藏在活動室四周，便展現搜尋的活動。此外，將孩子最喜歡的玩具藏起來，然後邀請孩子協助大人尋找，這可以引發孩子發展物體恆存的概念。
- 在大卡紙箱或遊戲屋裡面、或門的入口處附近玩躲貓貓的遊戲，這是一種複雜的形式，延伸了孩子的物理知識以及他們身體的空間感。

社會知識

- 透過例行活動，為你自己及孩子的動作與環境中物品命名，你可以提供良好的語言示範，在有意義的情境中使用新的字詞是很重要的。
- 幫孩子換尿片、穿鞋、襪或換衣服時，有很多機會可以介紹身體各部位的名稱。
- 當孩子有溝通意圖時（如手指向某處或發出咕嚕聲），你需簡短但完整的陳述出孩子欲表達的內容，同時也需對孩子的要求或閒談作回應。

◎ 電話非常吸引這個年紀的孩子,如果環境中有玩具電話,你可以邀請孩子主動拿電話說話或和你對話。

◎ 為促進語言的發展,要在這個階段有效使用鷹架。你可以利用圖片書介紹動物和物品的名稱,及請孩子指出大人所說名稱的圖片,點指圖片幾次後,孩子幾乎可以說出你所說的東西,書中顯現文化差異的圖片亦可有效擴展孩子的社會文化。

◎ 大人─小孩的圖書互動可以助長萌發語文的經驗。你以適當的方式拿書、翻頁和說明圖片上的物品與人物,可讓孩子明白書所涵蓋的意義。一歲孩子喜歡的圖片主題包括熟悉的物品(球、杯子、湯匙、娃娃)、有趣的臉譜、或是人所進行的熟悉活動,如吃飯、睡覺或走路。對於像雅燈一樣喜歡動物的孩子,會主動找的書是裡面有熟悉動物的圖片,這些動物圖片可以引發孩子模仿牠們的叫聲。

◎ 這年紀的孩子對於玩偶的興致逐漸提昇,動物偶提供孩子模仿動物叫聲的機會。當和各種不同的動物偶或人偶交談時,也是提供練習新字彙的機會。

◎ 許多孩子都會被音樂吸引,並隨之搖動、扭動和轉動他們的身體。而你必須在特別的時間撥放不同類型的音樂,如果你或訪客為他們演奏吉他、五弦琴或手風琴,他們會如痴如醉地坐著欣賞。

◎ 沒有什麼事會比呈現適合他們程度的新鮮事,更能吸引一群小學步兒,所以你可以在地上或矮桌上放置一項好玩的物品,並邀請他們觀看。而像玩水、在包裹桌面的紙上塗鴉,甚至食用一份喜愛點心的活動都會吸引一歲的孩子。

- 你應提供吸引孩子進行大肌肉活動的空間，例如可以爬行和攀爬的箱子、或小夾層閣樓，而爬行的隧道或其他設施，寬度應可以容納二個以上的孩子同時進行，如此可引發孩子進行基本的社會遊戲。

社會──情緒關係的建立

- 這階段孩子非常喜愛歌曲、讚美詩、詩句和手指謠，因為他們全心地享受和家中大人建立的情誼。你可以在歌曲中插入孩子的名字，如在原歌曲中有名字或人稱代名詞的地方替換，以建立自我認同的經驗。

- 這個年紀孩子有個固定且熟知他作習的教保者很重要。因為孩子若未與教保者建立良好、安全的社會──情緒關係，即使他們熟悉這個物理環境，也無法自信地探索環境。

- 這階段孩子通常對陌生人會產生焦慮，所以你必須知道，介紹新個體（不管是新教保者或訪客）讓大家認識時，有些孩子會感到不安，特別是那些氣質「緩慢」的孩子。你必須小心地介紹新大人，而且孩子還沒和他們互動時，不要馬上鼓勵他們和孩子互動。有些孩子能起始互動過程，在新大人和這些孩子說話和遊戲之時，其他孩子會從中獲得訊息，覺得這個人在環境中受歡迎，便逐漸熟稔這個人。

- 在例行的保育活動中，你應該持續向孩子敘述正在發生的事或唱歌給孩子聽。當孩子學習自理技能時，你耐心的鼓勵是增強彼此關係的好方法，孩子有自己吃飯的動機時，你可以給孩子正向的評論（如「哇！你自己把蘋果醬吃完了！」）。

這種互動是一項建立關係的經驗，也是一項激勵孩子自理技能進步的方式。

- 十二到十四個月大的孩子，對他人說話的音調和臉部表情非常敏感。這提供一個最佳的機會，可在隨意的情況下為孩子敘述基本的情緒名稱，如快樂、害怕和生氣。而你也可以由他們的神情，確認他們是否聽到你所說的內容和所用的語調。透過觀察你的肢體語言和聲音語調，可以增進他們的理解，看到你展現驚訝、興奮、傷心、甚至裝哭的臉部表情，可以促進他們和幫助他們對情緒命名。

遊戲發展

- 這是開始多方面練習遊戲的階段，孩子練習遊戲的對象有物品、人和他們自己的身體（如以不同的方式重複地走或爬）、多樣性、適度的新鮮感、便捷性都是促進高品質練習遊戲的重要因素，而大人的示範和鼓勵也很重要。

- 將模仿延伸至精進的遊戲是一歲孩子的典型行為，當你和一位或二位孩子坐在一起，並製造各種臉部的表情和聲音時，你可以模仿孩子。而你也可以邀請孩子玩指令的遊戲，要求他們拍手、點頭或踢腿，這遊戲可以提昇孩子聆聽和依循指示的能力。很快地，他們自己遊戲時，就會出現這些動作的變化。當然，你必須確認你所呈現的動作和聲音是你要他們模仿並精進於他們遊戲中的。

- 假裝遊戲開始於這個年紀，通常需要大人鷹架式的協助，大人先模仿一些簡單的假想動作，便能引發孩子重複這些動作。

最早的假想和孩子熟悉的活動相關，如吃飯和睡覺，你需提供遊戲的素材，才能引發如此的假想，此外尚須擔任假想的示範者和發起者，並對孩子們的假想行為提供意見（如「喔，娃娃要睡覺了，你要幫他蓋被子」）。

問題討論

1. 雅燈走路的能力在正常發展的範圍內嗎？你會為她提供怎樣的鷹架經驗幫助她，使她的技能更完美？

2. 你會引發像亞絮蕾和雅燈這樣的孩子什麼樣的社會行為？而如何運用環境增進這些行為？

3. 在這個年紀，男孩和女孩做的事不同嗎？環境應為男孩做怎樣的調整？

4. 你如何和父母們溝通他們關心的事，如雅燈父母提過她不好的飲食行為？又如何跟亞絮蕾父母說，當她行動受限制會尖叫的事？

8

18-21 個月：

琳依 (Leah) 和
威廉 (William) 的課程

琳依

琳依 (Leah) 是一個高高的十八個月大孩子，柔軟捲曲的黑髮、大的棕眼和彎曲的睫毛，因此她父母暱稱她為「貝蒂布普」 (Betty Boop) （譯註：卡通人物名）。她一直是個健康的孩子，從未得過耳疾和感冒。她媽媽認為她是一個擁有快樂性格的容易型孩子。她從早到晚都在動，像個「火車頭」，即使還是嬰兒時，她就喜歡和爸爸媽媽玩肢體遊戲，以及嬰兒床規律的搖晃。她幾乎沒爬行，十一個月大時開始走路。她從未讓她的父母措手不及和感到挫折。她的嬰兒階段，白天睡不多，但晚上睡得相當好，只醒來一、二次要喝奶。她爸爸說她是一個對吃很挑剔的人，早餐吃很多，之後

整天吃很少，用餐時間也很難對食物感興趣。她能自己輕易地用湯匙和叉子吃東西、用杯子喝飲料及使用吸管。

琳依將重心放在她的興趣上，以致她對參與活動的其他人視若無睹，她熱愛音樂，當聽到收音機或電視機播出音樂時，表現出「著迷的樣子」。她非常喜歡機器的配件，包括電話（特別是撥她的玩具電話）和電視搖控器。她想要知道東西如何運作，所以任何會發出聲響的東西都能吸引她的注意。她喜歡探索廚房的櫃子，會將茶壺、鍋子和塑膠食物盒拿出。根據爸爸的描述，她喜愛玩水，完全享受洗澡的時間。每當有機會，她會伸手抓水龍頭流下來的水。她也喜歡和家中的大狗玩，只是她都把狗叫成「貓」。她花很多時間將玩具從籃子拿出和放回。她媽媽說她是如此的自我指揮，似乎從沒有無事可做的情形。

大部分的時間是琳依的爸爸照顧她，他沒辦法照顧時，琳依就到教保中心。在教保中心，她還是持續地動，如拉開裝塑膠積木的收藏箱、對著玩具電話說話、或在小夾層閣樓爬上爬下。她會觀看其他孩子遊戲，有時候她會擁抱一個孩子或是嘗試將她抱起。要求她做事情時，她能完全依循指示，此外她對例行活動有很好的記憶力；她能透過動作、言詞和語調，很清楚的表達她的需要。當她要她的奶瓶時，她會舉起她的手臂說：「ㄋㄟㄋㄟ」。她會用蠟筆塗鴉，而且會與她喜歡的幼兒電視節目「巴尼」（Barney）一起唱歌。她還喜歡練習說「一、二、三」。

她想要別人注意時，她會抱住媽媽或爸爸的腳，並發出哀鳴聲。媽媽表示即使爸爸是琳依的主要照護者，但是琳依是這

個家的常規規定者，媽媽說要她做她不想做的事時，她會改變聲調，表示警告。琳依對於新的指令回應良好，而且容易轉移她的注意力到新刺激上。她會發小小的脾氣，但很短暫，只是最近逐漸延長。她和家庭其他的成員都有互動，她一星期見她的祖父母一次，而比較常和外公外婆見面。當她到爺爺奶奶家時，會和姑姑、阿姨、伯伯、叔叔、舅舅和堂、表兄弟互動。

琳依的媽媽希望所有教保者能「在她身旁」。她說如果教保者緊張或生氣時，需要平穩、冷靜和鎮定，因為琳依會學習他們的語調。媽媽還希望教保者能多注意她，知道她喜歡什麼，並為她準備。爸爸則希望教保者能「放下身段到琳依的程度」並「和她玩得愉快」。

威廉

威廉（Willian）二十一個月大，重二十五磅（11.3 公斤），比起早產時二磅十四盎司（1.32 公斤），進步很多。現在的他是個活潑、喜歡和人親近的孩子，有淡棕色的捲髮、褐色的眼睛和常見的笑容。他的父母是非裔美國人，在預產期前二個月，還沒準備好他的誕生，但當醫生發現胎兒有出生的跡象，便決定引產。媽媽說醫生「並未完全告訴我為什麼」。媽媽和爸爸感到沮喪，因為孩子出生時，他們沒抱

到他，醫護人員「就將他抱走了」。威廉待在加護病房，直到他開始增重，其間無併發症發生。媽媽和爸爸每天到醫院，對他們而言，那是一段精神折磨的日子。他媽媽「已準備好餵母奶」，但醫院卻餵他牛奶，讓她無法達成心願。二個月大時，媽媽用吸奶器，將母奶放在奶瓶中餵他，只為了給他一個好的開始。

威廉的媽媽中輟了大學課業，留在家中照顧他三個月，因為她認為威廉太孱弱，很難找到人照顧他。媽媽說，那段期間威廉只是睡覺和進食。因為他早產，醫生擔心他的視力，因此，會有一位小兒科專家來檢查他的視力發展。威廉的體重達五磅時，媽媽回大學上課一學期，且付費請人家一星期三天到家裡照顧威廉。媽媽是透過朋友找到這位家庭照護，五個月裡一切進行順利，後來媽媽在商店街找到一份兼差的工作。這樣她就可以拿到育兒津貼，又可以一邊工作一邊完成學業。

媽媽帶威廉去的第一所教保機構，是在媽媽工作地點附近，威廉適應良好，沒有分離的問題。她認為這所教保機構能夠依據威廉這階段（九至十五個月）的需要，提供適當的教保。現在媽媽已從學校畢業，而且在自己的專業領域找到一份工作，所以將威廉轉到一所離家近的教保機構。她上班前送他去教保機構，之後開一小時的車程去上班，而爸爸下班時再順道接他回家，然後餵他和照顧他，直到媽媽回來（約晚上七點）。最近他們打算搬到郊區去住，這樣上班比較近。

目前，威廉的發展還是被關注，媽媽說她擔心了好久，因為他好像「還不會做任何事」。雖然他五個月時出現真正的微

笑，但卻「花一些時間才會翻身」，媽媽認為他走路（十三個月大時）之前，爬了太久的時間（十一到十三個月大時）。他會走後，「所有事情都在一瞬間都改觀了」，很多方面都有進步。因為沒有出現任何問題的跡象，大人對他視力的擔心也結束了。過去幾個月，他開始用手和膝蓋爬樓梯、跑步、「跳舞」、以及跳上跳下。他會和爸爸玩球，喜歡搔癢和其他打鬧遊戲。雖然他比較喜歡大肌肉的活動，但他小肌肉的技能一直在進步，他可以將物品填滿和倒出、堆積木、及壓玩具電話上的數字讓聲音發出。

在教保機構，他喜歡塗鴉，並且能辨識ABC字母歌，雖然他還不會唱這首歌。媽媽說他現在會進行「想像的事」，如假裝吃東西，他還會模仿聽到的字詞、例行的說「拜拜」、「嗨」，並對奶瓶和吸吮杯說「ㄋㄟㄋㄟ」。他會用很細小的聲音，但無法理解的方式「說話」。當不順他的意時，他會生氣，他的教保者回憶說他和同伴搶玩具時，有時會打人。

威廉一直是好性情，即使生病也是，他比較喜愛和較大的孩子在一起，他們有時會照顧他。媽媽說他「在態度上」很獨立，而且自認為「會做任何事」。她說他一直很獨立，寧願睡在自己的嬰兒床，也不要和媽媽一起睡在床上（但媽媽喜歡），睡時也不要大人搖晃嬰兒床，走路時也不要牽媽媽的手。

對於教保機構，威廉的媽媽有很多要求。首先，她希望教保者「依他孩子的需要進行」，並指出現在所進行的不當活動，如如廁訓練、不用奶瓶而改用吸吮杯、不能吸奶嘴等。她認為她的孩子尚未準備好做一些教保者期待所有孩子做的事；其次，

她要教保者安排學習的活動，特別是有助於語言和語文的發展；第三，她希望教保者能固定，威廉現在的教保機構，除了所長，「人員總是在變動」；第四，她認為教保者「應該告訴我更多可以和威廉一起做的事，我第一次當媽媽，不是什麼事都知道」。雖然媽媽和教保者常溝通重要的事，但她希望教保者能寫下威廉每天做的事，和她在家可以怎樣幫助威廉學習。她覺得威廉的爸爸也可以從這些建議獲益，因為「他的成長過程並沒有爸爸陪伴，所以不知道如何為人父親」。雖然她逐漸滿意威廉現在的發展情況，她仍期望搬家後能找到一所符合她期望的教保機構。

優先考量的課程

這年紀孩子的大、小肌肉發展都有很大的成就，他們現在是穩健的步行者，喜歡散步一小段時間。跑步帶來新的興奮，他們似乎到哪兒都用跑的。大部分的孩子開始會為了拿一個伸手拿不到的喜歡物品而有目的地攀爬；會上下樓梯；會騎有輪子的玩具，但是是用他們的腳去推；以及會隨著音樂「跳舞」。他們能用整隻手臂丟球，可是還不會接球。他們不再習慣性地將東西放到嘴裡，而是使用適當的動作基模。

手和手指的小肌肉控制能力比以前好，並開始萌發習慣用的那隻手。就像琳依和威廉，他們變得善於塗鴉。他們能旋轉門把、翻書頁和做分類活動，他們仍然喜歡在容器中放進和倒出物品，以及收集物品。他們想知道每件事如何進行和那是什

麼物質，所以他們會對它們塗、抹、敲、壓、拍和戳。但是他們還分不清楚他們可以在哪兒創造成品，哪兒不行。

這年紀的重點是從感覺動作期轉型到具象的運思（前運思期）。孩子能夠記得東西放在哪裡，甚至是大人已移開並希望學步兒忘記的東西。他們不再只是使用嘗試錯誤的方法，使用問題解決策略的次數越來越多。他們有絕佳的模仿技能，很會模仿大人和同儕的行為；所以，他們花很多時間觀察其他人。

他們的語言發展迅速，雖然彼此的模式不同。有些孩子喜歡說物品的名稱或問：「這是什麼？」來收集物品的命名。有些孩子則藉由聊天，特別是講電話時，模仿大人的會話模式。大部分的孩子擁有約十到十二個字詞，並使用二字語言（電報式），而有些孩子已開始使用完整句子。他們會回應大人平日的指示，例如要求他們找出身體的部位時，他們會用手指出，此外，他們還能服從簡單的要求（當他們自己選擇要服從時），他們喜歡哼歌和企圖去唱熟悉的歌曲。

社會—情緒技能正在萌發，但還不完備。他們對待其他小孩，仍然像對待物品一樣（如戳、捏），且他們會佔有玩具，還不懂得分享。這是一個反抗期的高峰，「不要」是他們喜歡用的字眼。但是他們會對讚美回應，及對洋娃娃和動物表現關愛，他們還能辨識鏡子或照片中的人，並說出他們的名字。

大部分的學步兒一天只小睡一次。他們能表現自我照顧的行為動作，如脫衣服、適當地用湯匙或叉子自己吃東西、用杯子喝水、用一點點水澆花、洗手（至少他們的動作是正確的）。但是他們挫折的門檻低，特別是疲累的時候。他們知道如何運

用大人為資源，當需要時可以尋求協助。優先考量的課程包括：

1. 提供孩子擴展行動自主的機會，環境中安排領域較廣的設施和經驗，給予許多的「可以」，特別是給孩子選擇和自我控制的機會時，而說「不」時，態度是平靜但堅持。
2. 引發他們學習利社會行為，以利大人—孩子和孩子—孩子的互動，特別是將來同儕間正向的互動。
3. 幫助孩子延伸他們的自我規範到增加自理技能（如自己穿脫衣服）和社會行為（如延遲報酬、使用文字表達需要）。

建議的環境特徵

大部分的教保機構中，十八個月大是孩子從嬰兒過渡到學步兒的時刻。環境中學步兒的空間（十八到三十六個月）在硬體的設置和一天的流程安排上，應接近學齡前幼兒（preschool）的空間，而不是嬰兒的空間。學習／活動區應能有所鑑別，就像為較大孩子安排，但其特徵是適合學步兒的。在包括嬰兒和學步兒的混齡機構中，必須有一些空間是為嬰兒準備的，而一些空間適合學步兒。其環境需要下列特徵：

✏ 你應該提供孩子許多練習大肌肉技能的機會，以獲取行動動作的穩健（即在不同表面和結構上使用技能的能力）。適合學步兒的攀爬架、滑梯、搖晃船和其他設備，室內和戶外都應放置。另外，能推和拉的四輪或二輪推車、可以坐進去而用腳移動的車子、三輪車、稍微高起的走路板、可在其上跳躍的軟襯墊和鋪墊，這些都能提供精熟動作技巧而的練習。

因為學步兒仍在學習這些技巧，進行的過程可能有時無法有效掌控平衡，所以所有的設施都應堅固和穩當。之後再建議裝設中型的籃框和球，可以讓孩子練習丟投。

☞ 由於學步兒對於探索有趣的物品有很大的興趣，因此他們需要有符合他們高度且堅固、穩當的櫃子，其中放置各類的操作性玩具，讓他們轉、搖、分解和組合。你應提供如串珠、套環、適合學步兒的塑膠磚和桌上型積木、套杯、拼圖、複寫板和放周邊玩具的盒子等材料。理想的狀況是採用開放式的櫃子，學步兒便能自取材料；但是，不需要將所有東西都擺上。此外，應該要有比孩子身高高且靠牆的櫃子，以貯存一些玩具。關在櫃子中的玩具應該和開放架上的玩具輪流替換，以保持新鮮感及孩子的興趣。小的學步兒有一個傾向，就是將所有的東西都倒出來，然後拿著物品到處走，但當有一樣東西吸引他們時，馬上放下手邊的物品；因此，空間中擺放讓孩子拿得到的物品的量須適當，而牆上的櫃子方便你更換空間中的材料，且又不會佔地面的空間。

☞ 在「娃娃角」，你可以準備學步兒尺寸的水槽、冰箱、爐子、鍋子、盤子、軟的塑膠食物、電話、娃娃、娃娃床、娃娃推車、高椅子、各式的帽子、皮包和午餐盒。對學步兒這階段，還不需要準備換裝的衣服，準備帽子、背心、皮包、午餐盒和提袋就足夠了。但還需一面二人寬、一人高的鏡子（42吋×42吋），允許二至三位小朋友可以自發性地一起照鏡子看他們的身體。由於小的學步兒處於平行遊戲階段，他們不需要太多種類的盤子，但是需要很多同樣的物品，這樣就不會

只有一個孩子擺碗筷或餵娃娃。娃娃床和高椅子應該大到能安全地容納一個孩子，因為學步兒樂於發現他們的身體可以如何適應不同的空間。

☞ 一個舒服並具邀請意味的閱讀區是必要的。孩子的語言表達建立在參與的經驗和想像，這可以幫助他們學習新字彙。應該採用厚卡紙或布為書頁的書，因為這年紀的孩子喜歡撕紙。書中的圖片應該是熟悉的物品、人物和動物，而人物應包含不同年齡、性別、種族和文化。此外，內容若是讓孩子探索不同紋理組織表面的書，也很吸引孩子。這階段孩子還沒有準備好閱讀故事敘述的書，因為他們一般還不太能依循事件發生的順序，尤其是長故事。除此之外，閱讀區應該比其他區域更具有一些視線的隱密性，並且離開其他孩子行經的路線。

☞ 環境中應該包含感官材料的遊戲區，如水、沙、無薄荷的刮鬍子泡沫和指畫顏料。這些會弄髒環境的活動應接近水源區，最好地板還有排水孔，這樣才方便清潔環境。關於水和沙的探索遊戲，你可以讓孩子使用塑膠的洗碗凹槽，裡面放滿材料，將此設施直接擺放在地板上。如果室內的空間夠大，而且你的經費也許可，可放置一個低的玩水桌。這二種設施都應大到能容納一個以上的孩子。而戶外的沙箱應該有布篷遮蔭，因為孩子會花很多時間在挖沙、剷沙和傾倒沙。同樣的，沙箱應該大到能容納一群孩子同玩，以促進社會互動。

☞ 應該提供適合孩子尺寸的水槽，方便孩子洗手和刷牙。通常孩子會在有水的地方玩水，如果只有水槽有水，其他地方沒

有，孩子就會在水槽待很久的時間。

☞ 戶外應有適合學步兒攀爬的設施、沙箱和可讓孩子推車和奔跑的硬表面地板。而爬行區域（不管室內或室外）的地板，包括孩子「會跌倒區」（fall zone）的範圍都應該鋪上墊子。

課程活動範例

知識的建構

物理／關係知識

☞ 學步兒通常會撿拾空間中的小東西、測試它們的物理特性、將它們放在如皮包或玩具卡車的容器內，然後帶著它們或開著車將它們帶到空間的其他區域，因此你必須提供各種這類的物品讓孩子選擇。孩子可能每天都做相同的選擇，也可能因瞭解這些物品的物理特性而做不同的選擇。

☞ 提供可堆起或排列（學步兒還不會搭建房子）的小型桌上型積木、具大圓柱釘子的釘板、有旋轉螺絲的機械操作板或有門閂的門板，這些都可協助孩子建構解決問題的能力。

☞ 這年紀孩子適合簡單形狀的嵌圖板和拼圖。嵌圖板的拼塊應有可握之處，且只有三到四種形狀的大塊木質；而拼圖上的拼塊以二至三片最適宜。拼圖上的圖案應為熟悉的物品、動物和人物，包括這些項目用不同的角度呈現。許多操作的小物件，如拼圖、釘板和串珠，可用托盤將其放在桌面上，讓

孩子使用。這些塑膠托盤的四邊應有一吋高，這樣才能讓拼圖或其他物品安然地放於桌面上。但這年齡孩子的協調力還不夠好，可能會因未抓好材料而碰撞到或揮落到地面。

☞ 玩水非常受歡迎，能讓學步兒持續很長的快樂時間。不同尺寸的水桶、杯子或其他容器，讓孩子填滿和傾倒，這是探索液體容量最普遍的方式。你能提供水車或其他裝置以展現水的特性，增加孩子概念的學習。

☞ 沙是另一項很受學步兒歡迎的物質。同樣的，需要不同的湯匙、水桶和其他的容器。沙的物理特性和水截然不同，將二者結合（水和沙）又創造了另一種物理特性供孩子探索。

☞ 吹泡泡活動提供孩子建立注意力和動機、感官統合、以及精進技能的機會。學步兒會追逐和抓泡泡，並時常要求你多製造一些泡泡。泡泡是一項不尋常的材料，不但能獲取孩子的興趣，也同時能在室內和戶外進行。

☞ 無薄荷的刮鬍子泡沫，摸起來和聞起來像香皂一樣，學步兒通常會覺得塗抹它和拍壓它是一項愉快的娛樂。你可以將泡沫直接塗在桌面上或空的水桌上。對於喜歡玩具汽車的孩子，將車子穿越泡沫的情形很能吸引其注意；將玉米粉和水混合（勾欠）後，倒在烤餅乾薄紙或托盤上，也能吸引一些孩子去拍、抓和玩弄這黏黏的物質。通常學步兒對於弄髒手指會有些神經質，所以他們會排斥手指畫和勾欠的活動。而如廁練習通常在這階段開始，因為孩子可能已經意識到「弄髒」不好的想法。

☞ 你可以在環境中放置不同紋理的素材，讓孩子觸摸、抓取和

光腳在其上行走。一條鋪墊塗上泡沫的走道,當學步兒光腳踩在泡泡上面時,可同時讓他們經歷紋理和聲音的感受。使用這些材料時,需嚴加看顧;不用時,需將其收藏。

- 小學步兒的藝術經驗應該簡單。他們可以用水彩和水彩筆在畫架或桌上作畫,在戶外,學步兒熱愛用水桶裡的清水和水彩筆在牆上或走道上作畫。不應該給學步兒食物當成作畫的材料,例如用布丁玩手指畫,因為他們正在學習分辨何謂可食和不可食,所以給他們可食的材料當遊戲材料,會讓他們混淆。而且,有些父母也反對用食物來遊戲。

- 這年紀孩子喜歡撕紙。你可以提供不同的包裝紙或舊雜誌讓孩子撕裂。這是一個以「允許」的活動來平衡「不可以」活動(如撕書、報紙或雜誌)的例子。但有必要給孩子一或二條原則,讓他們區分這個活動和撕東西不同。你可以說:「這張桌子上的都是舊雜誌,你們可以坐在這裡撕紙。」

- 另一個受小學步兒喜歡的活動是給他們外面包有彩色包裝紙的物品。他們喜歡拆包裝紙,然後發現有個熟悉的玩具在裡面,他們也喜歡開抽屜看裡面的照片或物品。

- 威廉喜歡用蠟筆塗鴉,正是適合這年齡的活動。你可以將一大張紙黏在桌子上,然後給每個孩子一些不同顏色的蠟筆。藝術的材料具有各種的顏色,且包括各種的膚色。你應提供黑色、棕色、褐色的蠟筆,此外,紙張若一直只是提供紅色、綠色、藍色和白色,需小心不要讓孩子覺得,土壤的顏色比原色和二級色(譯註:二原色間的混色)較不受人喜愛。學步兒喜愛塗鴉的手部活動和觀察塗鴉的結果,但他們不太會

關心成品的完成。

☞ 雖然幾乎所有的操作材料都會引發因／果的知識，但操作盒中，若有能發出聲音的開關和按鍵，或要產生動作前的旋轉鈕，特別吸引這個年紀的孩子。學步兒還喜歡其他因／果的玩具，包含需要轉發條和裝電池的玩具。他們可能還不知道如何旋轉發條或使用搖控器，但他們視你為「因」，重複地要求你讓結果產生。對於這類玩具的使用，你需小心看顧，因為它們可能有一些小零件。使用電池的玩具特別吸引動作遲緩或不便的孩子，因為他們只要執行一個動作，如按個按鈕，就能讓物品活動。這給予他們自主的經驗，而自主是他們平常很少擁有，而且很難達到的。

社會知識

☞ 你持續參與萌發語文的活動非常重要。學步兒從與書本相關的經驗中，學到「讀書」和「故事」的概念，以及獲得語言的命名和認知的資訊。如果他們想要，你應允許他們帶著他們心愛的書本四處走，就像是他們的收集物一般。即使很小的學步兒也會學到，對待書本不同於其他的物品。他們擅長於要求你「唸書」給他們聽，即使今天並沒有安排「唸書時間」，你一定要回應這些要求。而觸覺書的製作可以將不同的織布布塊縫在卡紙上，再用線將卡紙頁接合。市面上的書籍《摸摸小兔子》（Pat the Bunny）很受到歡迎。

☞ 這年紀到三十六個月時，大部分的學步兒會經歷一次語言爆發期，從只會幾個字的表達，到最少五十個的字彙。因為語

言就像社會知識的學習（即語言必須藉由他人傳達），你與學步兒愈多的語言互動，成效會愈好。許多孩子在這個階段的一項成就便是成為雙語使用者，所以如果父母會其他的語言，應該多用這種語言跟孩子說話，並進行遊戲的社會互動。這不像大一點孩子學習第二語言，因為這階段的大腦可以容納一種以上的語言到它的語言組織系統裡。你不必擔心孩子正處於二種豐富的語言中，而應擔心在家或在教保機構缺乏語言的互動。

- 孩子若在這年齡期間，你應該要當個良好的傾聽者，並對他們的溝通企圖做回應，因為他們溝通的動機來自一份自我效能的感覺。或許要你當一個有耐心的傾聽者和勉強瞭解孩子要的東西並不容易。但是，你堅持試著瞭解和回應卻非常必要。通常小學步兒會同時出現手勢和聲音，這可幫助你瞭解，然後你再用完整的敘述重新陳述孩子的要求或意見（如「喔，你要我多給你一些餅乾」）。

- 到了這個年齡，大人期待學步兒開始瞭解和依循一些社會行為的規範。但即使是小學步兒，也清楚家裡和教保機構的期待有些不一樣。你讓孩子學習社會行為最好的方式是示範（如：當他們給你任何東西時，你都會對他們說：「謝謝」）、對期待的社會行為平靜陳述且持續提醒、以及給予簡單的口語訊息，如「不是這樣」、「等一下」、「冷靜下來」。

社會——情緒的建立

⊜ 雖然學步兒能自己看書，但是從大人唸書給他們聽的陪伴中，社會、情緒和認知獲得很大的成長。你最佳的唸書風格是溫暖而有互動、孩子可以回應書頁裡的東西、和孩子談論他們覺得有趣的地方、並命名書中所呈現的情緒（如「這隻熊看起來很快樂」）。不要小看孩子在圖書共讀時所獲得的情緒支持。這也是一種增強孩子和你依附連結很好的方式。

⊜ 即使孩子自己能做的事愈來愈多，你持續的保育仍然非常的重要。當孩子在學習自理技能時，鷹架學習的理論更是有用。你可能需要將孩子的腳放入褲管中，然後告訴他們將褲子拉起；你應該買一些材質堅固、且其設計可以讓學步兒自己使用的食物收藏盒；使用小開口的水壺，裝半滿，以方便孩子倒水；稱讚學步兒自理技能表現（如「你自己倒牛奶啊！」），會產生很高的驅動力。通常忙碌的教保者會認為自己幫孩子穿衣服和倒牛奶比較省事，但這年紀的孩子正處於什麼事都要「自己來」，錯失提供自我照顧技能的鷹架知識是一個大錯誤。配合家庭的目標，你可能被要求在這時候進行如廁訓練。可是進食和如廁是在學步兒自我掌控下的自主技能，而不是大人。因此，進行教保工作最好的方式是平靜和支持，以及耐心的適時提醒和對意外的處理。

⊜ 大部分的學步兒還不會和同儕分享，為增進正向的同儕互動，環境中個別遊戲的物品應準備一組以上（如拼圖、娃娃、車子、水桶、鏟子）。學步兒早期的社會互動通常是拿物品給

別人看和物品交換。即使是在一個設計優良的環境中，你還是需有心理準備面對一些衝突的發生，可是，你不要馬上急著解決問題，而是先觀察孩子怎麼處理。通常，不須大人的介入，就能產生讓二人都滿意的解決方式。這樣可避免孩子養成習慣，一遇到問題，立即轉向尋求大人解決他們的社會問題。

遊戲發展

☙ 前幾章已提過，學步兒普遍會進行練習遊戲，而遊戲的重複和精進程度一直在延展。大部分學步兒遇到的物品都會成為其練習遊戲的誘因，包括大人認為是用來進行扮演遊戲的物品和大人覺得不可能用來遊戲的物品。十八到三十六個月這階段，孩子在物理世界所進行的練習遊戲中獲得許多能力。這年紀，練習遊戲在社會方面主要為單獨和平行。也就是說，他們都是獨自遊戲，即使和其他孩子在一起，也沒有社會互動。而聯合遊戲在練習遊戲中開始產生，有簡單和偶一為之的社會互動，如對他人微笑、一起製造聲響、以及給予和接受物品。

☙ 這年齡，假裝遊戲通常也是單獨或平行進行。例如，三個小孩在娃娃角，每個人都在餵娃娃，或將鍋子放到爐子或桌子上，並未牽涉別人；偶爾他們會有簡單的互動，但在他們的遊戲中並沒有社會主題。通常他們不會談論他們正在做什麼（大孩子會），大人就很難知道他們是在進行假裝遊戲，還是只用真實的物品進行例行的練習遊戲。當你對活動給予言

語的陳述（如「讓我們將娃娃放到床上，他需要被子嗎？」或「這車子要開到車庫了。」），便示範了假想內容的進行程序，這對學步兒非常重要，因為可以增進學步兒假裝遊戲的品質。父母要知道孩子假想能力的唯一方法是帶一個孩子熟悉的空食物容器來參與遊戲，這可以引發學步兒產生更精進的假裝遊戲。

☞小學步兒的社會遊戲主要還是和大人的互動，雖然大部分的學步兒知道和大人遊戲的多樣性，可是通常是孩子發起或要求你進行一項特定的遊戲。學步兒間還是可以看到一些基本的同儕輪流遊戲，如跑和追（學步兒間交換角色），或例行地給予和接受玩具，假如笑聲出於同儕的互動，這可能就是一項自發的社會遊戲。

問題討論

1. 有哪些其他方法，可以幫助學步兒達到具象的運思或萌發語文的技能？關於這些領域，你會對琳依設定什麼樣的目標？那對威廉呢？

2. 一些孩子（如琳依）的早期經驗有大家庭參與，你會如何讓這些孩子的祖父母和其他家庭成員在教保機構受到歡迎？而父母對孩子發展設定的目標可能和家中其他成員不同，你會

如何處理這樣的不一致？

3. 早產的孩子在前二年時通常會有一些遲緩，但如果他們沒有其他主要的問題，他們的發展之後會趕上。對於十八個月大孩子的環境建議，適合二十一個月的威廉嗎？這些環境建議中哪些適合十二到十四個月大、走路和說話已經相當好的孩子？

4. 這年紀的孩子，如果還未展現像琳依和威廉一樣對獨立自主的渴望，那什麼會是你所關心在意的？而你又會如何協助這樣的孩子從獨立自主中獲取安全感，以擴展他們的世界？

9

23－24個月：
布萊登（Brandon）和
南希（Nancy）的課程

布萊登

雖然布萊登（Brandon）擁有一頭金髮和淺褐色眼睛，但他夏天時已曬成深褐色的皮膚，媽媽認為這是因為他擁有部分美國原住民的血統。二十四個月大時，他又高又瘦，已經穿男孩四號尺寸的衣服。布萊登的媽媽說他是一個僅是吃和睡、快樂、安靜的孩子。他從沒有腸絞痛過。雖然他大部分時間都在睡覺，但他晚上通常會醒過來，之後，媽媽就帶他去她的床。

媽媽回想起第十七個月似乎是布萊登的轉捩點，因為他開始睡到天亮，但偶爾有夢魘的情形。最近，他「沒食慾」，可能是因為他會走路之後，都在進行肢體活動。每天下午他要小睡一下，如果沒睡，情緒便不穩定。

媽媽發覺，雖然他很獨立，但當媽媽出現他身旁時，他不要別人，只要媽媽，這和他以往的行為不同。他媽媽生他的時候只有十多歲，她和布萊登住在外婆家。布萊登的祖父母會分擔保育的工作，他和祖父母建立了很濃厚的依附關係。布萊登很友善，但現在對人卻很小心，即使這個人他已經很認識，這是讓他祖父母很難理解的地方。

　　布萊登的媽媽形容他是一個獨立的孩子，可以自己在家玩很久，但他要先確定媽媽在附近。布萊登最近發展的興趣是犁田機和跟爺爺一起乘坐割草機。用嘴巴吹氣是一項新技能，他會用來吹熄蠟燭和吹泡泡。另一項他喜愛做的事是玩庭園內的水管，他喜歡用水噴人，卻討厭自己被噴倒。他喜歡幫室內植物澆水，他會用澆水罐把庭院中的岩石弄溼。

　　在教保機構，將積木堆高然後推倒是他最喜歡的活動，他花很多時間這樣玩。他也喜歡踢球和丟球，特別是對小籃框射籃。在教保機構，他會用塑膠食物假裝進食、和小火車玩及看書。他時常一邊玩一邊對自己說話，和同儕在一起時，他會觀察別人玩什麼，偶爾他會或站或坐地靠近那些看書、玩水桌、或扮演木匠使用工具的孩子旁。他和其他孩子的社會遊戲通常是輪流玩遊戲，例如重複跑去尋找一個在爬攀爬架的孩子，這樣的遊戲可以在歡笑的尖叫聲中進行五分鐘。

　　布萊登已經很會拿叉子和湯匙，他能在用餐時拿湯匙舀食物吃，他會自己倒牛奶和果汁，但不用吸管喝，而是用杯子喝。他開始能自己上廁所，並能因鼓勵而自己脫衣服和尿片。他還會自己刷牙、脫外套和鞋子、拉下拉鍊和解開蝴蝶結、投零錢

到他的小豬撲滿、從他的玩具箱拿出玩具。不需要幫忙就可以自己扶著扶手上下樓梯，當媽媽牽他上下樓時，會嘗試用交替腳的方式。他正在學騎三輪車。他會幫忙將玩具放回，但需要協助。媽媽試著警告他不要再吸奶嘴，但目前為止這並不是一項簡單的任務。

布萊登是一個從早上的情緒就可預估他一天心情的孩子，如果他一早醒來是暴躁（快樂）的，那他一天都是這樣。他喜歡被追和搔癢，每當媽媽有空，就要和媽媽玩，媽媽說他是為了玩而活著。

唯一讓媽媽擔心的是布萊登的說話發音，他快要接受語言治療了。語言病理師說，因為布萊登用舌頭的背面來形成字的發音有困難，他說二到三個字組成的句子時，通常讓人聽不懂，他說「請」、「謝謝」和其他字時也十分短促。

媽媽說當不順他的意時，他會生氣。她首先會忽視他，讓他的脾氣自然的來去。而布萊登打她時，她會讓他坐在長椅上，隔離他。他現在早上還是喜歡用奶瓶喝奶，但不管他的抗議，媽媽仍給他有吸管的杯子。用餐時，要他一直坐在椅子上直到吃完飯很困難，因為當中他常常會跳下椅子遊走玩耍。

布萊登的媽媽請教保者要有耐心，並謹記他只有二歲，儘管他在同齡中長得比較大。她希望教保者「放下身段」，才能協助他學習，並時常唸書給他聽。她要教保者教他辨別對錯，並建立適合他這年紀的常規。

莭希

二歲苗條的身材，重二十五磅（11.3 公斤）、高三十三吋（83.8 公分）。莭希（Nancy）白金色頭髮齊肩、皮膚白皙、藍眼睛。她活潑、機靈以及好動。媽媽形容她像一個飢餓、苛求、活潑的嬰兒。她晚上睡得很好，但白天睡不到五至十分鐘，而且只發生在餵奶時。每天五點左右，她都會顯得煩躁。依據媽媽的說法，雖然現在莭希飲食的狀況良好，但她已開始愛吃甜食。

　　莭希和媽媽剛搬到一棟新公寓（媽媽是位單親媽媽）。自從搬家後，莭希只有躺在媽媽床上才會一覺到天亮，在家的時候都不需小睡。莭希已開始練習自己上廁所，現在可以自己大便在馬桶裡了。

　　莭希有很多的興趣，大部分是大肌肉動作的活動，不管晴天或雨天，她都比較喜歡待在戶外，在家她喜歡在沙發坐墊上跳躍。媽媽說莭希正學著將塑膠磚和拼圖放在一起，而且是放到她自己的鞋子裡。偶爾會看兒童錄影帶，但她對看電視沒興趣。媽媽說她和莭希在家時，她「什麼事也不能做」。

　　在教保機構，她也像一座「發電機」，除了每天簡單的小睡，她總是在動。她試著攀爬、從家具上跳下，和在家的情形一樣。她現在正練習小肌肉動作的技能，會將珠子串起和拉開、將大片的幾何圖形拼片放在正確的位置。此外她喜愛聽兒歌和

故事錄音帶。她時常拿玩具電話模仿大人說話、暫停、爆笑，好像電話那頭有人和她說話一樣。她喜歡的感官活動如畫圖、塗水彩、玩沙和水。

　　蘭希的媽媽和教保者都認為，由於蘭希的好動，所以進行的活動都很簡短，很快地一個接著一個。在教保機構，她在活動室中遊走，幾乎每分鐘都在改變活動。例如：在短時間內，她就經歷過玩水、玩拼圖或操作性玩具、爬上攀爬架和跳下、將盤子堆疊到玩水桌、在地板上推著玩具卡車、重複爬上觀看窗外的建築物和車子。她喜歡有其他孩子參與的活動，但是她沒和他們互動，只是在旁邊看著他們或在旁邊自己玩。偶爾和孩子的互動是看到一個孩子揮舞自製的紙盤樂器，她跑去拿一個，然後和這些孩子在活動室中跳舞和揮舞紙盤樂器；從一個孩子那兒拿玩具或是拿玩具給另一個孩子；和同伴在地毯上跳躍；外出時間到了，跑去拿她的帽子。

　　最近，蘭希被鑑定為語言遲緩，檢查者發現她的表達能力只有十五到十八月大。她對自己說的話都是模仿的話，而且有意義的字彙能力僅有十五個。因此，她將接受語言治療。

　　蘭希的媽媽說當她踢或丟東西時，表示她很生氣，媽媽一般會忽視這些行為，或對她說：「妳真的很生氣，因為……。」媽媽發現隔離策略對蘭希無效，反而通常是抱著她和搖著她，並輕聲對她說話的方式才有用；引導她進行別項活動，如帶她去洗澡或看錄影帶的方式也有效。

　　蘭希的媽媽希望在蘭希需要時，教保者能滿足她；也就是說，當她需要關愛時，教保者能擁著她、擁抱她和抱起她。媽

媽也希望教保者安排適合她年紀的活動，著重在遊戲中實地學習；媽媽相信全人教育中符合孩子需要的哲理，她強調在教保機構中健康和安全的議題也非常重要。總而言之，她希望教保者能欣賞茜希獨一無二的性格。

優先考量的課程

　　二歲的學步兒主要仍然是大肌肉的運動，他們的平衡感進步，使他們能做更複雜的動作如：走一條線、在搖船和彈跳床上平衡、閃躲障礙物、用腳尖走路、不需幫忙的走樓梯（雖然腳還不能全部用交替的方式走）、從坐的姿勢很快站起來、爬上高台、原地跳躍、推有輪子的玩具、堆大積木和騎低踏板的三輪車。由於平衡感持續在進步，許多孩子現在能一直線倒著走。當他們丟球或沙包，或嘗試踢球時，對準的能力也愈來愈好。他們對戶外的探索非常感興趣，但他們仍喜歡將自己藏身在狹小的地方，如櫥櫃或教具櫃。

　　至於他們的小肌肉技能，此階段通常已出現慣用手的習慣，翻書時能一次翻一頁，在探索物品時，能左右手交替使用。他們還能將灰塵或沙裝到容器、用工具挖洞、轉開果醬蓋子、串大珠子、用手抓握蠟筆、或用麥克筆塗鴉出圓圈和直線；他們習慣將簡單拼圖的拼片都放在一起，以及將積木、車子、或形狀片排成一長排。

　　他們的自理技能也在進步，不太需要幫助就能自行刷牙、將吃東西的碗和杯子拿好、開關水龍頭、收好玩具、及拉衣服

拉鍊。

　　現在他們較用思考來解決問題，而不是用嘗試錯誤的方式；
能分類物品；具有簡單的時間（現在和等一下）、數字（1、
2、3）、和顏色（最少二或三種）的概念；空間的意識增加，
讓他們能在認知上建構熟悉環境的地圖；越來越熟悉物體的恆
久性；並能用口頭預測被藏起物品的動向。

　　孩子象徵符號的使用快速成長，不僅是語言的使用，當表
現動作的人不在現場了，他們還是能模仿其動作、在假裝遊戲
中會用非結構性的物品表示真實的物品（如：用一片圓形拼圖
當成餅乾）、以及進行一項簡單假想主題（如：媽媽照顧嬰兒
的情形，餵奶、安置嬰兒睡覺、或帶嬰兒散步）。他們對空間
關係（上下、裡外）的瞭解增加，且瞭解物品有許多的特性，
並能命名它（如：輕重、軟硬）。他們能回答並指出看不見的
身體部位（如手肘），也能知道物品的特殊用途（如球是用來
丟的）。

　　他們能說出環境中熟悉物品和人的名字，許多孩子的口語
表達已達五十到三百個字彙。到了二歲，孩子已發覺「文字的
力量」，這不僅反應在持續重複大人的話，也反應在孩子會運
用字詞來獲得大人的回應和協助、瞭解未來將發生之事的溝通
訊息（如當被告知外出時，表示該拿外套）、以及使用「我」、
「給我」、「我的」等詞彙來建立他的領域。他們使用的字彙
主要來自他們的經驗；也就是說，他們用的字是為了用在他們
熟悉的人、動物、食物、玩具和事件上。他們大腦突觸的連結
快速擴展，他們持續地納入新字到他們的語言系統，而且有很

強的動機這樣做，他們會時常詢問：「這是什麼？」並使用「問地方」（where）和「問什麼」（what）的問題。學步兒喜歡音樂的興趣持續增加，就如同他們的動作能力及語言靈巧度在進步一般。他們現在可以更精確的一邊行進，一邊演奏樂器。

在他們的動作和溝通技能逐日進展之時，對自主的想法達到顛峰。他們用的字和呈現的動作顯示強烈的自我意識，而且能用文字表達其感覺，「我自己做」是最常說的字眼。他們可能對大人或同伴跋扈，命令他們去執行他的命令。他們很容易感覺受傷，害怕大人的反對。雖然他們開始可以接受和其他孩子分享教保者的注意，但他們會對喜歡的教保者表達他們的感覺。他們逐漸發展同理心、表達自覺的情緒（如羞愧、罪惡、驕傲）、並偶爾關心別人的感受。他們情緒反應的強度似乎達到高峰，當他們感覺挫折時會發怒，導致大哭、丟東西、或攻擊同儕或大人。他們可能有很大的情緒震盪；情緒似乎一夕間改變。

因為他們現在有「心靈生活」（life of the mind），空想和害怕越來越普遍。他們能夠設想可怕的事件和預期可怕的事，有時孩子會自己嚇自己，特別是晚上的時候，以致可能發生害怕睡覺的問題，而在遊戲中，可能會和洋娃娃與填充動物演出可怕的主題。

這裡所描述的特質，並非會出現在這階段的每一位孩子身上。當孩子逐漸成長，他們的技能和學習興趣愈來愈不一樣，因此，教保者準備二歲孩子的學習環境，必須知道每個孩子的擅長、興趣和需要，以提供適合的挑戰活動和教材。活動項目

應時常配合孩子的成長和萌發的興趣而做更換，提供的困難程度應適合團體中成熟度最低和最高的孩子。優先考量的課程包括：

1. 持續提供讓孩子練習自主動作的機會，以擴展他們物理、關係和社會的知識，可用的方法是提供許多適合發展活動的選擇，包括使用象徵符號的東西，如照片、數字和字母。

2. 引發他們練習更複雜的利他和社會溝通行為（如和人分享、使用社會規範的言詞，例如「謝謝」），以及獲得利用言語表達想法的能力，而不是運用肢體表達。

3. 支持孩子自理技能的自我規範（如穿衣、如廁）和情緒控制的行為（如處理害怕和生氣的方法、使用語言表達情緒、延遲滿足）。

建議的環境特徵

因為二歲的課程以十八個月大的孩子為基點，因此環境的情形和小學步兒的相似。但仍有一些需要增加和修改：

- 準備一具以上可使用的電話，以引發二個孩子或一個孩子和一個大人彼此對話。

- 將嬰兒奶瓶、蓋被、學步兒尺寸的洗衣機和烘乾機、熨斗和燙衣板、掃帚、拖把、海綿和其他物品（如填充動物偶）放到娃娃角，可讓孩子進行遊戲主題。準備的娃娃需具有不同種族、文化、膚色和性別的娃娃。

- 準備容易穿脫的簡單衣物，如大人的夾克、背心和低跟的鞋子，可讓孩子打扮，這些項目中應包含傳統男性和女性的衣

物。此外，一片二倍寬、全身且無分割的鏡子（42 吋× 42 吋）也非常有用，能讓孩子觀察他們打扮的結果，並嘗試不同的角色打扮。衣服應該都掛在大的掛勾上，方便拿取，不要放在籃子和抽屜裡，這會讓孩子收拾時用塞的。

📖 書應該配合孩子逐漸增加的字彙量，具有熟悉物品和事件的圖畫書，能引發孩子命名和指出每一頁發生的事情。由於這年紀的孩子逐漸瞭解故事，可準備每頁單行敘述的書，內容為熟悉的故事、每天發生的事件，如準備上床睡覺、坐大便的小鴨鴨、拜訪親戚、或和寵物玩。所提供的書除應包含社區中各類人物的故事外，尚須包括各種年紀，以及非傳統男性、女性與傳統男性、女性的角色。此外，還需提供描述孩子快樂、悲傷、害怕的故事圖書，這可幫助孩子學得描述這些情緒的字詞。學步兒喜愛兒歌和字句重複的書，他們還喜歡尋找藏在書中每一頁的熟悉物品和動物，因為他們喜歡小小的驚奇。例如，在《晚安，月亮》（Good night, Moon）一書中，孩子就可在書中的每一頁找到熟悉的物品和動物。

📖 因為二歲的孩子小肌肉控制和手眼協調較好，所以可以引發他們畫符號和畫圖。建議書寫區擺放各種寫字／畫圖的用具和不同大小、材質的紙張。二歲的孩子能拿水彩筆在紙上揮毫，所以他們需要地方畫水彩——置於畫架或桌子上。一或二具的畫架，旁邊用繩子綁著蠟筆或水彩筆（及一或二種顏料），這可鼓勵孩子進行大幅度的塗鴉運動，以及和同伴的社會互動。

📖 可以擴充感官材料（如木屑和種子），當然沙和水依然是孩

子的最愛。黏土（Play-Doh）（或玉米粉加水）是一項吸引許多二歲孩子的材料，也應提供玩麵粉糰的各種工具，如塑膠刀和敲擊用的小鎚子；可是大部分的二歲孩子還不太會使用桿麵棍但對餅乾切割器感興趣。他們最感興趣的是當用不同方式操作時，材料表面的觸感變得如何。

- 水的遊戲最好是在水／沙桌上安排，因為學步兒會從探索的階段（水從出口流出、讓水花濺起）進展到練習遊戲的階段（將水從一個容器倒入和倒出、或將水倒到不同的容器中）。

- 適合十八個月大時環境中所提供用手操作的玩具，大部分依然吸引二歲的孩子。加入其他的材料以增加挑戰性，如小的桌上型積木、各類的珠子、四到八片動物或車子的單片拼圖、塑膠動物、小車子和卡車、串聯二至三輛車的火車、和較複雜的分類或因／果玩具。

- 因為跳躍是二歲孩子喜愛的活動，環境中應提供不同高度且能讓孩子安全跳下的台面。以有趣的方式組合大片的海綿墊、立方塊和斜面讓孩子能安全的跳躍，在所有的設施下鋪好保護墊是必要的。另一種適合跳躍的材料是膨脹的空氣墊，有重量也有彈性（運用電動幫浦充氣）。這些活動特別適合戶外使用。

- 室內和戶外都應有不同大小和材質的積木。最好是購買市面上的木質積木，製作良好的厚紙積木和塑膠積木也是不錯的選擇。如果配有木製或塑膠製的各類人物，包含各種不同年齡、性別、種族和文化，將提昇玩積木的動機。若是顯現職業的人物，不應該意含刻板印象（如醫生都只有男性、護士

都是女性）。

○ 室內和室外都應有能拉和推的玩具。若孩子拉動後有反應會讓他們覺得這些室內玩具更有趣，如聲音出現、裡面的小珠子會跳出、或有一雙腳突然掉到一隻青蛙或鴨子的頭上。室內也應有可拉或推的火車或小推車、可供騎乘的大型木製卡車、購物推車、和娃娃推車與讓娃娃乘坐的娃娃座車。戶外則應準備獨輪手推車、小推車和雪橇，讓孩子收集落葉、雜草、灰塵和其他發現的自然物。室外還應有更多各類的搭乘玩具，如二人一起踩的大輪三輪車、可乘坐二人的小巴士或車子，引發共同的合作和努力。

○ 二歲的孩子愈來愈喜歡丟擲，標的物可以是黏在牆上而與牆面垂直的呼拉圈、空的洗衣籃、小垃圾桶和卡紙箱。此外，還可以用一片厚卡紙或夾板挖不同形狀的洞，丟的東西可以是沙包和各式大小的海綿球或橡膠球。

○ 於室內和戶外放置低和平直的大平衡木，還可以使用其他可引發精確動作的材料，如地毯方塊上的踏腳階梯。

課程活動範例

知識的建構

物理／關係知識

雖然設計良好的環境可以提供孩子很多自主動作的機會，

但要增加對物理世界的認識，你還是需要在許多方面增進其成效。

☞ 許多不昂貴的戶外活動可協助建構物理知識。你能帶孩子在一大片走廊上，用水性的彩色粉筆作畫；在硬地板上畫長線，讓孩子在上面行走，練習平衡感；用粉筆畫方塊或圓圈，讓孩子跳進或跳出，或是用來丟球。你可以協助孩子尋找葉子、棍子或石頭，然後用大小或顏色分類。因為你的幫助，學步兒能神奇地成為很棒的自然環境觀察者。

☞ 你能帶學步兒進行簡單的「主題」散步，去發掘環境中有趣的層面。暴風雨後，你可帶他們進行「找蟲之旅」或「踩小水坑之旅」（要求所有孩子都要穿雨鞋！）；在春天，當孩子發現花苞和貓柳時進行「訪花之旅」，還可以進行「賞鳥之旅」，因為樹木和叢林旁時常有鳥類穿梭；到了冬天，當地板乾爽，且有一些凍結的水坑時，可讓孩子進行「踩冰之旅」，在水坑上踐踏。

☞ 在都市的環境中，帶孩子到街上散步，可以讓孩子觀察店面招牌、店面型態、市區公園、鄰居狀態、以及卡車和車子的交通狀況。帶孩子外出到這些地方，你可以用結實的圈狀繩子讓每個孩子在走路時握抓，但是，安全的程度是最少每三到四個孩子就有一位大人看顧。

☞ 在室內，你可以提供孩子許多分類活動的機會。他們可以將塑膠動物依顏色、野生／家畜、種類（馬／牛）或其他能區別的特徵（寵物／農場動物）作分類。非動物外形的物品（如積木、塑膠形狀片）則可用顏色、形狀或大小進行分類。

☞ 你可提供簡單的對應活動，例如實物和圖片對應、找出同一

雙鞋子放一起；也可玩賓果遊戲，這也牽涉對應的概念。

● 這年紀的孩子喜愛躲藏的遊戲。你可以將物品藏起來（最好是一眼就能看出的地方或僅是稍微覆蓋），讓孩子將它們找出。

● 因為大的學步兒已能轉開果醬的蓋子，且能打開塑膠收藏盒的蓋子，所以活動中可讓孩子打開容器的蓋子，然後發現容器中有趣的物品、照片或其他驚奇物，這會令孩子喜歡。請注意：這又是一個「可以」的活動中會夾帶「不可以」的例子（如，不允許孩子打開機器或家庭清潔劑瓶子的蓋子）。

● 為了幫助小肌肉發展，你可以提供用鞋帶串大珠子、以及用衣夾投入塑膠瓶或咖啡罐中的活動。

● 將二至三塊不同形狀物品放入容器所圍的空間中，這可以挑戰孩子將焦點放在空間關係；此外，幫助孩子預期結果的玩具，現在還是合適。學步兒依然喜愛將球滾到一個寬的斜坡管子後，球滾到水桶裡；或是將球放到一個洞口，然後觀看球沿管道滾落的情形。

● 如果有早期的唱片機，你可以在轉盤上放一片圓形像唱片形狀的紙，請孩子拿蠟筆點在紙上，之後轉動轉盤，二歲的孩子會覺得這是一個迷人的活動。

● 有些學步兒不介意用市面上的手指畫顏料，或用不含薄荷的刮鬍子泡沫所自製的手指畫顏料玩手指畫。自製的材料中可滴幾滴食用色素，增加色彩和吸引力。

● 許多二歲的孩子熱愛玩具汽車和卡車。通常準備的尺寸最好是介於中間的尺寸，比活動室中最嬌小的孩子稍大，但不是

以最高大孩子為準則。有些孩子喜歡從家裡帶來心愛的車子，而且似乎當他們可以帶這些玩具來時，會比較喜歡玩。你可以開設一條積木「路」，讓孩子在其中開駛，並用一些小箱子作成「車庫」。有些孩子比較喜歡附有小軌道的火車，最好火車還可以搭乘。

☙ 水和沙仍是全天候受歡迎的活動。不管室內或戶外，你應提供不同大小的鏟子、挖土的湯匙、水桶和其他的容器。二歲的孩子運用這些工具會比十八個月大孩子更為精巧。（請注意餐具仍不適合當作玩具，請見第八章）

☙ 還有一些感官活動對二歲孩子具有挑戰性。例如聽覺刺激，你可以和二至三位孩子坐在地上，在你和孩子中間隔上矮遮簾。先讓他們觀看你所準備會發聲的物品（如鈴鐺、會說話的娃娃、沙鈴、鼓）並將它們弄出聲音，然後在遮簾下讓物品發出聲音，請他們辨認聽到的聲音是哪項物品發出的。也可以讓他們輪流來讓物品發聲，請其他的孩子辨識。

☙ 可提供好的觸覺活動，如在裝蛋盒的每個凹洞裡放入不同的布料。然後將盒子倒轉，請孩子將手指插入底部已先挖好的小洞中，試著描述摸到的感覺（如：癢癢的、軟軟的、滑滑的、硬硬的）。

☙ 可設計一些食物的活動，提供感官的知識。二歲的孩子對於新食物的嘗試比小一點或大一點的孩子更具冒險的意願。你可以安排一個品嚐會，讓孩子嘗試不同的水果或蔬菜（如楊桃、芭樂、芒果、新鮮鳳梨）。確定活動中選擇的是有營養的水果，因為許多二歲的孩子已偏愛甜的、鹹的、多油脂的

食物。孩子也喜歡將水果沾浸到果汁機打的起司醬中,然後拿起來吃。你可以強調在味道、觸感、形狀、吃不同食物的聲音。味覺探索的活動應該在點心時間進行,因為有些家庭認為食物不是玩的材料。

- 二歲的孩子喜愛觀看爆米花在鍋中爆開,以及享受用碗承接的情形。你可以在鍋中噴灑一些融化的奶油和磨碎的帕瑪森(Parmesan)起司。讓孩子觀看玉米核仁變成爆米花的整個過程,這活動除了有品嚐、觸摸和聞香的感官經驗,還可瞭解物理界的變化。

社會知識

- 你應該利用每個機會唱歌給孩子聽,或運用時機編歌曲或唸兒歌。最好的時刻是活動間的銜接時間和孩子等待的時間,當孩子洗手時,可以唱「我們就是這樣洗我們的手」,曲調是採用《我們就是這樣洗我們的衣服》(This Is the Way We Wash Our Clothes)。可在清潔時間唱首歌或唸兒歌來協助進行,如「清潔、清潔,每個人都要清潔;每個地方都要清潔。清潔、清潔,每個人都和你一樣喜歡清潔」。

- 為促進孩子對故事中社會情境的瞭解,你唸書時應該慢慢唸,讓孩子有足夠的時間消化書中的陳述和圖片。讓孩子自己控制翻頁的速度。當唸書給孩子聽時,你應該引導孩子提出「哪裡」(where)和「什麼」(what)的問題。唸的書要簡單,情節要重複,這可幫助孩子發展對故事的瞭解。

- 歌詞中加入孩子的名字,可以引起和持續他們的注意。例如

可唱「喔，你認識我這位朋友嗎？」曲調是用《喔，你認識杯子蛋糕先生嗎？》（Oh, Do You Know the Muffin Man?）最後一句改唱為「他的名字是＿＿＿＿＿」。歌曲中有重複的動作和文字很吸引這年紀的孩子，歌曲如《拇指先生在哪裡？》（Where Is Thumbkin?）、《你看過一位蘇格蘭少女嗎？》（Did You Ever See a Lassie?）和《頭兒、肩膀、膝、腳趾》（Head, Shoulder, Knees and Toes）。

✎ 這年齡孩子正經歷「名稱探索」，所以這正是可以在日常對話中使用不常用的動詞、形容詞和代名詞的時候（如：你蓋了一座大建築物！他的建築物比你長，但不比你高）。你也可以同時給二個或三個指示（如「請走到那個櫃檯，拿一條洗臉毛巾，為你的娃娃洗臉。」）請記住，當你給孩子的字彙增加，你就在幫助他語文的發展。

✎ 由於學步兒只有 70% 的言語被瞭解，所以當他們嘗試表達訊息或問問題時，需要非常小心聆聽。當你使用操作偶時，你幫助不敢表達的孩子找到一個自我陳述的媒介物。操作偶平時可以用來說故事、唱歌、和在需要遵從指示的遊戲中當領導者。說故事也可協助孩子學到故事有先後發展的次序。

✎ 當孩子要某樣東西時，你可藉機幫助孩子使用文字，而不讓孩子只是發出嗯嗯的聲音、拉你或用肢體動作表達。你用完整的句子重述孩子用肢體或簡單字眼所表達的內容時（如當孩子說：「杯子」，你可以問：「你要果汁倒到你的杯子嗎？」），提供孩子模仿的示範。

✎ 當你拍攝孩子遊戲時的照片或給看他們一歲時的照片，這些

照片必須讓孩子能清楚辨識誰在照片中和照片中人物在做什麼，如此可幫助孩子學習抽象和社會的知識。照片應該張貼於孩子視線高度的公布欄。當你看到孩子在看照片時，利用機會和孩子討論照片，有時使用立可拍或數位相機可獲得立即的回饋。

社會──情緒的建立

- 運用孩子進行活動（烹飪、餵娃娃、搭積木）的照片製成一本書，以有起始和結束的故事來談論照片中的活動。由於學步兒能辨識照片中的同伴和自己，所以這樣的活動能建立同儕的關係和自我認同，以及增加回想的能力。

- 對於那些很難控制生氣的孩子，可以用之前提過的撕紙活動當成一種轉移活動，這也是一種降低挫折的方式。或許你也會喜歡試試這個方法！

- 透過安排的環境鼓勵平行和聯合的遊戲，你可以引發同儕間的友誼和社會互動。放一個寬的畫架，讓二個孩子可以同時作畫；或放一張大紙，引發二個孩子在相同的紙上一起上色，這可提供孩子機會去發現相同興趣的朋友。當你觀察孩子的興趣，在他們玩積木、火車、娃娃、水或其他遊戲時，製造二人快樂同玩的空間，可助長孩子滋生友誼。你偶爾的參與，可以促使孩子進入聯合遊戲的階段，及協助友誼的發展。

- 準備食物的活動可以從孩子的文化背景建立社會關係。邀請家長為孩子準備在家吃的食物，有的父母可能會帶壓平的玉米粉麵糰，製作烙餅給孩子看；或帶通心麵機器，讓孩子試

用，將通心麵扭曲成形。二歲的孩子熱愛用切半的杯子蛋糕、比薩醬和碎起司來做比薩。他們不太需要協助就能切開比司吉麵包（biscuits）和餅乾。烹飪活動是邀請父母參與的最佳活動，因為這是父母感覺最能分享他們技巧的領域。

☙ 在孩子的珍藏集中，你應收集孩子的藝術和感官作品，以記錄孩子的進步，從塗鴉到畫形狀、人物，到像字的圖形（由發音而引發的書寫文字）。你可以在家長會或家長拜訪時，和父母及孩子分享珍藏集。當家長和你討論他們孩子進步的技能，將可感覺你真的瞭解他們的孩子，濃密的親師關係連結就建立了，這對孩子有正向的影響。

☙ 這年紀孩子的情緒可能會讓教保者覺得建立社會—情緒關係的任務很難達成。當二歲孩子行使他們不合作和情緒化的力量時，即使最有耐心的教保者（和父母）有時也會感到挫折和生氣。此時，平靜的重述主要的規則，同時給予孩子一些選擇的機會（限制選項的選擇）通常效果最好。假如有很強的依附基礎，教保者和孩子會很安然地度過這個階段。如果孩子在這年齡才接觸新教保者，可能需要花一些心思於早期形式的互動模式（更多的擁抱、唸書、參與），以建立濃厚的依附根基。

遊戲發展

經由教保者有系統地使用協助策略和簡單但投入的遊戲參與，使得二十三、二十四個月大孩子的練習遊戲和假裝遊戲產生很大的進展，其方式如下：

❧當孩子在學習／活動區進行練習遊戲時，你可以利用機會取其便，簡單地和孩子遊戲。在那兒，你扮演精進遊戲、語言和社會行為的示範者，幫助孩子描述他們正在做什麼。因為二歲的孩子開始對他人感到興趣，你應找機會引發輪流和社會遊戲。當孩子會和人分享與輪流、或用言語解決他們的衝突，而不是用動作時，此時運用正向的評論反應孩子的行為是非常重要的（但不是沒描述行為的讚美，像「好孩子」、「你真棒」這類的話）。例如，你可能會說：「我看到你今天做得很好，和別人分享拼圖。」但你必須小心其間可能會有傷害性的互動，在你介入衝突的解決前，應該先給學步兒機會平息要他們分享卡車或拼圖的反抗。社會遊戲需要有和玩伴協商的能力，此時讓學步兒開始學習這些技能並不會太早，因為他們喜歡和別人一起玩，孩子便有很強的動機使用他們的社會技巧，以讓遊戲能持續進行。

❧你可以為孩子介紹一些簡單的假想主題，以擴充他們想像的範疇。你可以將椅子排成一排當「火車」，然後給孩子戴工程師的帽子並發出火車的汽笛聲。你也可以在一旁放一個大紙箱，讓孩子可以在這「車庫」停放有輪子的玩具，之後拿一個紙箱當油箱，並添一小段塑膠軟管或管子，變成一個「加油站」。或是你佈置一個簡單的「診所」，內放玩具聽診器和繃帶，拿娃娃一起遊戲。除了提供操作偶外，你可能需要示範一次或二次假想的內容，以引發孩子開始假想，或是建議孩子遊戲時的角色和進行主題。大部分假想技巧好的孩子，是因為他們的爸媽會採用假想的方式和他們的互動；對於那

些似乎缺乏假想技巧的孩子，你扮演鷹架的角色就更為重要了。

☞ 玩遊戲時，你給予鷹架指導是必要的。遊戲可以幫助孩子學習依循語言的指示和消除自我中心（比較能意識他人的觀點）。例如，「老師說」的遊戲，孩子須做「老師說」的內容（對這年紀孩子不要有「老師說不要……」的部分）。另一個可以刺激思考技巧和記住名字的遊戲是「誰不見了？」在小團體中，教保者協助將一個小孩藏起來，再請一位孩子詢問團體中的其他孩子誰不見了。你也可以在一個盒子中藏一些熟悉的玩具，然後一一給予提示，請孩子猜猜那是什麼。這年紀孩子的遊戲應該簡單，而且只須遵從一條規則（或最多二條）。如果大人不參與活動，至少要在周圍，不然遊戲通常會不了了之。設計給小學步兒的好活動是讓每個人都能同時參與，而不是需要他們等待輪流，像大風吹和其他這類的遊戲，讓每人都參與到，就是最好的設計。

問題討論

1. 你會如何幫助像萬希和布萊登一樣有語言問題的孩子？這些孩子有哪些其他的優點，可以幫助他們在其最近發展區中增進語言發音的清晰度和字彙量？

2.孩子發脾氣時,你會如何處理?對於不同氣質或其父母有不同期待的孩子,會有不同的技巧嗎?這些因素如何影響你所使用的策略?

3.在學步兒的珍藏集中,你會放入哪些資料以記錄孩子各類型知識架構、社會情緒關係建立、遊戲發展所處的狀態?

4.隨著孩子年歲的增長,你會對環境再做哪些建議,以幫助萳希增長她專心的時間?如何協助布萊登建立興趣和學習技能呢?如何對不同類型孩子,給予有意義的挑戰呢?

10

29－32個月：
保羅（Paul）、傑瑞明
（Jeremy）和萳塔莉
（Natalie）的課程

保羅

保羅（Paul）三十個月大，是一個比率勻稱的小孩，重三十三磅（14.9公斤）、高三十七吋（94公分）。他皮膚白皙、頭髮是草莓紅的金色、和有一雙灰藍色的眼睛。他通常呈現嚴肅、深思的表情。出生時，保羅是一個大孩子，身高和體重都落在量表的 95%。他的父母說他平靜且易滿足，除了第二個月時患了疝氣。他的飲食情況很好，但睡覺的情形只是「還好」而已，晚上時間很難安撫，幸運的是他的爸爸和媽媽都非常投入他的保育工作，所以夫妻倆互相支援。在他二個月時，他發展了可以預期的進食規律（四小時），但睡覺時仍需爸媽抱著散步才能入睡。他從不需吸奶嘴或拇指來安撫情緒，他是靠撫摸媽媽的頭髮安穩情緒的。現在他每天午睡二小時、晚上睡十一小時，中途很少醒

來。爸媽說他現在對食物的偏好時常改變,這是以他吃剩的食物來判定。他現在開始使用各類的餐具。

爸爸和媽媽已觀察到他有很多的優點。經過一小段爬的階段後,十二個月大時就開始行走,現在不會害怕爬樓梯,而且不需協助就能自己從割草機上爸爸操作的座位上站起來。他語言的技能也進步很多,他最早說的字是「鴨」、「球」和「爸」,大約是在他十個月大時。他現在能說完整的句子,而且每字的發音非常清楚,他會對問題給予完整的答案並問自己許多問題。他關於大自然的字彙特別的豐富,例如,他不會說他看到鳥,而是說他看到蠟嘴鳥(cardinal)。

保羅已經變成一位大自然的熱愛者,並喜愛到他住家附近的森林裡,撿樹枝和假裝獵捕「大雄鹿」(模仿爸爸)、尋找毛蟲、並讚美羊齒木和花朵。他熱愛觀看PBS電台的節目「大自然」(Nature)。他知道野生生物名字的數量非常驚人,他能說出他所有小塑膠野生和家眷動物的名字。他幫忙家裡整理花園,將不要的石頭移開。他也會假裝「飛」到森林中,就像彼得潘(Peter Pan)一樣。

他在家裡室內是玩塑膠磚、一組小火車、一輛可騎的拖車、玩具動物和小車子。他喜歡組織東西,整齊的排列他的玩具和動物,並且喜愛幫媽媽烹調和幫爸爸拿工具工作。他比較喜歡跟真的電話說話,而不喜歡講玩具電話。他可以坐在電視前,一口氣看三十分鐘的兒童錄影帶。保羅可以連續二十分鐘獨自玩,當他和能發出與真實物相同聲音的玩具動物或物品玩時,可以聽到他在跟自己說話。

保羅的社會技能也很棒，他喜歡和父母拜訪其他人的家，而他的家庭型態是大家庭。他父母外出時通常都會帶著他，但當他在家時，都會有家中的成員和他在一起。他是一個溫暖和充滿情愛的孩子。他爸爸還開玩笑說，他已經具有當一位成功政治家的條件！爸媽觀察到他已經能對別人表示同理，他發現別人有特別的地方，會一直看。當他要求事情時，不必別人提醒就會說「請」。

　　爸媽說，但是當他疲累時，他會「變得討厭」。他會捏人或推人，或摘下一片房內植物的葉子。他生氣時，爸媽不和他對立，試著轉移他的注意力而唸書給他聽，是讓他放鬆的有效方法。如果他打狗或打媽媽、爸爸，他會被隔離一段時間，以幫助他平穩情緒。當他需要擁抱安撫時，他會告訴父母。他會說：「我需要你坐在椅子上抱著我。」

　　在教保機構，他喜歡在別人的附近遊戲，但仍然以他自己的方式探索他感興趣的事物。他擅長將拼圖都放在一起，及有創意地拼塑膠磚。任何東西他都能爬上去，但在教保機構他只爬被允許的東西，他現在正在學習「不可以」這個詞的意思。他已有意願開始如廁訓練，因為他覺得換尿片「太麻煩」而干擾他的活動。

　　依據保羅的教保經驗，他父母首要關心的是維持他的安全。他們希望在教保環境中，他被視為一個個體，而不是和其他孩子一樣。他們認為保羅會親切地對待其他孩子，不會以暴力行事。當他行為不適宜時，他們希望教保者能告訴他，他們不希望保羅在教保機構學到壞習慣。他們希望保羅吃的是有營養的

食物，沒有像花生、爆米花等可能會產生窒息情形的食物。而最重要的是，當保羅的健康或行為有任何的改變，教保者一定要通知他們。但爸爸和媽媽對他的語言、認知或社會發展，都沒表示過關心。

傑瑞明

傑瑞明（Jeremy）是一個高、苗條的孩子，有一頭紅金色頭髮、蒼白的膚色、和淺褐色的眼睛。他三十磅重（13.5 公斤）、三十八吋高（96.5 公分）。因為他看起來比實際高，大人常對他的成熟行為產生過多的期待。媽媽形容他是快樂、忙碌、易親近、好奇和獨立的孩子。當還是嬰兒時，他易於滿足、快樂且容易平靜下來。他時常在吃，餵奶到六個月大之後，開始吃固態食物。晚上他睡得很好，通常睡十到十一小時，偶爾會醒來要吃奶或安撫，早上他都在睡覺。

十三個月大開始會走後，他不再對吃有興趣，重心放在四處遊走。現在他自己吃飯的情形好多了，可是留坐在椅子上吃完一餐還是有困難。媽媽說他喜歡早餐的食物，如煎餅或優格，而較不喜歡午餐的大部分食物，但不管什麼時間提供像起司條、蔬菜條等可用手指握的食物，他都會吃。他現在擅長用大湯匙

在大碗中舀食物到自己碗裡，並用叉子或湯匙進食，此時他正在學習如何用刀抹奶油到他麵包上。

任何會弄髒的活動，像手指畫、水、泡沫或沙的遊戲，都很吸引傑瑞明。他非常享受他的沐浴時間，在水中停留很長的時間。他自己一個人在家玩了一小段時期後，最近卻要媽媽在他玩時，坐在靠近他的地板上。傑瑞明的技巧包括敏捷地攀爬、很有平衡感地走和跑、不需幫助地上下樓，但他還不會用交替腳上下樓。他顯現的小肌肉動作技能有：能將相接的玩具接在一起和將大塑膠磚放在一起。他現在學習用球棒打球。他最感興趣其中放有有輪子物品的學習區。他最早會說的字彙中，就有一個是「拖車」。他也熱愛聽錄音帶和有人為他唸書，睡前他這樣做讓媽媽懷疑這是他想延緩睡覺時間的方法。媽媽試著讓他對家中寵物溫柔點，並能更清楚地表達自己。

在教保機構，傑瑞明會在教室裡快速走動，並嘗試各種活動，包括將黏土壓進擠壓器中再擠壓出來、帶著填充動物、將操作偶放在手上、玩塑膠磚、騎有輪子的玩具、聽教保者唸書。他非常喜愛球，他時常在教保機構丟球、踢球和在低的籃球架下拋球。他常常停下來看其他的孩子或聽大人說話，偶爾會在其他孩子旁邊玩。在遊戲場他顯得忙碌，騎有輪子的玩具、玩沙、溜滑梯、吹泡泡和玩球。在室內和戶外他都會玩玩具車、卡車和拖車，在教保機構，他會在遊戲場和走道上騎著車或踩著小三輪車。

傑瑞明的父親在六個月前意外身亡，那是他和媽媽的痛苦期。當媽媽拿照片給他看或他們看到爸爸的遺物時，傑瑞明開

始述說很多有關爸爸的事。最近吃飯時，他堅持要為爸爸多放一個盤子，有時遊戲時會提到爸爸；傑瑞明對爸爸的記憶如此鮮活，這對媽媽來說很重要，因為爸爸在他還這麼小就過世了，媽媽要傑瑞明永遠記住爸爸和他曾經一起做過的事。例如，爸爸還在的時候，帶過傑瑞明坐他的推土車、拖車和割草機。從爸爸去世到現在，媽媽和教保者都還未發現傑瑞明行為上出現大問題。

媽媽和教保者擔心的是他的語言表達，並已安排他參加由語言和語文專家所進行的檢測。他的語言理解力很好，只是很難瞭解他所陳述的話語，但這並不會讓他不開口，他會自發地重複唸兒歌、唱歌，以及在大人的協助下數數。

媽媽說他現在比二歲的時候（爸爸逝世那一年）少生氣，現在他只在疲累的時候生氣。當他從事不被接受的行為時，媽媽會先告訴他「不可以」，然後轉移他從事其他活動。如果這樣做無效，媽媽會一直跟他說話，並讓他注意媽媽所說的內容。每個星期一，他通常在教保機構裡進行行為施測，媽媽認為這是讓他學習適應從家到機構轉變的方式，因為在家他擁有媽媽全部的關注，當傑瑞明在教保機構時，媽媽會在午餐時間來看他，因為媽媽在附近工作。

媽媽對教保的要求標準是多注意他和多給他肢體上的溫暖感受、隨時注意安全、並密切看顧他，特別是和動物在一起時。還有，她希望能多給他事做，讓他一直忙著。

萳塔莉

萳塔莉（Natalie）是個黑髮、棕眼、將近三歲的小孩。因為她很快就出生，所以幾乎不算是在醫院接生。那時她重七磅十五盎司（3.6公斤）、高二十吋半（52公分），而頭髮僅是「一些細毛」。雖然她現在已超過二十八磅（12.6 公斤），但她看起來苗條，因為她在這年紀算高的孩子。爸媽回憶說她是個安靜的嬰兒，每三或四小時喝奶瓶，很少在哭。當她要東西時，她會發出「咿呀咿呀」的聲音。媽媽常常帶著她外出，因為她喜歡黏著媽媽，現在甚至是媽媽的「擁抱小蟲」。因此當家裡三個月前增添一個寶寶時，她很難接受。媽媽工作的時候，爸爸是她主要的保育者，過去幾個月，她對爸爸的依附增強很多。爸爸說：「她不讓我離開她的視線。」如果他離開房間或外出，她會尖叫；她也依附四歲的姊姊並模仿她很多的行為。這個家庭非常親密，他們花很多時間在一起；爸爸甚至在媽媽工作的午餐時間，帶她們去看媽媽。

起先，爸媽並不認為萳塔莉的發展有什麼問題。七個月大時能坐起、喜歡她的鞦韆和學步器，而且很順從；九個月大時，他們注意到當她要拿東西時，她會用好笑的方式前傾她的頭，但她通常拿不到物品。爸爸還說她的眼睛「懶惰」，而媽媽說她有「視覺小麻煩」。萳塔莉一歲時接受診察，並在去年確認視力的問題。她現在需要戴眼鏡，可是她反抗，這讓媽媽很憂心。

爸媽認為蔩塔莉因為眼睛的關係，發展變得緩慢，爸媽陳述蔩塔莉每次手術後會對活動退卻。雖然她十二個月大時會走路，但她沒有爬行過，也因此未經歷伸手想拿玩具的階段。她現在開始停止使用奶瓶（雖然她很反抗），但還沒開始進行坐小鴨鴨的如廁訓練。她還不太會吃那些凹凸不平或有肌肉紋理的食物，媽媽說她遇到這些食物就「做出反胃的樣子」。雖然她從一歲半時就會自己吃飯，但即使現在，她大部分是吃蘋果醬、湯、布丁和其他軟的東西。她幾乎瞭解別人對她說的每件事，例如「拿你的尿片去丟」、「進浴盆去」，但她的表達能力遲緩。她現在會用一些字彙，譬如「咬」、「哈囉」、「嗨」、以及「好」，而且能說出弟弟的名字（但不太清楚）。

　　蔩塔莉現在一星期有二個上午到早療機構，而早療師也會到家中訪視，這機構很努力改善她的動作、語言和社會發展。爸爸說早療師認為蔩塔莉有些發展遲緩的導因是環境，爸媽便將問題全歸因於視力問題造成的。爸媽相信手術和眼鏡已改善她的視力，加上三歲後就不能再到早療機構，他們決定將蔩塔莉送到從頭開始教育方案（Head Start）的教保機構。可是早療師卻說蔩塔莉仍有資格到早療機構。

　　爸媽確認蔩塔莉已經有下列的技能：自己穿衣服、穿鞋子、開門、接電話、和用吸管杯子喝飲料。在手術後，蔩塔莉就很少玩，而且她的遊戲也不像許多同年紀孩子的精巧。她的遊戲包括玩形狀拼圖、駕駛車子（爸爸收集的）、假裝餵食娃娃、對她的小精靈「說話」、和爸爸及姊姊玩球、和姊姊翻跟斗、塗鴉、和媽媽玩烘烤小餡餅、和爸爸隨著情歌錄音帶「跳舞」。

比起書本，她比較喜歡看錄影帶，她能唱錄影帶中的歌曲（只是歌詞聽不清楚），例如巴尼（Barney）兒童節目的主題曲和擁抱輕吻的歌。至於她的個性，媽媽說她「像她自己」，但有一點「吹毛求疵」，她很喜歡穿裙子，恰和她姊姊成對比。爸爸說現在若不照她的方式，她就哭，而爸爸處理的方法是送她回房間。爸爸和媽媽都認為她在模仿姊姊的行為，而她能和姊姊及鄰居小孩玩得很好。

因為爸爸在家，便沒送她去教保機構，但如果在她小時候需要送去時，他們會希望機構注意她的飲食和衣物更換，以及滿足她其他的保育需求。現在她到早療機構和從頭開始教育幼稚園，她們希望教保者能確定她有戴眼鏡。爸爸不認為可以對教保機構期待什麼，但他真的希望教保者不要「教壞她女兒」。媽媽說她希望有人唸書給萳塔莉聽和允許她塗色，她父母有一個主要的共同目標是希望她明年可以「說得更多」。

優先考量的課程

到了這個年紀，孩子的基本動作技能已經發展得很好。大部分的孩子能：往前踢球，而不會漏失球；彎腰撿拾掉落地板或地面的物品；跳躍時雙腳能同時落地；在八吋寬的雙線中行走；用同等的步伐走路；奔跑時具平衡感；成功的將物品投擲到中型尺寸的標的物；並且精確地執行填滿和傾倒的動作。他們使用書寫工具時，仍是採抓握的方式，而他們塗鴉能畫出斜線和圓圈，且還能打開果醬的蓋子、將物品合併和分開、拼更

多複雜的拼圖而不會感到挫折、刷牙和使用叉子（但他們還是比較喜歡用手抓）。他們大部分已開始進行如廁訓練，而且很多都已經具有上廁所的技巧。他們能自己脫衣服和穿部分的衣服、使用飲水機，用杯子喝水時只會濺出一點點水，另外還能協助收拾玩具（需大人的幫忙和鼓勵）。

認知上，他們有很大的邁進。大部分能瞭解一些空間、數字和數量的概念，並能簡單地記得和解說事件發生的過程。他們能很成功地找出藏起來的物品，並可以為他們的塗鴉命名為具象事物（爸爸、火車）。當被問及是男生或女生時，他們能辨別，還能說出自己年齡、確認更多身體的部位、及將物品依顏色、大小和形狀群組在一起（他們可能還說不出分類的特性）。

他們的字彙可能高達至三百到四百個，包括空間（在這裡）和否定（沒有果汁了）的字彙。他們用的句子可能還是電報式，使用主詞—動詞（我去）或動詞—受詞（去商店），但他們用字的順序符合母語的用法。許多這年紀孩子已能說完整句，但並不是所有字都能被聽懂。大部分孩子會加入唱歌及重複的手指遊戲、指出書中圖片的細節、當他們不懂某事時會問清楚、以及使用複數名詞（他們會過度類化不規則名詞，如會說「腳」foots，而非 feet）。

大人所關心的語言遲緩，通常會出現在這年齡，不管是發音困難，讓他們很難被理解，還是呈現語言動機的缺乏。這年紀被稱為「麻煩的二歲」。學步兒使用「不要」的最高峰通常發生在他們的行為被反對時，這是因為他們想對自己的決定負責，並認為「只要我想要」就可以做這件事（這會讓一直認為

孩子還像以前那麼順從，並習慣替孩子做決定的大人，感到不愉快的訝異）。學步兒開始明顯的表示什麼是他們喜歡，而什麼是他們不喜歡的，並且表現得強烈。可是，他們常常改變心意，且若要從多項選擇中做決定，可能會有困難。因此，他們需要例行活動，為他們生活帶來安定和安全感。

他們的社會技巧愈來愈進步，他們喜歡在其他孩子附近遊戲，並對他們的出現表現出喜悅，但他們可能會不適當地介入同儕的遊戲及展現所擁有的玩具和攜帶物。他們會開始情感的建立並想要取悅大人，但是大人開始建立情感的時機卻可能不受孩子歡迎而被拒絕。雖然他們現在坐著進行藝術活動、聽歌或聽故事的時間比六個月大時還長，可是只有當允許他們運用自己的步調進行且自由來去時，他們才能夠參與小團體的活動。不過，假使期待他們參與大團體活動，他們仍無法表現良好。優先考量的課程包括：

1. 增加機會讓孩子使用大規模的動作和認知技能，以及建立對抽象符號系統（如圖片、書本、歌曲、文字、數字）的興趣。
2. 引發他們持續下列的發展：和大人及同儕的社會技能、語言表達、及啟發在社會互動發生時對文化情境的意識。
3. 提供練習自我規範和自理技能的機會，強化他們的自我認同，成為自主和自我效能的人。

建議的環境特徵

環境需要更進一步的提昇，以趕上大學步兒的遊戲需求。

可以在學習區中增加教材，來建立大學步兒多元的經驗，依據孩子的經驗基礎，教保者可以提供許多豐富的材料。

- 救火員的帽子、一小段塑膠管當噴水管、和能安全攀爬的小設施當「滅火」地、有輪子的車子和卡車便變成「消防車」。

- 在戶外，準備能使用的水管或香皂，並在大水桶中裝水，然後清洗有輪子的玩具，孩子很喜愛這樣的活動。在室內，將一個大的卡紙箱，變成玩具車子可直接開進的洗車設備，這也能吸引孩子。此外，也能用紙箱假想成加油站。

- 用淺平的農產品紙箱盛裝塑膠水果和蔬菜，並擺上孩子喜歡且易於辨識的食物包裝（餅乾、喜瑞爾），再運用孩子用的購物車和購物袋，孩子就可以放置他們「購買的東西」，這樣的安排能令學步兒參與，至於收銀機則不需要。

- 從附近的速食店拿回沒用過的食物包裝袋，由於孩子們熟悉，很能引起興趣，用一個大紙箱做成得利速的服務窗口，食物能從其遞出，孩子熱愛「開著」他們有輪子的玩具去窗口拿點餐。

- 書寫／繪畫區可以增加信封、不鋒利的剪刀、貼紙和郵票等材料，準備多種類的麥克筆和蠟筆，應該包括能塗出不同膚色的顏色。

- 木工區應該提供一些真實的工具，例如螺絲起子和鎚子。大學步兒可以成功的將高爾夫球座敲擊到覆有保力龍的木塊上，市面上有賣一些為大學步兒設計的工作台和工具。

- 現在圖書區書中的字彙和情節應該能協助孩子瞭解、記憶事件、和其發展過程。故事的文字中應具有趣的副詞、形容詞

和其他修飾語，為孩子提供建構句子的示範。圖畫書裡，利用物品介紹的字母書和數數的數字書，特別吸引喜歡口語表達的孩子。此時是介紹大書的好時機，孩子可以躺在地板上看，或將書掛起來，讓所有孩子坐著一起看。此外，能讓孩子預期事件發生的重複性故事，讓孩子特別喜愛，例如點點（Spot）系列的書或《好忙好忙的蜘蛛》（The Very Busy Spider）（請見附錄A），當然，還是應該持續提供有關各類的人和職業的書籍。

- 應該提供各種不同的騎乘玩具，包括可以練習踩踏板的三輪車，和最好有一些可以二人共同騎乘的車子。來自郊區的孩子熱愛乘騎玩具拖車和拉著接在他們騎乘玩具前的拉車；都市的孩子會使用車子和攀爬的設備，來表現現在搭乘的是火車、計程車和公車。

- 應該準備各種大小的球和沙包，以及投擲的標的物。室內和室外都可以為大學步兒擺放矮的籃球架。

- 積木應該讓孩子有很大的選擇：每個孩子一次應該有一組約五十塊的積木（即是假如一般有四個孩子在積木區，便應該準備二百塊積木）。卡紙磚、大的中空積木和泡綿積木也應提供。積木區應該夠大到能讓一群孩子同時建造，約六十乘七十平方呎，並遠離動線，以免被其他孩子打斷活動而產生意外衝突。

- 音樂區現在應該放置各類的節奏樂器、錄音帶和錄音機，以及大大小小孩子可以操作的鈴。孩子任何時間都可以拿到這些器材，而不是僅提供於「音樂時間」（雖然大學步兒很喜

愛特別安排的音樂時間）。提供的音樂錄音帶或 CD 應該兼具各種文化，而且選擇的音樂應該另外安排時間播放，而不是用來當無間斷的背景音樂，如同前章節所提過。

- 不管玩沙、玩水、在畫架上畫畫，附近都應掛有工作罩衫，另外還需大毛巾，以便快速清除濺出的水花、污漬或顏料。這年紀孩子看到這類遊戲時會變得精神百倍。
- 有一項設備能讓一群孩子同時攀爬，對大學步兒而言非常重要，因為可以促進同儕的社會互動。同樣地，提供推車或二人座的車子，可引發輪流的行為（如：你先拉我，等一下換我拉你）和假裝遊戲（如：載爸爸和媽媽到奶奶家）。

課程活動範例

知識的建構

物理／關係知識

- 提供孩子依特徵（如顏色、形狀）分類食物的機會。你可以運用塑膠的水果和蔬菜，遊戲時你可以給一些建議，譬如：「我們把紅色的水果放到這個盤子，綠色放到那個盤子。」
- 你可以引發孩子開始收集熟悉的物品（例如葉子、動物型態的玩具）和發現物品，以進行分類。例如，大學步兒喜愛收集石頭，他們可以依顏色、形狀、大小分類，此外還可以因你的鷹架協助而依種類分類，這將成為孩子的第一堂地質學

課程。你可以逐漸增加一些物項，也可以要求父母協助孩子，發覺其他可以進行分類的物品。

- 當你為特別事件（例生日會）或每日進行的活動（如一個孩子用積木搭建了一個高塔）拍照，這些照片應該張貼在孩子視線高度的公布欄。這些照片可以幫助他們回憶「上星期」發生的事情，並引發他們去跟同儕及大人談論照片裡的內容。

- 請孩子在點心或午餐時間協助擺餐具，如擺放杯子、餐巾紙和餐盤。這幫助孩子學習有關一對一的對應，這是一項很重要的數學概念。和孩子說每個人的位置，可以幫忙孩子擺放正確的餐具數。對於這年紀的孩子，可讓他們從一對一對應的瞭解，擴充至一人對三或四樣物品的關係（還有孩子對他家人的人數）。

- 為擴展對空間的瞭解和動作的協調，你可以給孩子小滾筒，讓他們在桌上作畫。如果給孩子大滾筒，就在牆上或戶外圍牆掛上牛皮紙。學步兒對在不同大小的紙箱上用滾筒作畫，也會感到趣味。大範圍的作畫最好能在戶外進行。

- 學步兒熱愛用水在戶外建築物和圍牆上作畫。這階段孩子對結果還不太感興趣，當他們看到水塗在水泥或木頭上有黑影產生時，這足夠讓他們認為已經產生了結果。這就是常聽到關於學步兒的一個例子：「過程比結果重要。」

- 你可以用不同大小的畫筆讓孩子進行因／果的探索，且運用不同形式的畫材，在不同大小區域內作畫。例如，高爾夫球畫（看起來像彈珠畫）能促進因果的推論。在大盒子中襯一張紙，二側最少能有二吋高，幫孩子用大湯匙將高爾夫球放

進一種顏料的碟子，然後把球放到盒中，協助孩子移動盒子，讓球四處滾動，產生滾動的痕跡後，用湯匙將球移走。之後將球放到不同顏色的碟子中，重複上述動作，直到作畫完畢。

- 另一個協助孩子看到因／果關係的方式是讓孩子在桌上進行手指畫，然後用一張紙覆蓋，再拿起觀看手指畫的痕跡。你可以指出紙上產生的線條是他們用顏料所畫的，然後被「印」在紙上。其他像玩具車子的物品也可以在顏料上畫出有趣的線條。

- 蓋印畫可用餅乾模型、麵包模型、小奶油抹刀、果醬蓋子、草莓籃、塑膠動物的腳、舊的拼圖拼片、或任何可以拿到的有趣物品沾顏料，然後壓印在紙上。請孩子觀察紙上不同的外形，並說出產生這些形狀的物品名稱，這可以增進孩子辨識、分類以及推論的能力（這又是一個「可以」中夾帶一些「不可以」進行的活動，原因是有些物品可以放在顏料中進行，有些則不可以）。

- 讓孩子撕各種廢紙，如鋁箔紙、包裝紙和薄的卡紙，可讓他們在活動過程中增進對物品物理性的知識（如鋁箔和卡紙的差別）及情緒的抒發，因而增廣了孩子早期撕紙的經驗。下一步驟是給孩子膠水，黏貼他們撕下的紙屑，成為一份撕貼的作品。你可以給所有孩子共用一張大紙，因為學步兒還不太在乎要將作品帶回家。

- 沙和水在大學步兒的興趣排行仍排在非常前面。吹泡泡可以加入水／沙桌的活動，但最好能以各式的圓錐物和圓環用來吹泡泡。還可加入的工具有各種大小尺寸的打蛋器、鋼刷、

水車、篩網和漏斗，讓孩子在水中和沙中運用這些工具。在沙中加入不同量的水，會改變沙間的緊密度，讓孩子擴充對沙和水的物理性知識。

- 為增加孩子的感官經驗，你可以製作咖啡沙。用一加崙用過的乾咖啡粉加入玉米粉和麵粉，這混合物看起來和聞起來都不像食物，孩子不會拿起來吃。

- 你可以安排配對活動來促進感官的技能。譬如，進行簡單的實驗，如試吃一托盤的食物，然後比較哪些是甜的、哪些是酸的，他們也可以發現哪些食物的味道類似。另外將不同材質的紙或布黏在底片盒底部，請孩子透過觸摸分類；也可以在果醬瓶子中裝不同氣味的物品，挑戰孩子的嗅覺配對。除此之外，在底片盒中，裝入搖晃會發出不同聲音的物品，如此也能進行配對，但小心盒蓋一定要蓋緊。這些活動也能讓感官有缺損的孩子進行，只要他們運用其他完好的感官（如視障的孩子都能進行上述所建議的活動）。這年紀的孩子也對於自然科學的活動感到興趣，如同保羅和傑瑞明的例子。

- 大學步兒喜歡利用塑膠磚和其他搭建材料，一塊一塊地建構大物品。他們可能排一長排的塑膠磚或將其直立堆高，形成「房子」或「車子」。此外，藉由你的鷹架協助，他們能依你所提供的樣式串起大珠子，你提供的樣式可運用大小、顏色和形狀。

- 應準備難易不同的拼圖，放置在架上或矮櫃中，讓孩子能拿到，提供不同困難度的選擇，孩子可以選擇其一挑戰他們自己。圖案中呈現不同的人從事非刻板印象活動的拼圖，可提

供物理和社會知識的目標。此外，這年齡孩子喜愛將數字和字母拼圖的拼片放在一起玩，特別是彩色的泡綿數字和字母組。

☞孩子也喜歡簡單的障礙循環活動，當他們爬行、原地跳、攀爬和跳過障礙物的過程，能引發問題的解決和空間的意識。每幾天可以改變進行的模式，以增加活動的新鮮感和複雜性。

☞另一個擴展因／果知識的方式是幫孩子製作簡單的樂器（用罐子或將二片紙盤縫在一起製作沙鈴），孩子可以在其中放入小石子、豆子或玉米粒；你必須確定罐口密封或縫得堅牢，不會讓內容物掉出。孩子可以實驗這些放入的物質所製造出的聲音有何不同，如此也可改善孩子的辨別能力。

☞你可以在一塊布上黏許多袋子，裡面放物品的照片，例如球、娃娃、青蛙或其他的熟悉物，這可進行辨別和分類的活動，增進孩子的這些能力；也可以收集這些照片的小物件（動物可以用塑膠模型），讓孩子配合照片放入袋中。你也可以將物品的名稱黏在袋子上，當你（或他們）命名這些物品時，偶爾可以運用袋子上的這些文字。

社會知識

☞為促進字彙量和文字理解力的增加，一天中你應該時常唸書給孩子聽。你可以引導孩子參與情節，例如在孩子熟悉的書中，詢問等一下會發生什麼事，或在孩子知道的角色中故意說錯名字。當為孩子唸書時，可以用手指指著明顯的字，幫助孩子將書寫和口說的文字結合在一起（讓他們對印刷的字

擁有聲音的印象）。讓三個或更多的孩子坐在一起聽一本書非常普遍。引發這年齡孩子回應的語文活動特別重要，尤其是像傑瑞明這樣說話不清楚的孩子，他們需要被引發持續溝通的企圖。這裡有首歌可以運用——《約翰已經跑走了》（John Has Gone Away），最後一句需要孩子跳出來，然後說：「我在這裡。」

- 為幫助孩子依序進行活動，你可以在例行的活動中給予二階段的指令。例如，你可以說：「將書放回架上，然後洗手準備吃點心。」

- 你可以進行一個遊戲，請孩子將真實物和圖片對應，然後問一些有關圖片和物品的問題。在孩子回答前，你應先示範如何「回答」，例如說：「這張圖片是一個男孩在吃蘋果，那隔壁這張圖片，他在做什麼呢？」（要讓孩子回答句子，而不是僅僅喊出一個字）。給予孩子描述事物的模式，可以提昇他們有順序描述事件的能力，這是書寫的關鍵要素，也和閱讀同時發展（這是語文萌發的二個部分）。

- 另一個促進描述能力的方式是當你敘述故事時，你可以讓孩子操作手套偶或棒偶。你讓孩子重複故事中的一句話，以讓他們一直參與其中〔例如「小紅母雞」（The Little Red Hen）的故事，當詢問每種動物是否幫忙時，孩子便回答：「不是我。」〕

- 簡單的絨布板故事，可以引發孩子口頭敘述的參與和提昇社會知識。你可以製作熟悉故事的角色和道具，最好是有重複性主題和語言的故事〔如「棕色的熊、棕色的熊，你在看什

麼？」（Brown Bear, Brown Bear, What Do You See？）〕。絨布的角色製作，是從絨布剪下，後面貼魔鬼粘或使用中型裙鉤，這可以在布店買到。而角色的製作，也可以在布上畫上圖樣，然後用油性麥克筆或色鉛筆上色。黏魔鬼粘時，將黏的那一面黏在絨布板上。故事說過幾次後，孩子喜愛自己將故事的角色放到絨布板上；當他們放置時，他們通常會用自己的版本敘述，如此便練習了敘述的技能。

- 你應該背一些詩和兒歌，以在適當的時刻誦出。由於許多兒歌和詩的主角是男性，有時你可以將男性名字改為女性名字。性別平等和中性角色的兒歌書〔如《鵝爸爸》（Father Gander）〕會比較好。由於這年齡孩子醉心於自然現象（雨、風）和動物，所以你也需知道一些有關這些主題的詩和兒歌，隨時可以使用。

- 如果教保機構的窗戶夠低，你可以讓孩子在室內觀看窗外的交通和行人，或自然景象，例如雪。你可以利用這些機會和孩子談論所看到的一切。

- 可以購買有村莊或火車鐵軌圖案的短毛地毯，或是你在大厚紙板上自己繪製。經由你的鷹架協助，大學步兒會「開著」小輪子的車子和火車環繞這地毯的「城鎮」。假如你描述孩子正在做的行為（你的火車在加速）及偶爾給予去哪裡的建議（「去商店？」或「去餐廳？」），孩子可以增廣社會劇本的知識和豐富其概念的學習。

統整知識

◌ 傑瑞明和保羅二例均顯現出對大自然的熱愛，正是許多這階段孩子擁有的特徵。大學步兒每天最少一次戶外活動，以在自然世界中獲取物理、關係和社會的知識。不同的季節都有獲取統整知識的機會，在每一個季節，你可以指出樹木、灌木和花朵的改變，以及可以看到的野生生物。你可以在遊戲場或於鄰近停車場的物品上，掛上彩色的繩子，並製作明顯的記號，讓孩子依循找到特別的終點，而發現「寶藏」。冬天，「結冰水坑之旅」或「聲響之旅」能幫孩子聆聽環境中不同的聲音；春天，「顏色之旅」可以讓孩子探尋熟悉的顏色（如粉紅色、藍色、白色和黃色的花朵）；秋天，孩子們可以發現像松樹的毬果、落葉和堅果等物品，並將其增列為收集物，再者，還可以用這些東西進行分類遊戲或藝術活動。

◌ 許多音樂活動提供物理和社會知識的機會。透過幼兒錄音帶，例如《用你的樂器演奏美妙的聲音》（Play Your Instruments and Make a Pretty Sound），裡面有他們可以唱的簡單歌曲和搭配的動作，提供孩子許多學習節奏和歌詞的機會（樂曲及歌本條列在附錄A）。學步兒對鋼琴、豎琴或吉他很感興趣，當演奏這些樂器時，孩子會參與一起唱簡單的兒歌和民謠。大學步兒能配合音樂跳舞或行走，並學到音樂停時，動作就停。不同類型的音樂可以引發孩子跳舞，而像圍巾、旗幟或腰圍為鬆緊帶的長裙等道具，則可以引發孩子旋轉和擺動。這活動也提供情緒抒發和社會控制的機會；因此，此活動建

立了社會—情緒的關係。

- 另一項絕佳的統整活動是烹飪／食物準備。這年紀的孩子有較好的小肌肉控制，並且有意願在食物準備時應用這些技巧。給孩子塑膠刀切水果、或在麵包或餅乾抹奶油或起司，他們在心中便瞭解：今天的點心是自己做的水果沙拉或三明治。另一個運用食物的因／果活動是製作鮮奶油，小的塑膠容器裡裝滿乳脂（cream），請孩子就像製作泡沫紅茶一樣搖晃容器，可加上跳躍和彈跳，他們必須持續動作到乳脂變成鮮奶油。較大的二歲孩子喜歡幫忙烹調，他們能幫忙製作餅乾、速成麵包、杯子蛋糕、和比司吉麵包。如果所有材料都已經量好並準備好要混合在一起了（先不要混在一起，以免孩子不知其中成分），你可以協助孩子注意其中材料比較多，並談論那可能是什麼材料。不鼓勵使用市面上販賣已混合好的材料，因為剝奪了孩子對每一份食譜中所有材料的觀察、嚐試和瞭解。烹調的活動也能建立社會—情緒關係，因為孩子複製了在家做過的事，並給他們機會觀察到你另一種照護的角色。

社會—情緒的建立

- 這年紀可以開始進行「團體時間」，但不是非要不可。最好是採用開放和自由形式的活動，允許孩子沒興趣時可以離開。你可以坐下來開始唱歌、用操作偶說故事、或和一些孩子重複進行熟悉的手指遊戲。未加入的孩子可能因此加入，但觀眾是隨心所欲，可以來來去去。這是開始瞭解「團體」的過

程，也就是說瞭解「自己是團體的一分子」，但這概念需要到大班的階段才會完全形成。

- 大學步兒有時善變和不可預期的天性，大人需要隨時密切（但「沒壓迫感」）的看顧。你必須扮演示範的角色，示範關心他人和尊重他人的權利。調解衝突是你照顧這年紀孩子主要的責任之一，你的目標應該設定在讓孩子自己解決衝突，而你則鎖定使用「文字描述」的方式（例如：「傑瑞明不喜歡你打他。」；「當貝斯做完的時候，就換你了。」）孩子以後發生衝突時，就會從這些資源中模仿，並且有效運用。

- 你可以使用操作偶協助孩子處理衝突，表達生氣或悲傷的情緒，然後安慰他們或給予鷹架學習。但是，小小孩通常會傾向於攻擊操作偶，所以你需要在旁看顧，並引導他們在遊戲中，以利社會的行為和同理的回應解決情緒的問題。

- 詩句、歌曲和簡單的手指遊戲，適用於進入新活動前的銜接時間，或是孩子在等待驚奇時刻的出現前。為持續孩子的興趣，你可以在歌曲或詩句中替換為孩子的名字。最有名的歌曲是《洗乾淨》（Clean up）。任何銜接時間都可以運用編的歌，使時間進行得順暢些。譬如：「穿上我們的外套、戴上我們的帽子、套上我們的手套，走、走、走，到外面去」。

- 展示所有孩子的照片，有利於關係的建立。現在學步兒具有清楚的自我認同感，照片可以加強他們與同儕、父母和教保者的連結。例如，學步兒會向父母指出「朋友」的照片。你可以製作一本「朋友集」（book of friends），讓學步兒輪流帶回家欣賞。學步兒熱愛向他們的爸爸媽媽和爺爺奶奶說照

片中哪一個是他教保機構中的朋友，如此可增強他們和其他孩子的友誼。

遊戲發展

☞ 練習遊戲依然是這年齡孩子的重頭戲，之前對小小孩的許多建議活動仍適用。但是，遊戲中的物品應該擴展其變化性和複雜性。你安排的遊戲材料應該考量孩子對大自然的興趣，並保持環境中適度的新鮮感。當遊戲環境變得無趣時，便會時常發生社會互動的困難和遊走的情形。所以選擇練習遊戲的材料，在操作上應該具有挑戰性，而不是整年都放「相同老掉牙」的材料。

☞ 現在，孩子比較能模仿大人的角色，假裝遊戲中你可以介紹多元的主題，但是進行前，你必須確定孩子熟悉各角色或主題。帶孩子參觀各店面或工人進行的活動（如道路修護），或安排任何親身經歷的經驗（例如到農場摘南瓜），都能提昇孩子對特定主題的瞭解。當學步兒將他們的經驗表現在假想的劇情中時，相同於大孩子描寫和談論經驗，這二者提供相似的功能；也就是說，戲劇能讓孩子反應他們的經驗，並有意義的類化到生活中。若能準備可以讓孩子回想起舊經驗的物品，在他們表現的戲劇中會有所助益。例如，一些「修護道路」的設備，能引發孩子將道路修護的情節表演出來。

☞ 教保者若能短時間的參與學步兒的遊戲，孩子的假想活動會變得更豐富。你能扮演一個角色（如郵差），示範適當的動作或該角色相關的語言，加上你正向的意見和發問的問題，

可以幫助孩子精進他們的戲劇。例如在「生日宴會」的劇情中，你可以問：「禮物呢？」然後從另一個區域拿來一個物品，用包裝紙包起，帶來給「生日」的孩子，這時所有參與的孩子都會去找「禮物」給「生日」的孩子。大人對假裝遊戲的協助，可以同時增加孩子遊戲的品質和語言的使用。

✐ 愈來愈多的孩子喜歡團體遊戲。對於這階段的孩子，簡單版的「倫敦鐵橋垮下來」就是一個很好的團體遊戲。你可以和一個孩子用手搭高，一邊唱歌，一邊讓其他的孩子從手下穿過，當唱到「就要垮下來」時，將手放下，輕輕抓住恰巧通過的孩子。這個孩子就要站在你身旁和你一起搭橋。由於學步兒還不太會等待驚奇或輪流，所以你會發現參與團體遊戲的人數並不固定，有些孩子被抓住時，就不要玩了。這個遊戲提供可掌控的興奮，以及讓孩子學習在活動流程中，對下一個出現動作的預期。

✐ 這年齡的孩子當和稍微大的孩子一起混齡時，會增進假裝扮演和遊戲的技能，這些「快三歲」的學步兒為二歲半的學步兒提供很棒的遊戲示範。

問題討論

1. 對於保羅和傑瑞明的遊戲行為和偏好，有哪些對比和相似？大部分的女孩有哪些興趣和男孩雷同？萵塔莉的行為和遊戲

偏好，和我們對這階段大部分孩子的預期有什麼不同？她在這年齡孩子的團體中可以獲得怎樣的助益？

2. 你會如何幫助傑瑞明（和他媽媽）面對爸爸的死亡？因為沒有主要的行為問題（但出現有些不安和語言問題），你應該為他做一些不一樣的事嗎？你將如何協助他媽媽當一位成功的單親媽媽？

3. 保羅似乎在動作、語言和認知技能有超前的情形，而社會技能則為該年紀一般的程度；但萳塔莉卻每一領域的發展都落後。怎樣的課程經驗能持續保羅的興趣，並促進他在每一個領域都進步，尤其是他表現特別好的部分？而怎樣的課程經驗可以幫助萳塔莉增進各技能？

4. 一些父母會讓這年紀的孩子在家看錄影帶和電視、玩電腦遊戲、甚至聽大人的音樂錄音帶／CD，而有些父母反對讓小小孩接觸這些科技用品。關於孩子接觸科技用品的影響，你會給家長怎樣的建議？在教保環境中，你會給孩子玩因電視或流行文化而走紅的玩具（如：巴尼玩偶、天線寶寶、Kiss 娃娃）嗎？

11

35－36個月：昆遜（Quentin）、美可（Meiko）和蘿莎（Rosa）與蘿思塔（Rosita）的課程

昆遜

昆遜（Quentin）屬於中等身高，三十六吋（91.4 公分），可是偏瘦，重三十磅（13.5 公斤）。金髮剪成碗狀、藍眼睛、雙頰豐滿。昆遜會吸吮拇指，特別是他累了、想睡和在新環境時。出生第一個月中偶爾會有煩躁的情況。他不喜歡坐在車子裡，會一直哭到車子已開了十五分鐘後。他的胃口很好，每二小時餵奶一次，然後就入睡。現在只要在他晚上睡前唸書給他聽，就不會抗拒睡覺，他在家從不午睡，但在教保機構常常會睡午覺。爸媽說當他太累時，他的脾氣很糟，情緒「崩潰」。昆遜喜歡豐盛的早餐和午餐，但晚餐吃得不多。

昆逖有很多的興趣，而且專注時間也滿長的。在家他通常花三十到四十分鐘玩他的火車組合，他會重新組合不同的軌道型式；他也喜愛拼圖，常常玩很久。媽媽說當他專心的時候，舌頭就罷工了，像他爸爸一樣。爸爸說昆逖有很棒的想像力，能利用動物玩偶編造故事。他喜愛好笑的電視節目和錄影帶，並能在內容好笑的時候笑出聲。他也和爸媽一起觀看夜間新聞，並知道播報員的名字，媽媽說他們需要限制他看電視的時間，否則他待在電視前的時間會太長。

他也熱愛戶外活動。在家，他騎著裝有輔助輪的小腳踏車，而在教保機構他騎三輪車，而且騎得很好。他有一組自己的小孩用高爾夫球組，器具像爸爸的一樣。週末時，他們喜歡在院子裡一起「把球打出去」。在家和在教保機構，他都花很多時間在矮的籃球架下投擲籃球，對於三歲小孩而言，他有令人訝異的準確度。

昆逖極大的好奇心導致他問了好多問題，他具有瞭解周遭每件事的需求。爸媽說他記人名的記憶力超強，即使和那人只見過一次面。因為家中只有一個孩子，造成不管在家裡或在教保機構，他常常自己一個人玩。他時常停下來觀看別的孩子，且容易被拉入參與群體活動。他個性謹慎小心和挑剔，避免參與會弄髒的活動，例如會讓手潮濕或黏膩的手指畫和食物準備活動，媽媽說如果他不小心濺出一些果汁，他會馬上拿衛生紙將它擦乾淨，還有，吃杯子蛋糕時，他喜歡用湯匙舀著吃。

昆逖有很棒的小肌肉控制，能堆疊小東西和小心倒出液體。他的大肌肉技能包括踩三輪車、丟球、射籃和上下樓梯。在家

他喜愛練習向前滾翻,此外,他穿鞋子和襪子的能力也愈來愈好,他喜歡假裝在綁鞋帶。

他的語言能力一直很強,二歲時他就能說出完整的句子,他說太快時,說話會打結,此時他會慢下來,將打結的部分正確的重說一次。他現在正在識字,是從書中的內容認識的。

爸媽說他發脾氣的時候很固執,當發生這樣的情形時,爸媽只有等待情況的好轉。之後,他會要求大人抱他,那表示他已經準備好要敘述到底發生了什麼事。假如爸媽告訴他為什不能做某事時,他需要時間思考,通常他能接受。他們發現活動銜接前或計畫有所改變時,給他足夠的預告,能減少發脾氣的情形,因為他不喜歡驚奇。

爸媽要送昆遜外出教保的原因,是希望他能有多一點的刺激,參與許多為他準備的有趣活動。媽媽希望教保者多注意昆遜、和他說話、和他玩、並唸書給他聽。爸爸強調他希望教保者能辨識昆遜的幽默感,最重要的是,喜歡他原本的樣子。

美可

美可(Meiko)三十五個月大,已住過三個不同的國家。她出生於日本,當時和媽媽的家人及二十月大的姊姊住在醫院(爸爸那時在他的祖國:韓國)。美可出生時相當小,重七磅半(3.4公斤),高十九吋半(49.5公分)。她非

常地安靜，即使出生時，也很少哭。一開始，她每晚就睡超過十二小時，還必須搖醒她吸奶。前三個半月還在日本時，她有尿布疹，且每天傍晚約哭三十分鐘，但媽媽還是形容她是「容易養」的小孩。她好像和姊姊特別有緣，在她很早的時候，就會碰姊姊的手指和注意姊姊的動作，她對姊姊露出她的第一個真正笑容。和日本祖母住在一起時，她適應良好，又很安靜。

當她和媽媽、姊姊到了韓國後，她的行為改變了，變得煩躁，而且很黏媽媽和姊姊，只准媽媽和姊姊靠近她。和爸爸在一起時，變得很小心和安靜（爸爸不太會說日文），也不讓爸爸的父母和親戚抱她，媽媽認為這是因為不同的語言環境和失去熟悉家人，才會造成她環境轉換的適應不良。在韓國，媽媽和爸爸用英文對話，但其他每個人都說韓語，爸爸也跟她說韓語，而媽媽還是持續對她說日文。美可因轉變而產生的社會—情緒焦慮維持了二個月，直到她六個月大時。

她十個月大時，全家搬去美國，因為爸爸要去念書，這次的轉換較溫和，她僅有時差和一些習慣改變的問題。由於他們抵達的時候，天氣非常寒冷，全家都有一些適應上的問題。美可起先都會哭一下，但她仍是一個很好的睡眠者。

現在他們來美國已二年，美可已是一個獨立的孩子，對人友善且面對大人和大孩子皆有自信。媽媽認為這是因為姊姊一直在她的生活中，這二個孩子有很親密的關係和溝通。美可大部分時間和比她大的孩子遊戲；如同媽媽所說的「她從不認為她是她那個年紀的孩子。」她家現在住在學生的家庭宿舍，那兒，她可以看到不同種族和膚色的人，並在戶外和大孩子玩。

媽媽說：「她會對看到的每一個人說『嗨』。」媽媽強調當她會走路時，她變得很獨立，似乎不再需要媽媽了。

雖然美可比大部分的孩子的轉變期長一點，那些時間影響了她的社會─情緒發展，但卻未對她的動作和認知發展有任何不利的影響。她五個月大就坐得很好；七個月大時開始爬行（起先是像「烏龜」，用肚子爬，後來就用四肢爬）。她在第一個生日前走出第一步，十四個月就走得很好。現在她可以沒困難的爬上最高的滑梯。

小時候她喜歡玩球、搖鈴和其他操作玩具，現在她喜歡拼圖、讀書（一天二、三次）和音樂。她知道許多歌曲，喜歡跳舞，還喜歡玩小的電子鋼琴。她還會用日文和英文數數，及說出二種語言的字母。而她的最愛是戶外活動，鞦韆和滑梯都是她的所愛，這正迎合媽媽說的：「我們室內沒有很多玩具」。

美可現在個子雖小但很健康，她的個性會因外在的社會情境而「害羞安靜或外向」。二歲時，媽媽帶她參加團體的體育遊戲，參加的都是和她同年齡的美國小孩，美可害羞且不參與，只是觀看。當她試著和同儕互動時，她很「粗魯」，對他們碰、拉和推。那時媽媽通常會賞她耳光，但現在她不再用這樣的方式管教了，可是她還是認為美可需要學習如何和同年齡的孩子遊戲。美可表現出她是一個「永遠知道待會兒要做什麼」的孩子。她學東西很快，並且常常笑，特別是一些滑稽的事。可是她很固執，一定要得到她想要的。

她媽媽對她說日語，因為媽媽要她擁有日文能力，而爸爸通常跟她說韓語，也是相同的原因。近來，美可日語說得流暢，

並會用完整句，而聽得懂英文和韓語。她也會說這二種語言，只是較短，且有時所用的句子不完整，但她知道什麼情境使用什麼樣的語言。現在和姊姊在從頭開始教育方案（Head Start）的教保機構，美可通常使用的是英語，美可可以用這三種語言唱歌。

媽媽認為如果美可當時有去更早起頭教育方案（Early Head Start）的教保機構，起先她會害羞，且需要有人協助她做環境轉換的適應；但因為無早期從頭開始教育方案的教保機構，所以美可沒去任何教保機構。假設她有去，媽媽說她會希望教保者「尊重她（美可）要做的事」，因為「她知道她要做什麼，她不喜歡被命令。」媽媽還希望教保者增加她的好奇心、擴展她的心智、並幫她學習英文（媽媽希望美可具有三種語言的能力）。當被問及需不需要加強美可的日本文化，媽媽則說不需要，因為媽媽希望美可接受美國的教養方式，而不是日本的。媽媽說，在日本「他們不尊重孩子」而且「孩子必須完全接受大人的命令」，此外媽媽補充：「美國比較不會責罵孩子。」媽媽說，希望美可學習父母文化的部分，她和先生已在進行，所以她對美可在教保機構的希望是將英文學好，並結交相同年紀的朋友。

這對三十六個月大的雙胞胎在美國出生，出生時九磅三盎司（4公斤）和九磅八盎司（4.3公斤）重，是這間社區醫院有史以來出生最大的雙胞胎。蘿莎（Rosa）體重較輕，但比較高，二十一吋（53.3 公分），而蘿思塔（Rosita）十九吋（48.3 公

蘿莎和蘿思塔

分）高，所以她們身高也不同。這對雙胞胎在預產期那天出生，但蘿莎和蘿思塔二人相差七分鐘，因為蘿思塔出生前還需要幫她在媽媽子宮內轉向，媽媽說生她們二個還不會太困難。蘿莎和蘿思塔是家中第四和第五個小孩。這個家庭四年前從墨西哥搬來，是追隨一個已在這兒定居的兄弟，現在另一個兄弟剛到美國，媽媽還有七個兄弟姊妹還在墨西哥，蘿莎和蘿思塔有二個哥哥和一位姊姊。

　　媽媽說蘿莎和蘿思塔早期沒什麼問題，只是吸母奶僅吸了十二天，因為「她們好像不要吸了」，之後媽媽就改餵牛奶。雖然媽媽已有當媽媽的經驗，但是覺得同時要帶二個孩子有困難，因為她試著讓二個孩子作息一樣，所以二人會同時要吸奶。她就抱著一個餵，而將另一個靠在身邊餵。還好她媽媽從墨西哥來幫她照顧孩子六個月，真的幫了她很多。

　　孩子四個月大時，媽媽發現她們「有一個很大的不同」。她說蘿莎較獨立，而蘿思塔喜歡依偎在媽媽身旁。蘿思塔的氣質是歸類在「遲緩型」。蘿思塔和父母同睡，而蘿莎和哥哥姊姊一起睡。媽媽說：「她們不喜歡自己睡一張床，因為我們是一個關係親密的家庭。」

這對雙胞胎的發展相似，二人都在二到三個月左右微笑；三個月能伸手抓取物品；五個月時不需扶持就能坐好。可是蘿莎七個月大爬行；九個月大走路；而蘿思塔並沒有歷經爬行，十二個月大走路。十個月大左右，她們開始會叫「媽、媽」、「爸、爸」、「ㄋㄟ、ㄋㄟ」（要奶瓶），現在她們都能說流利的西班牙文，但她們還不太懂英文。這並不令人驚訝，因為媽媽只說西班牙文，而爸爸和哥哥姊姊的英文都說得不太流利。

蘿莎和蘿思塔在遊戲方面已展現許多能力，她們很喜歡玩假裝遊戲，姊姊扮演「媽媽」，而她們演「小孩」，她們也喜歡扮演照顧娃娃。她們的小肌肉發展很好：她們會堆疊積木、用麥克筆畫圖，但還不會玩拼圖，因為她們家的拼圖是一張卡紙剪成數小片，那是哥哥姊姊做的。媽媽說：「我們家沒有很多玩具。」另一個她們喜歡的遊戲是模仿唱電視聽來的歌，並配合音樂跳舞。當她們到姊姊的從頭開始教育（Head Start）機構時，她們喜歡騎木馬。蘿莎特別喜歡跳舞和跳躍，並熱切嘗試新活動。但是蘿莎不玩攀爬遊戲，因為媽媽認為那是「男生玩的活動」。爸爸並不和她們玩遊戲，但他喜歡「擁抱著」孩子。當爸爸看著她們時，蘿莎會馬上跑向爸爸，但蘿思塔還是黏在媽媽身邊，所以爸爸會特地試著和她互動。

媽媽希望在她們大一點時，讓她們上舞蹈和歌唱課。如果鎮上有更早起頭教育（Early Head Start）機構，媽媽會送她們去，這樣她們就可以學英文。媽媽說她擔心她們如果不會英文，會交不到朋友，所以希望在她們上從頭開始教育機構前，能有一個方式讓她們學英文。如果她們上教保機構，媽媽會希望教

保者多唸和說墨西哥的故事，因為她不希望她們喪失墨西哥豐富的故事資產，她也希望教保者能持續他們國家的價值觀和道德標準，例如希望教保者能「尊重」並「照家長的要求做」。她注意到大女兒從頭開始教育機構的班級，「有些孩子很野蠻」。她希望墨西哥文化中認為重要的家庭價值觀能夠被長期維護，例如她認為讓年輕人十八歲離開家是不對的，還有她家不允許有抽煙和酗酒的行為。總之，她對教保機構設定最主要的目標是教保者協助蘿莎和蘿思塔成為一個好的英文使用者，並學習和其他孩子良好相處，但未失落墨西哥家庭文化裡重要的價值觀。

優先考量的課程

　　三歲孩子和較小學步兒一起的混齡團體，對教保者是一項挑戰。教保者必須提供足夠有趣的經驗，不能還是維持使用給較小孩子的活動，讓「快三歲」的孩子感到無聊或學習中止。這時候可以偶爾讓這些孩子拜訪三至五歲孩子的機構，特別是當他們快要參加這些機構時。

　　在二歲半到三歲間，孩子成長很多。生理方面，孩子有很好的協調能力、能在不同的表面順利的行走和跑步、可以一下跑快一下跑慢並保持平衡；也就是說，他們已達到肢體動作的穩定性。大部分孩子會踩小三輪車、出現使用慣用手、用三指抓蠟筆或麥克筆畫一個封閉的圓、會拉拉鍊、扣釦子和扣按扣。認知方面，孩子會記得並依循簡單的規則、辨識身體大部分的

部位名稱、依形狀、顏色、材質和大小分類、以及會解決需要用二個步驟解決的問題。許多孩子可以數到四或五並知其意義；而有些可以數到十。語言和一般溝通技巧迅速成長，三歲的孩子可以說出最少三個字長度的完整句（有些可以說出六到九個字的句子！）他們喜歡說故事，並能說到重點，有時還能說出相當多的細節。他們可以記住歌曲的歌詞、口唸兒歌和手指遊戲，還可以自動的唸誦或歌唱。社會和情緒方面，雖然他們表達情緒強烈且清晰（「你讓我生氣了！」），但他們比較能自我控制，較少爆發情緒失控的情形。他們喜歡幫大人的忙並和大人玩遊戲，而他們大部分的遊戲型態還是平行遊戲，偶爾會有小片段的聯合和合作遊戲，可是如果有大人的協助，聯合和合作遊戲情形會增加。他們喜愛扮演大人的動作，在假裝遊戲中會使用想像的說辭。因為幾乎所有三歲孩子的概念發展，屬於比較彈性且順應狀況，所以他們扮演時，並不一定要用真實的物品；他們能夠運用想像，使用替代物。譬如，他們會用積木或鞋子當電話，或用掃帚當馬騎。他們熱切嘗試新經驗並且每天學習一項新事物。因此優先考量的課程包括：

1. 提供大範圍可接觸的經驗，讓孩子在許多設施中建構物理、關係和社會知識，並提供鷹架協助，讓孩子在這些經驗中連結學到呈現知識的抽象符號，特別是數學和語文方面。

2. 安排一個廣大且更複雜關係的環境，引發友誼發展和強化溝通能力。

3. 協助孩子對於其文化情境中的行為和情緒有較好的自我掌控能力，並讓他們具有成功過渡到學前教育機構的認知、社會—

情緒、和遊戲技能。

建議的環境特徵

　　各學習區／角落都應該增加材料以保持大學步兒的興趣。一些可以豐富環境的方式（當然不是每項都必須實行）條列在下：

- 娃娃角可以增加道具，包括穿脫方便、使用魔鬼粘的娃娃衣服，也可增添掃帚、畚箕和拖把，如果之前未提供玩具熨斗和燙衣板，此時可以加入。
- 為了多元的認識，可以提供呈現不同能力的人物娃娃，孩子在玩時，大人必須密切關注。若想多瞭解反偏見課程，請參考《*Anti-Bias Curriculum*》（暫譯：反偏見課程）這本書（Derman-Sparks, 1988）。
- 水桌可以增加更多的操作性工具，例如塑膠透明管、汲水桶、澆花器、烤肉刷和小的手動汲水器。
- 麵糰桌可以增加的是桿麵棍、餅乾切割模型、塑膠刀和大蒜壓碎器。
- 在戶外水源附近的沙土區域，提供孩子能製造水庫和河流的機會，而更多形態的鏟子、挖匙和其他挖掘工具都需增加。
- 戶外大沙坑中，可以增加各式的小型工程車，例如推土機、壓路車、剷土車、傾倒卡車、挖路車和拖拉車。
- 可供手操作的材料應該大幅增加。練習綁帶子、扣按扣、扣鈕扣、和拉拉鍊的衣飾框能引起孩子的興趣。除了繼續桌上積木和串珠的操作活動，應該增添更複雜的種類，例如可以

用大按扣相接的方塊、有磁性的積木或車子、有花邊的卡紙、能縫在一起的形狀片、釘子和釘板、小人偶和小車子、能黏在一起的積木、大骨牌、和方塊釘子板（用鐵鎚在 8 吋× 8 吋的板子上，平均等分釘上三十六支釘子，用大橡皮筋做造型）。

- 拼圖的種類可以擴充，拼圖上的圖案應該呈現不同能力的人、不同種族的團體、不同年紀的人、以及無刻板印象的職業。圖案若是手工工具、交通工具、動物、或其他孩子感興趣的類型都建議提供。拼片最多為二十片，還可以增加分類活動，讓孩子依形狀分類到各盒子裡。

- 假裝遊戲可以增加的是塑膠動物組（野生和農場動物、恐龍），以及機場、加油站和停車場的模型玩具，可以搭配適合的車子一起遊戲；若有火車，可以增加隧道和橋樑。

- 木工角可以放置真實工具和軟木。每個人，包括教保者，進入此區域遊戲都應戴防護眼鏡。此外，應該在大人密切的監控下，教孩子如何正確使用鋸子、鎚子和釘子，而堅固的工作台和老虎鉗是必要的。

- 大肌肉區增加的包括平衡木，比小小孩用的更窄且高一些，可以將二塊或更多塊平衡木以不同角度相接；有拉把的小跳床，孩子可以抓著拉把跳躍；呼拉圈，讓孩子用屁股搖、放地上讓孩子跳進跳出、或大人立起來讓孩子穿越；套環遊戲；大小不同的球，孩子可以丟向標的物，或接或踢；以及保齡球遊戲，球瓶可以用買的、空的牛奶塑膠瓶、或寶特瓶。

- 許多三歲孩子像昆逖一樣，有喜歡運動的兄姊或爸媽可以競

賽，機構可以增加 T 型球道的推球組和真實的低籃球架。

✎ 其他的活動設施也可增加，包括手操作的交通號誌，放置在騎乘三輪車和車子的區域；蹺蹺板，需要二個孩子同時玩；翻筋斗的墊子；能轉向的騎乘玩具，孩子轉把手就能使座位轉向。

✎ 積木應該最少增添到一百塊，讓在這區域的每個孩子都能玩到，此外還需要擴充範圍，讓孩子搭建時不受干擾。積木角還可以放置各箱的玩具動物、車子和小人物，引發孩子創造性的將二者結合著玩。如果可以，將積木角和娃娃角相鄰，這可以刺激孩子統合二區的材料遊戲（用積木做一輛車，載娃娃去看醫生；用積木當成生日會的蛋糕）。

✎ 除了積木，還可以增加少數（六至十二塊）小型的中空積木，這可以用來搭建較大的「房子」、「船」、和「車子」，有一些公司有在製造。如果室內空間有限，可以將其移到戶外走廊。

✎ 畫圖方面，建議使用二個相接的畫架，其材料為透明樹脂玻璃，孩子可以直接塗畫在玻璃上，而且畫畫時還可以看到另一個孩子在作畫。

✎ 圖書角可以具有「聆聽和閱讀」的功能，所以可以放置一台錄音機和二人用的耳機，以及一些圖書和故事錄音帶，讓孩子自己操作。機構的圖書館應該收集更多孩子的傳統故事書和高品質的新書，還有剛得獎的合適圖書。孩子也喜歡操作書，例如部分圖片被遮住，在孩子翻開前，需先猜圖片是什麼。孩子還喜歡介紹形狀、顏色、概念（相同／不同、相反）

和簡單數字（數到十）的書。

⊜建議讓孩子玩「聽樂透」的遊戲，孩子配合錄音帶所說的數字，在樂透板的相同數字上蓋上圖片；玩概念拼圖或概念卡，孩子依指示（如相反物、嬰兒的物品、相似的物品）將圖卡放在一起；一組熟悉故事的絨布板道具，讓孩子在不需要大人看顧的情形下就能使用。

⊜樂器也應該增加，此時孩子開始會使用 CD 播放機，所以也可以增添。

⊜寫字角應該為每個孩子準備筆記本，以及製作問候卡的材料。

⊜科學角應該增加不同項目，如讓孩子探索的活動盒，包括岩石和化石標本、不同形狀和大小的松樹毬果、彩色魚鰭、磁鐵和鋼或鐵的物品（如大迴紋針、雙腳釘、螺絲和螺帽）、不同大小的透鏡，還可提供養魚的水族箱讓孩子照顧、或用小型的孵蛋器孵化小家禽。展示桌上應有一個清楚的四吋寬的框，可以買現成或自己製作，用來呈現孩子有趣的發現或教保者新買的自然科學教具。另外，擺上一塊絨布板來張貼今天天氣應該穿的衣物（如雨衣和雨鞋）也很有趣。

課程活動範例

知識的建構

物理／關係知識

- 為提昇孩子肢體動作的協調、分類能力和數字技能，你可以安排一個釣魚活動。在薄紙板剪下魚的圖案，之後在魚圖案上別上大迴紋針，再製作一根釣竿，用雙腳釘和細線綁一塊大磁鐵。將魚放入水桌或地板上的水槽內，孩子可以釣長得很像的魚，或每個種類的魚各釣起幾隻。
- 收集「漂亮的垃圾」用於剪貼畫，其中有不同的顏色和纖維材質（如緞帶、紗線、麥桿、羽毛、木板圖樣、碎紙、砂紙、錫箔紙），孩子可以拿起喜歡的材料並黏起來，你可以提供不同形式的膠水和漿糊讓孩子探索。
- 在畫架區，準備一系列顏色的塗料，包括泥土或皮膚的顏色（米黃、黃褐、棕和黑色），這可以刺激一些有趣的社會互動。
- 你應該提供機會讓孩子用鈍的剪刀剪紙，雖然一般這年紀孩子剪紙時需要大人幫忙拿著紙。
- 這活動只讓願意這樣做的孩子進行，請孩子躺在牛皮紙上，沿著身體周圍畫線，之後請孩子在頭部畫上五官。這經驗可增長孩子的具體運思。

- 海綿畫很受大學步兒歡迎，如果你安排這活動，有可能孩子對體驗用海綿在紙上塗抹的樂趣大於作畫的興趣。
- 沙畫可以用沙和彩色粉筆灰混在一起進行，你可以將沙放入鹽罐中，請孩子將沙從鹽罐灑在已塗有膠水的紙上。他們可以將紙直立，讓多餘的沙掉到托盤，然後欣賞所創作的成品。
- 你可以在戶外噴水器內裝入有顏色的水，讓孩子將水噴在掛在圍牆或畫架上的紙；冬天時，可以直接將有顏色的水噴在雪上。
- 在室內時將汽球吹飽，請孩子試著將汽球維持飄在空中（汽球爆掉時，馬上清理）。
- 無論在室內或戶外，你可以製作動物留下的足跡，讓孩子追隨。在最後一個足印設計一份驚奇。活動之前，若團體時間先唱首歌，如《我們要去獵熊》（We're Going on a Bear Hunt），或聽個恐龍的故事，效果會更好。
- 科學活動可以增加因／果的瞭解，例如草的種子在海綿上發芽、觀察蝴蝶從蛹中蛻變而出、以及在花園中種植花的種子（一項長期期待的活動）。

社會知識

- 你可以鼓勵孩子每天「寫」一些東西，孩子可能寫購物清單，或寫信給朋友或家人。你可以開始為孩子製作珍藏集，收集孩子的早期文字，為他們萌發的語文留下資料。當孩子說故事或回想特殊事件時，你可以寫下孩子的話。在特別的散步和事件發生後，孩子會在牆上分享區裡寫上文字，也可以請

他們幫忙寫感謝卡給曾來機構分享事物的客人。孩子還可以為他們自己的故事或團體的故事畫插畫，這些活動都和孩子認識文字、文字組成及發音的發展有關。

☞ 利用簡短的團體時間（十至十五分鐘）進行帶動唱、手指遊戲和互動式故事，這非常適合快三歲的孩子。

☞ 大學步兒對於需要他們做肢體動作的兒歌反應很好。《傑克在盒子裡》（Jack in the box）是孩子們很喜歡的一首兒歌：傑克在盒子裡，盒子關得很緊（動作：將身體屈膝，縮成一團）；沒有一點空氣，沒有一點燈光；他／她被塞在裡面，好累；我們來打開盒子，讓他／她跳出來（動作：跳起來，雙手在頭上揮動）！

☞ 你可以用許多方式擴充音樂活動，孩子配合音樂行進時，你可以讓他們邊走邊敲擊節奏樂器。玩具笛的製作，可以用廚房紙巾用完後的中心捲軸，將長度切半，用彩色筆或廣告顏料上色，之後在底端套上一張割有長型裂縫的蠟紙，最後用橡皮筋將蠟紙套緊。鼓可以用裝鹽、玉米粉或燕麥的紙盒，裝飾盒子，並將盒蓋封緊，孩子可以用免洗筷子或雙手敲打；也可以用不同的方式玩節奏棒，例如唱歌或唸兒歌，高音時舉高敲打、低音時放低敲打，還可以在孩子前面、後面或旁邊敲打。孩子也可以小聲、大聲、急促或緩慢敲擊，但這一切需要你依情況示範或對聲音的品質給予評論，來鷹架孩子的經驗。

☞ 快三歲的孩子熱愛需要他們移動或做手部動作的歌曲，例如《大蟒蛇》（Boa Constrictor）（Peter, Paul, & Mary）、《將

皮革浸濕》（Sammy）、《轉身》（Turn Around）、《碰觸》（Touch）（Palmer）、《去動物園》（Going to the Zoo）、《蘋果和香蕉》（Apples and Bananas）、《巴士的輪子》（The Wheels on the Bus）、以及《五隻小鴨子》（Five Little Ducks）（Raffi）（請見附錄 A 所列資料）。

統整知識

✎ 用腳塗畫能給孩子具體經驗和社會經驗的成分，在活動中也能增強參與成員間（大人和小孩）的關係。對你而言，設計此活動和在活動中照顧孩子都是一項挑戰，但孩子卻能從中獲得樂趣和學習。你必須在牛皮紙的每一端放一張椅子，其中一端，孩子坐在椅子上脫鞋、襪，以及將腳踩在裝有顏料的托盤上。大人牽著孩子慢慢地走，讓腳上的顏料蓋在紙上，另一端，讓孩子坐在椅子上，幫孩子把腳放在溫暖、有肥皂泡沫的水槽中洗乾淨，有些孩子洗好腳後又要再玩一次。和孩子談論如何將他們的腳印蓋印在紙上、引導孩子看看別人的腳所蓋印出來的痕跡、以及如何幫助別人進行蓋印（或二人手牽手走路，一起蓋印），如此都能精進孩子的學習，增進其統整的知識。

✎ 在食物準備過程，孩子喜歡使用不同的器具。他們會用手動的打蛋器，甩動打蛋器，將碗中的蛋打散；會用厚蛋皮切片器；會握並轉動彎曲的柄，將蘋果削皮；以及會在製作蘋果醬和通心麵醬時，倒入麵粉水勾欠。他們會為喜歡的食物混合材料，例如煎餅、法式土司、餅乾和脆餅。許多快三歲的

孩子會一直留在你身邊，直到活動結束。事後和他們討論，他們記得許多食譜中的材料和步驟，他們能討論對食物的喜歡和不喜歡，還能將新食物和他們吃過的食物做比較。

- 小型汽球傘，適合四到五個小孩和一個大人一起玩，此活動能帶給孩子們物理和社會知識。你可以在玩當中下指令：高高舉起，然後放下壓住，變成一個小帳篷；手握住，邊唱歌邊繞圈走；或假裝有一陣強風在吹它，弄皺汽球傘。之後可由孩子輪流下指令。

社會──情緒關係的建立

- 雖然讓孩子獨立接觸故事很重要，而且他們也喜歡在小團體聽故事，但這年齡的孩子仍很需要擁有和你單獨一對一的圖書閱讀時間。和你單獨的閱讀和談話裡，除了可以增進孩子語文技巧的萌發，還可以增強孩子和你的關係。你不太可能每天和每個孩子這樣進行，但你可以一星期為有系統的規畫，讓所有的孩子都能個別獲得你全部的注意和語文意義的建立。

- 到了這年齡，幾乎每個需要教保者和同儕參與的活動，都能再強化孩子已建立的關係。大人展現的興趣和參與，以及他們互動時聽到孩子們對彼此經驗所說的內容，可以讓孩子成為自信和熱切的學習者，且具有良好的自我規範能力。同儕參與活動，給予孩子練習社會技能和發展友誼的機會，這是早期發展很重要的一個層面。小小孩界定朋友的定義是「和他們一起玩的人」，因此應該製造很多和同儕一起玩，以建立友誼的機會。對於比較害羞的孩子，幫助他們結交朋友和

強化家長間情誼的好方法是，建議害羞的孩子邀請一位教保機構裡的孩子到他家玩；到機構外觀看你的朋友，是害羞孩子在機構中獲得一位一起遊戲的朋友的最快方法。

遊戲發展

○ 大部分三歲的孩子喜愛的材料和戲劇主題與二歲的孩子差不多。但是，孩子進行某遊戲主題時，如果大人偶爾加入有趣和挑戰性的材料，三歲的孩子會重複玩此主題很多次。正如蘿莎和蘿思塔的例子，和比她們稍大的孩子進行假裝遊戲時，她們擅長在其中扮演一個角色。你應該準備一個道具箱，收集各種材料以備用，裡面的東西可以因孩子的興趣和能力增添或更改。孩子現在會用毛毯包裹娃娃、餵娃娃吸奶瓶、將娃娃放在高椅上並用湯匙和小碗餵娃娃吃飯、將娃娃放在嬰兒車並帶它們散步。孩子假想的劇情可能會更豐富，而且他們會用語言為假想物命名（如稱積木為蛋糕），並且會邊扮演邊陳述所演的情節（例如：「現在這匹馬要走回牠的房子」）。

○ 玩人物娃娃，可以幫助孩子和那些跟自己看起來不一樣的人一起玩。當孩子對別人的外表和行為，表示關心或是說出沒感覺的言論時，你可以拿一個適當的娃娃（如一個坐在輪椅上的娃娃、印地安娃娃），和它對話，並解說那個「不一樣」的人的感受。當孩子和這些娃娃變成「朋友」時，便能協助孩子跟不一樣的人共處，即使這些人並不在教保機構中。

○ 孩子喜歡能運用到他們進步技能的遊戲。譬如，他們喜歡「偵

探」遊戲。你可以告訴當偵探的孩子：「我的孩子走丟了，你可以幫我找到他嗎？」然後你描述一位坐在團體的孩子特徵，請這位偵探找出孩子來，其他人也可以加入描述或當偵探。

問題討論

1. 如果有小孩像美可或蘿莎和蘿思塔一樣，一歲或二歲時就到教保機構，你會如何幫助他們適應語言和社會環境的轉換？

2. 對這年紀孩子，你會用哪些方式支持和引發孩子反偏見的意識？來自其他文化的家庭價值觀可以和教保機構的價值觀結合嗎？而你會如何讓家長參與教保機構，以協助達成這目標？

3. 對於剛學習如何和同儕遊戲的孩子，你會如何讓他們有動機時能成功地和同伴遊戲，特別是那些還不太會說大家所使用語言的孩子？這階段孩子具有哪些能力能幫助他們更獨立解決衝突？

4. 你還有什麼其他方式，可以助長這年齡孩子的萌發語文、數學和空間概念，以及他們的幽默感？

卷三

影響嬰兒和學步兒
課程的生態因素

安格斯

安格斯（Angus）是一個結實、健康的二歲孩子，常常看到他咬著奶嘴。媽媽說他以前是個很好照顧，而且時常飢餓的嬰兒，但他現在很偏食，喜歡吃炸薯片和甜食，較不喜歡健康的食物。媽媽回憶他從吸奶銜接到使用杯子的過程順利，從沒用過奶瓶。

安格斯現在大肌肉的動作技能表現很好，十四個月大就能自己爬樓梯，而且上下樓梯都拒絕牽大人的手。在教保機構，他爬上滑梯，然後溜下。可是盪鞦韆時，從座位上摔下，趴在地上，於是放棄玩鞦韆，然後就推拉著大型的玩具四處走。在家的戶外，他能很長的時間獨自玩鞦韆和在沙箱玩。

在室內，他從不自己玩，喜歡和媽媽或四歲的哥哥一起玩。安格斯的專心時間很長，他喜歡聽大人唸書，在所有喜愛的主題中，最喜歡關於動物的書，他每天最少欣賞野生動物的錄影帶一次，但常常超過一次。在教保機構，他時常觀察別人在玩什麼，卻很少加入。他在活動室遊走時，能聽到他在跟自己說話。

安格斯小肌肉動作的狀況非常好。他喜歡在家玩一組開鎖玩具，很多門被鎖上，須用正確的鑰匙打開。在教保機構，他喜歡玩把球放到迷宮玩具中，然後看球滾動，直到球滾出迷宮

外的遊戲，這活動他可以玩八到十分鐘。

他的字彙一直在增加，且能瞭解一些口頭用法，如「喔，先生」和「西地」（「是的」的有趣說法），他也會將這些話用在家人身上來獲得樂趣。他不用提醒就會說「請」、「謝謝」和「再見」；能很快記得別人的名字，而且能在適合情境使用這些名字；甚至在數月前，他就已記得活動室中教保者的名字。安格斯會幫助其他的孩子。例如，有位小嬰兒從她的餐盤中掉下一支湯匙，他會撿起來給她。安格斯的社會技能讓爸媽訝異，但他至今還沒有出現接受如廁訓練的徵兆。

安格斯具有幽默感並會試著想讓別人發笑，例如運用各式的臉部表情。雖然安格斯是個快樂、讓人想親近的孩子，但他還是相當有脾氣的。他很固執，現在還會命令別人。他尖叫的時候，爸媽會要他坐在樓梯，直到情緒平穩。這時不管跟他說什麼，他都會跑開，或是「不要聽」，所以不能跟他講道理。媽媽說轉移他的注意並不容易，因此有時就會「打他屁股」。

對於教保機構，媽媽喜歡一個不過度刺激的平穩環境，而教保者會照顧孩子和有耐心。媽媽認為大人的堅持是必要的。她不要她的孩子有社會不接受的偏差行為，但她希望教保者能喜歡安格斯冒險的個性，並確定他找到能被接受的發洩方式。

你會如何滿足安格斯家庭的期望（如舉止優雅、有禮貌、具幽默感、順從大人的要求）？而當孩子在家的一些行為（如不健康的飲食型態、跑步太快、看錄影帶的時間過長）與你所建議的不同，你又會如何將你的看法告訴父母？

雖然教保者的課程規畫來自於他們認知中對小小孩發展和學習的瞭解，卻也受到孩子家庭的價值觀、文化行為和教保型態影響〔這是Bronfenbrenner於一九九三年所稱的微系統（microsystem）〕。而家庭與教保者價值觀和執行的交會〔這是Bronfenbrenner所稱中間系統（mesosystem）的部分〕是決定課程時的重要考量。家庭和教保者的看法可能不一定一致，特別是當二者在文化、種族、宗教或社經背景不同時。

　　社會中的種種因素也會影響課程設計及教保者和家庭執行角色和職責的效能。這些因素是Bronfenbrenner（1993）所說的外系統（exosystem）。這包括學校、宗教組織、社區機構、社會團體、縣市政府和其他會影響家庭和教保者的部分，如制定有關小小孩的政策單位所推行的價值觀和活動。而有些因素則與教保者和家庭天天的互動非常疏遠，但與更大的社會有關〔這是Bronfenbrenner所稱的大系統（macrosystem）〕，這些因素譬如是各州和國家所持的經濟和政治立場，例如資源分配、健康和教育的優先考量、影響就業和薪資程度的決策，以及政府所提出的戰略計畫。卷三所討論的是關於嬰兒跟學步兒課程所附屬更大社會情境和家庭所影響的課程層面，二十一世紀可能會影響教保的生態學因素，也會在此卷探討。

12

家庭與嬰兒及學步兒的課程：
微系統和中間系統因素

　　如同本書所呈現的個案，家長們會有一些共同的關心，但對孩子的教保目標卻又有所不同。當家長的文化、種族、或宗

教團體不屬於強勢時，其間的差異性可能更為明顯，可是枱面上看似相似的家庭，當中也存有差異性。這是因為每個家庭裡個別孩子的年紀、個性和發展階段都不同，這些不同影響家庭對教保的要求不同。各家庭中，家中成員參與孩子的教育和保育的情形也多變化，雖然傳統上是由媽媽扮演著和教保者聯絡的人，但有時聯絡人是祖母、爸爸、親戚或一個沒親戚關係的人（如助養父母）。這點對你而言很重要，因為你需要獲得孩子的相關資訊，如孩子的需求、家庭對孩子的目標、家庭對孩子發展可能會有的關心、和家庭對於保育和教育的偏好。你應該將這些獲得的資訊，當成收集孩子資料過程的一部分，並持續和家人溝通，定期更新資料。

當家庭決定將嬰兒和學步兒送出去教保時，一般會有三項關心的事。第一是教保者能滿足孩子的基本需求（餵哺、睡眠、安全）；第二是機構所提供的經驗能支持家中的價值觀；第三是課程迎合他們對孩子發展和教育所設的目標。通常第二和第三項目標相互交織，也就是說，家庭所設定的教育目標會和他們的價值觀一致。

家庭找尋教保機構時，縱使想先滿足第一項關心的事，仍感到困難——不是他們要的區域缺乏機構，就是太貴。如果還要再滿足第二、第三件關心的事，就會更加困難，特別是遇到教保者的文化或教育背景和家庭不同。如果家庭和教保者對於適當的溝通或社會互動有期望上的衝突，或是他們使用不同的溝通型態時，二者就會產生溝通的問題。更複雜的是，同一家庭裡，家人對好的教保者的定義就有所不同，或許其中一位認

為教保者和孩子玩社會遊戲是一項基本的要求，而另一位卻認為這項活動可有可無。有些家庭成員關心語文的萌發和數學的技能，而其他人則在乎教保者是否小心地依循孩子的進食和睡眠時間。

家庭對孩子第一個安置地方選擇的明顯不同，來自於他們對教保所擁有的選擇不一樣，以及他們是如何決定最好的選項。單親家庭、雙薪父母、特殊孩子的家庭和大家庭，其教保的選擇項目和品質要求就會不同。家庭安置孩子到教保機構前，調查教保機構品質所花的時間各不相同。對於機構品質，有些家庭只詢問幾個問題，因為他們急著找到安置孩子的地方，而有「外出工作是一種福利」想法的家庭也會這樣，因為他們找尋機構的時間只有幾天，之後他們就要上班了，所以他們可能沒有時間去找好的教保機構。不過，他們可能會請親戚或鄰居協助教保，他們提供的教保可能是好的，也可能是不好，這些「親友們」主要是因為要幫忙媽媽才來教保孩子，並不是本身想要教保孩子（Porter, 1999）。家庭對好教保者的定義會因他們的文化、社經、宗教、家庭組織或所融合的價值觀和親職實務而有不同。

多元家庭價值觀的辨識

文化／人種／種族的考量

由於移民和出生型態的影響，預計美國在二〇〇五年時的

年輕人約有 38%是源自亞洲、非洲、西班牙、印地安或太平洋小島背景的人，而西班牙和亞洲是成長速度最快的族群（Washington & Andrews, 1999）。這些族群的孩子更是蓬勃發展，所以教保者必須不僅敏感於孩子的個別差異，還有他們家庭因文化而持有的不同價值觀。例如，美國墨西哥裔家庭重視合作、禮貌、尊敬權威和服從的價值觀，這影響他們對教保目標的期望（Bergen, Smith & O'Neil, 1988）。來自阿拉帕契山的孩子可能較少有情緒的表達，而且比較獨立，因為他們的家庭重視這樣的行為，而美國非裔的孩子可能會有較強的情緒表達和活潑的舉止，因為他們的家庭注重這些行為（Bergen & Mosley-Howard, 1994）。

不同文化群體對孩子的基本保育也會有所不同。例如，孩子和父母一起睡在美國非裔的家庭是常見的行為，但在白人家庭就較少見（Minde, 1998）。Minde 認為，從家庭中取得睡覺和叫醒型態的「文化敏感史」（culturally sensitive history）是重要的。如同近來比較波多黎各和英國媽媽的研究中所陳述的（Harwood, Schoelmerich, Schulze & Gonzalez, 1999），媽媽和嬰兒的保育、教導及遊戲互動在不同的文化團體中也不一樣。其中的不同是，英國的媽媽比較會使用示範的策略、鼓勵孩子自己進食、並花較多的時間在旁觀看孩子自己玩；而波多黎各的媽媽較常使用直接指導的策略、對孩子直接餵食、孩子遊玩時常常要他們專心。這樣的差異會讓波多黎各的父母質疑一些主張「回應孩子、孩子主導」的教保機構。

這些多元的背景當中，「文化傳承的程度」（level of acculturatin）也有很大的差別，其中牽涉家庭對強勢文化（美國主要為歐式文化）價值觀和行為的熟悉與接受程度。即使相同文化的二個家庭，「界定」（label）也會不同，主要在於他們的價值和行為受他們原來的文化和強勢文化影響深淺不同，這轉為影響他們對孩子的保育和教育目標有所不同（Bergen & Mosley-Howard, 1994）。所以你不能假定來自一個特別文化家庭的價值觀、目標和溝通型態，將會和另一個來自相同文化背景的家庭一樣。當遇到表現不同文化背景的家庭時，花時間收集「文化敏感史」會是一項有用的策略。

　　雖然都處於強勢的美國文化中，家庭還是有可能因價值觀而涉及他們對教保機構滿意度的議題。現今的美國文化裡，仍出現這樣的主題，對「留在家中」的媽媽有較高的評價，這讓外出工作的媽媽感到罪惡，即使她們已送孩子到高品質的教保機構。當她們離開機構時，孩子哭泣或孩子到了機構後生病，這些媽媽可能會擔心得要找你討論；如果這教保機構不是高品質的，她們會更擔心。

社經的考量

　　各家庭對孩子保育的實施和教育的目標會有所不同，因為同一文化或文化之間，各家庭的社經層次不一樣。教育程度高和高收入的非裔美國人，比低教育和低社經地位的非裔美國人，較能融入強勢文化的價值和行為（Ogbu, 1988）。例如，低收入非裔美國人和白人家庭較這二者的高收入家庭常見嬰兒和父母同睡的情形（Minde, 1998）。Klebanov、Brooks-Gunn、McCarton

和 McCormick（1998）在探討居住區域和家庭收入對孩子發展影響的研究中發現，一歲前，家庭貧苦比家庭不貧苦的孩子，其發展較會受到家庭危機因素的影響，但是家庭環境裡所提供的品質，對低和高收入家庭的孩子都會影響結果。到二歲前，家庭貧窮與孩子的發展程度有負向的關聯，當然也會因家庭情況而有調整。三歲時，家庭的貧困和危機因素之外，居住區域的貧窮程度也會變成影響孩子發展的一項負面因素。這些學者歸納出，孩子生命最早的前三年，若家庭貧寒，而且又處於貧窮區域，對孩子的發展有強烈的負面影響，但家庭環境裡所提供的品質，仍會造成結果不一變。當你計畫讓家庭參與協助他們孩子的發展時，必須記得這項研究。

雖然美國社會的理想是沒有「階級」（caste）系統，但實際的教保實施上，來自低社經地位家庭的孩子可能偏離主流，或其持有的價值和行為，教保者可能認為並不適合社會（如鼓勵用肢體打架來解決問題）。貧窮的家庭也可能缺乏交通工具，造成前去參加親師會談，或保育孩子的健康需求時產生問題。隨著提供貧窮家庭臨時協助（Temporary Assistance for Needy Families, TANF）的福利相關要求，讓更多的低收入家庭可以帶他們非常小的孩子去教保機構（Kelly & Booth, 1999）。因此，教保者需要比以往更敏感於社經不同所造成的價值觀和行為的不同。

宗教的考量

家庭對孩子教養的價值觀時常源自於他們宗教的價值觀。有一些是明顯的（如出生時要割包皮；節日習俗），但有一些

則微妙複雜（如有些宗教忠告「不打不成器」，或反對孩子的生活「只是玩」）。教保者可能不會詢問到這類的事，但家庭成員通常會很鄭重的聲明。當你初次和家庭討論時，你應該請教家庭，他們是否有宗教的行為或在意的事會影響孩子參與教保機構的活動。

家庭組成的考量

就像此書所呈現的個案，小小孩們有多樣的家庭結構（未婚、離婚、或喪夫的媽媽；爸爸是主要的保育者；和父母同住的青少年媽媽；以及雙親家庭，其中有些還是大家庭）。家庭成員可能會有因個人因素而在意的事，這可能源自於他們的幼年經驗（如「我在一歲時開始如廁訓練」）、年齡（如「我無法參加討論會，因為我要和我高中同學外出」）、或他們孩子的需要（如「我孩子因殘障所以需要特殊的機構」）。如同斯丹的父母明白陳述的，父母希望有保育的整合系統，整合教保機構和孩子其他需要的服務（Kelly & Booth, 1999）。而你也帶著你自己的價值觀到你的角色裡，例如，女性教保者可能會令男性（如孩子的男性保母、祖父或男性教保搭檔）在教保機構感到不舒服，當她們表現出很驚訝看到他們，或以不尋常或不適當的方式對待他們。父親對於教保，通常會在意不同的事或有不同的考量次序，如果你漠視這些表示，父親們可能會獲得這樣的訊息：雖然「參與很好」，但不需要他們的意見（Flynn & Wilson, 1998）。當教保者必須考量各種因素時，能具有確認、瞭解和調解各式價值觀的能力是非常重要的。

與不同價值觀的家庭共事

　　不管在都市、鄉村或郊區，教保人員和家庭的結合，便開始影響文化和現存的社會觀點。就如第二章所陳述的，教保多元的一項例外，是男性教保者的欠缺，希望更多的教保機構能反映文化（還有希望性別）的多樣性。因此你對家庭、孩子和其他與你互動的教保者、及所有和你特質與生活風格不同的人，所持有的態度、偏見和先入為主的觀念應更敏感，所以當特殊家庭帶他們的孩子來教保機構時，你必須教育自己瞭解這個家庭會帶來的價值觀和行為。正如Gonzalez-Mena（1997）所指出的，當教保者保育和教育的方式和家庭抵觸時，教保者可能會不知不覺地以「文化攻擊」的態度對待孩子（和家庭），當父母以外的人（尤以祖母）關心家庭中小小孩時，教保者和家庭的抵觸會升高，你必須願意以最後能「雙贏」的態度面對這些挑戰。為了如此，你須轉而去瞭解多元的差異，尊重及欣賞文化、社經、宗教、性別與其他看法的不同。藉由保持一顆開放的心，以及發展協調和解決問題的技能，你可以預期每個人都能在這些不可避免的衝突中學習和成長（Gonzalez-Mena, 1997）。因為多元差異牽涉很多嬰兒和學步兒的課程，因此有關文化認同發展的資訊應該包含在適合孩子年齡的課程裡。以下有許多教保者可以運用的基本策略，對與家庭建立關係的過程中會有幫助。

溝通發展和教育的適合措施

　　教保者不能因為曾研讀過小小孩發展的知識和學過幫助小小孩建構知識、社會—情緒關係建立、及遊戲發展的教育策略，就認定家庭成員也具有相同的知識。事實上，他們通常會認為家庭並不瞭解以發展為基礎的教保實施，如果你不與家庭溝通關於嬰兒和和學步兒環境的特徵及課程包含的特定要素，你就一點也不會驚訝某些家庭成員會對發生某事感到質疑、把你所安排課程的重要性打折扣、或對其他措施的堅持，所以你需要持續與家長溝通符合教保目標的課程實施原因。

　　當孩子還很小，大部分的家庭成員能接納去學習什麼是最佳的教保實施，如果你能先收集機構的孩子其家庭的文化、宗教或其他行為的資訊，你就能以家庭能瞭解的方式來解釋你的措施，順利的話，你還可以整合他們的觀點。另一項對你有利的作法是對機構中為何會出現特定的事、物，給家庭成員（可能是媽媽，但不一定）簡單但精確的解釋字眼，讓他們可以用這些字眼和家中其他成員（父親、祖父母）溝通；直接和父親溝通也很重要，因為他們的想法可能和媽媽不同，而且影響家庭如何看待和接受你的建議。專業的教保施行應該有很好的實施理由，因此，教保者應該清楚做每件事的理由，並且隨時可以和家庭溝通這些原因。關於教保的施行，如果保有暢通的溝通管道，許多衝突都能被避免。

衝突觀點中協調其差異性

　　家庭和教保者間一定會有衝突，你必須使用的另一項技巧是協調衝突觀點中的差異性。許多衝突處理技術，已被證實能夠與小小孩的家庭間有良好的互動。雖然有各派的處理技術，但大部分是雷同的。這裡所用的是來自俄亥俄州解決爭執和管理衝突委員會（Ohio Commission on Dispute Resolution and Conflict Management, 1999）的建議。首先，他們建議很重要的是你必須明白衝突是預料中的，而衝突管理並不是代表嘗試消弭衝突，而是學習不用攻擊和漠視問題的回應方式解決爭執；第二，你需要接受事實和情緒會牽涉進衝突中，而情緒需要被有效的承認、改造和協調，然後讓它過去；第三，在衝突情境中溝通，特別是在情緒非常激動的情況，需要使用「我」（I）的陳述方式（如，告訴對方你如何被影響，而不是指責對方）、有效的傾聽（如，試著聽出對方意見的真正意思）、承認不同的看法（如，讓對方知道你瞭解他們的觀點）、以及以達到雙贏為目標（如，所用的解決衝突的方式，最少能讓雙方都感到比較舒服）。還有很重要的是，你可以透過肢體語言，傳遞你是樂於接納，而不是防禦的訊息，並表示你能理解不同文化的人互動時會產生溝通不良的現象。總而言之，解決教保者和家庭衝突的建議和給孩子的一樣：冷靜、輪流述說和傾聽、表達事實和感覺、試著思考可替代的解決方式，最後，採用雙方都能接受的解決方法。當然，如果曾經在家庭無爭議的議題上有良好的溝通紀錄，便提供瞭解決爭議和衝突的最佳平台。

說出可能會傷害小小孩的家庭價值觀和行為

即使運用了良好的溝通和協調技巧，還是會有一些家庭的價值觀或行為會讓你堅定地想提出討論，因為你確信這些價值觀或行為會對小小孩產生傷害。例如照護者和嬰兒的社會互動很重要，而你卻發現家庭成員忽視嬰兒社會互動的需要，進行日常保育活動時，很少和嬰兒說話或遊戲，此時你便會想要表達你的關心，以免這樣的情形消弱孩子發展與他們安全依附關係的能力。一個有時會有用的策略是請其他的家庭成員介入（如祖母），由她示範與嬰兒的社會互動，這樣主要的照護者（如媽媽）便學會以這樣的方式和嬰兒互動。使用這方法的前提是，你需知道誰在家中能執行良好的示範。

當教保者必須直接向家庭說出他們的關心時，這總是一種批評。很明顯地，如果發現家庭有極端疏忽的情形（例如，孩子從教保機構離開後到隔天回來之間，尿布都沒有換過），你需要和家中一些成員討論這件事，並監督他們改善。記錄身體或性的虐待、或進一步調查確認明顯疏忽的事件，是你法律的職責。大部分價值觀和行為的差異，可以透過良好的溝通網說出，而你必須早已和機構中所有的家庭都建立了溝通網。早一點付出努力，建立和家人互動良好的互動網，當出現傷害孩子的差異價值觀和行為時，這個互動網便能產生良好的功能。對於孩子背景資料的收集，有時也可避免將來發生觀點不同而需要對質的情形。

邀請家庭參與教保機構的活動

　　即使家庭間有相似的價值觀和關心之事，但對教保機構活動的參與度仍有很大的差異。因為親密的機構—家庭的關係，能提昇嬰兒和學步兒的發展和教育，所以大部分的教保者應視家庭參與為一項目標。參與孩子教保生活的家庭，能以自然的方式，讓孩子有意義地看到團體中所呈現的多樣性。家庭有意義的參與，會因家庭所擁有的空間時間和參與動機而有程度上的不同。

　　有些家庭希望能深入的參與機構每天的活動，如給予許多建議、提供特別的材料、擔任觀察和協助學習的分擔者、及渴望對孩子的能力、進步和優點作細節的紀錄。有些家庭，可能有過滿的工作計畫或承擔過重的家庭或經濟問題，讓他們無暇關心孩子的教育與保育，因此希望以最低限度參與機構活動，他們也可能沒有任何的回應，即使你試著鼓勵他們參與孩子的生活經驗。由於大部分的家庭都很忙碌，所以想以最低限度參與機構活動的家庭，會比那些想高程度參與的家庭多。

　　如果你瞭解家庭價值觀和行為的差異性，並知道如何在他們的價值架構中進行溝通和協調，你便能夠尊重家庭在他們能掌控的特定時間裡的參與程度，你應給予家庭從偶爾接觸到主動參加的選擇機會。

提供一個歡迎的環境

　　就像第二章所陳述的，環境所透露的訊息，是讓家庭成員覺得他們的參與是否受到歡迎非常重要的關鍵。準備一個能觀察孩子活動，而且舒服、溫暖和半隱密的地方，如果需要，還可以餵哺孩子，這對嬰兒的家長特別重要。學步兒的家庭也需要感覺受到歡迎，機構營造邀請的自然氣氛要確定孩子和家庭成員都能感受到。讓家庭成員覺得在他們許可的時間，可以隨時拜訪，而且歡迎他們在孩子的活動室或觀察室觀察孩子，並有特別的地方讓他們交談和互動，那他們對於家庭參與的建議，比較能有善意的回應（若需要額外的建議，請見 Daniel，1998以及 Whitehead & Ginsberg，1999）。

促進教保者—家庭間的溝通

　　要求家庭最低限度的參與也需要教保者和家庭間有良好的溝通，你可以幫助家庭明白他們參與的重要性，如確認他們知道機構每天進行的流程、孩子適應機構的程度、以及他們孩子發展和教育的進步。你可以運用持續和家庭溝通的計畫，主動引發與家庭的互助關係，至少，可以製作表格，持續記錄孩子每天的活動項目、收集平時觀察的小趣事、電話訪問、及安排固定時間和家庭見面。

　　教保者與家庭溝通的內容可包含孩子每天的活動、環境規畫和設備安排的原因、關於教保重要措施的觀點、遊戲對學習的關係……等，都是家庭有興趣的主題。當建立了良好的溝通

基礎，遇到問題需要討論時，就比較容易成功。其中最重要的是，家庭知道所有的教保者都能聆聽他們對孩子保育的指導及發展的關心，他們需要感覺到你真的試著傾聽他們的訊息，即使他們很難陳述清楚。因教保者的生活忙碌，所以花時間進行良好傾聽會是一項大挑戰！但當通暢的溝通管道開始進行且能良好建立時，特別是來自不同文化或低社經地位的家庭，就會常表達出他們的看法、滿意度和關心。

配合家庭關心事項的個別化課程

許多家庭只要發現有高品質的教保機構就會感到高興，可能不會對個別化課程的特別實施，表示任何的渴望或建議。有些家庭則會對孩子的教保內容，表達獨特的看法，通常有發展遲緩孩子的家庭，才會特別表達額外個別化課程的需要。其實一些個別化課程可以運用於孩子不同性格或肢體發展的需要上，例如，雖然大部分的學步兒需要在中午午睡，但有的學步兒不需要午睡或需要二次午休。通常，家庭的要求會讓教保者重新思考教保措施，或為這些孩子彈性的改變所實施的教保。

如果你的機構已經是一所會對個別的孩子作回應的機構，那你針對各家庭關心的事而設計的個別化課程，應該沒什麼問題，除非他們建議實施的部分是你身為一位專業者所不認同的，當然，這些部分所需要的協商和解決如之前所探討的。當你個案的處理像「嘎嘎叫的輪子上了油後」般順利進行時，你也不可以漠視那些未主動表達的家庭。這些家庭通常來自非強勢文化的家庭。如果你認為家庭參與有其價值，你應該提供足夠的

個別化，讓家庭覺得你的「回應課程」真的是在回應他們孩子的特別需要。

鼓勵家庭對機構的參與

家庭有千百種方式可以對機構貢獻，教保者應該抱持的姿態是「邀請」，而不是「命令」，因為許多家庭已經有沉重的義務負擔。可以邀請不同文化背景的家庭來分享他們的食物、音樂或舞蹈，或是他們文化中和大學步兒玩的簡單遊戲……等，如果家庭覺得教保者歡迎他們，他們比較願意休假一天前來觀察孩子。讓家庭成員多學習瞭解孩子的一般發展和自己孩子發展的最佳方法之一是讓他們觀察他們的孩子在團體中的情形。當家庭成員進行觀察時，你可以建議他們也觀察別的孩子的行為（這個孩子可能已經具有他們孩子還在學習的技能），這樣他們就不會完全集中注意力於他們孩子的活動上，當他們和孩子遊戲時，也可以要求他們幫孩子拍照。

家庭感覺受到歡迎時，令人很驚訝的是他們會主動建議如何豐富教保工作，他們可能分享嗜好（幫忙木工）、教育的專業（念生物的媽媽或爸爸帶孩子進行自然之旅）、或家庭工作（教孩子製作麵包）；他們也可以只是分擔機構每天的日常活動（和孩子一起看書、協助感官活動）。不能前來的家庭，可以為娃娃床縫製毯子、製作木頭車子，或運用孩子拍照的照片做一本「照片書」，當爸爸和媽媽不能參與時，祖父母、兄姊或其他親戚都歡迎以某種方式參與。讓家庭參與的另一項優點是對機構會有「歸屬」感，這對孩子會產生正向的氣氛。因為

小小孩很容易學習他們家人的情緒狀態，如果家人對教保機構是溫暖和託付的態度，孩子在機構的時間裡，會感到更舒服和滿意。

家庭參與評估和計畫的過程

對於嬰兒和學步兒，讓人關心的是可能的發展遲緩或可能具有造成遲緩的危險因子，這必須由早期療育人員（如特教者、語言治療師、職能和物理治療師、社工員）所組成的培育自理技能團隊進行廣泛的評估，及家庭成員一起參與施行（Bergen, 1994）。在個別家庭服務計畫（IFSP）裡，須先勾勒出家庭的優勢和需要，以及孩子的發展和教育目標，然後由這個團隊組織參與成員。因為家庭被視為瞭解自己孩子需求的專家，所以請他們參與療育重心的目標擬定是IFSP過程一個重要的部分。許多團隊藉由面談家長或請家長填問卷，來確認家長關心之事，其中一項研究——家長對發展層次的評斷（Parents' Evaluation of Developmental Status, PEDS），發現家長斷定的發展問題十分接近（80%）孩子接受儀器檢視的結果（Glascoe, 1999）。

雖然一些接受IFSP的嬰兒和學步兒可能被安置在一個像家一樣的早期療育機構，但許多孩子還是進入正常孩子的教保機構。正如部分的協調系統解決法，孩子可能同時安置在早療和教保機構（Kelly & Booth, 1999），對於這樣的孩子，二個機構的教保者也會被邀請成為評估和計畫團隊的成員。此時你需擁有很好的觀察技巧，以便觀察孩子在你機構內的情形、在評估和計畫會議中提供資訊、以及讓實施的課程內容能符合IFSP為

孩子設定的目標。

團隊的評估和課程安排的過程，雖然要考量IFSP的孩子，但教保機構的所有孩子都能從這系統評估和課程規畫的中獲益。你可以使用團隊評估示範的修正版，而這基本團隊是由教保者和家庭成員組成，如果需要，會再加入一些其他相關人員（例如，定期拜訪家庭的社工員或護理人員）。你可以邀請家庭成員（如，媽媽、爸爸、祖父母）觀察和記錄孩子在家的發展層次和行為，並與家庭一起決定將目標鎖訂在與孩子的互動上。

當家庭來自不同文化背景時，他們參與評估和計畫就特別有幫助，因為你可以發現他們認為他們孩子應該達到的重要目標是什麼；再者，可能發現孩子在家的行為和在教保機構並不相同。例如，一個來自雙語家庭的孩子，在家都是說母語，在學校則使用另一種語言；這孩子的語言目標就和還不會說話的孩子不同。讓家庭參與評估也是一種建立將來親師合作關係的絕佳方法。

善加利用家庭課程

教保者有固定的時間或機會拜訪嬰兒和學步兒家庭的情形並不常見，除非這些訪問安排在機構行事曆中，就像更早起頭教育機構施行的一樣。可是如果你打算與家庭建立良好關係，並為孩子提供回應和個別化的課程，家庭課程仍會有許多方面讓你感到衝擊。首先，你可以安排每個家庭最少一年一次的家訪，也許利用傍晚或週末時間，也就是任何家庭成員可能在家或較能接受家訪的時間。令教保者訝異的是，一次非正式的家

訪竟可以讓他們更瞭解到孩子的需要，你可以比較孩子在家和在機構的行為動作，以及觀察家庭的動態，這可能會影響你依孩子的需要而給家庭的建議，以及如何示範在家和孩子玩簡單的遊戲，以進行小孩—大人的互動。如果這些拜訪能早一點由孩子的主要教保者進行，當作孩子到此教保機構的始業式，便能幫忙建立立即的關係，並在設計每個孩子個別化課程時提供資訊。

第二，如果你無法進行家訪，你可以運用電話、通知單或電子郵件聯絡，介紹一些可以讓家庭成員和孩子學習時一起進行的有趣家庭活動。這種「家庭作業」的形式，如果包含在教保者—家庭的溝通系統內，後來通常會讓家庭對你所設定的課程目標表示支持。第三，雖然家庭會選擇一些活動和孩子一起進行，並為孩子購買一些遊戲的材料，但他們通常不認為他們正為孩子提供「家庭課程」，你可以告訴他們為孩子選擇的家庭活動對孩子將來的發展和學習有多重要，並可以在家庭買禮物給孩子（如，可以協助孩子發展一項特殊技能的玩具）和設計活動（如唸書和玩遊戲）時提出一些建議。

將家庭式教保環境平順的銜接到
團體式的教保機構

為了價值觀的理由（家庭可能偏好家庭式的教保環境）和實際的理由（沒有足夠的嬰兒團體式機構），嬰兒通常安置在家庭式的教保環境，而不是到團體式的機構，而學步兒則較常

被安置在後者。許多家庭會為嬰兒和學步兒選擇家庭式的教保環境,當孩子三歲時,則為他們選擇團體式的機構。有些家庭則同時選擇這二種的教保方式,依他們的工作時間和家庭需要而定。家庭式教保到團體式教保的銜接,雖然有時很讓家庭擔心,但教保者鮮少提及。讓二種教保環境的教保者進行一次良好的溝通以幫助銜接,這雖然好像合乎邏輯,但往往因缺乏溝通反而讓小小孩銜接的過程比孩子自己適應的更不平順。這二種教保者的在職訓練和專業會議常常是分開舉辦的,而且共同討論相同問題和課程想法的機會也微乎其微。如果教保者願意花一些時間幫孩子銜接二種機構,家庭會獲得最大的助益,同時,教保者也會因此獲益,因為拓展了他們共同目標的知識,以及知曉孩子在二種教保所遭遇的差異性。家庭通常必須自己操控這些中系統因素(如二系統間),如果家庭願意執行,再加上教保者的協助,孩子便會受益。

摘要

　　家庭是嬰兒和學步兒課程的主要部分，家庭的價值觀影響他們選擇的教保形式及對機構內課程的支持度。透過瞭解家庭的文化、社經、宗教和其他價值觀，你才可以更有效的與他們互動，並為他們的孩子提供最佳的課程。本章提供了許多方式，讓你能成功的邀請家庭參與學校活動，並讓他們感到他們的價值觀和關心的事在教保機構中受到尊重。

問題討論

1. 你可能會使用哪些方式，讓那些來自非強勢文化及非傳統家庭或生活方式的家庭，在教保機構感到舒服及被尊重？而你又如何協助較強勢／傳統背景的家庭願意接受彼此的差異？

2. 你會如何使用衝突管理技術，處理家庭中那些不符合你認為適當的實施行為（如看錄影帶的時間、常規建立的方法）？

13 二十一世紀嬰兒和學步兒的課程：

外系統和大系統因素

　　雖然有關家庭—教保者關係的議題時常在專欄被討論，卻未考量到還有外系統和大系統因素會影響家庭參與和親師合作。家庭對適當的幼兒保育和教育的看法通常根據文化、種族或宗教團體的標準（外系統因素），而且他們社經生活的保障和孩

子的教保需要都受到政府政策的影響（大系統因素），如福利修正法中的工作資格和所得稅中孩子保育扣除額都是例子。在下一個世紀，以下的因素最有可能影響嬰兒和學步兒的課程、你的教保者工作、整體的教保環境：(1)美國（和世界）社會的人口改變；(2)影響課程講授方式、教育目標和人民就業準備的技術改變；(3)大腦和其他生物物理與發展研究的持續進步；(4)影響家庭、小孩和教保者的政府政策。

人口的改變

如果持續現在的狀況，二○○○到二○一○年這段期間，美國十八歲以下的兒童將會增加2%人口，但是五歲以下的幼兒數將會降低3%。人數最多的族群是超過四十歲的成人，四十五到六十四歲的成長率將近29%，而六十五歲以上則增加將近14%（Washington & Andrew, 1999）。因為出生率的差別和各文化團體的移民率，白人人口趨於老化，而西班牙人口趨於年輕化。在美國，學校中五分之一的學生是移民的兒童。世界人口的轉變會影響如何對待小小孩和其家庭，現今六十億的世界人口預期會以級數增加，原因是高出生率及逐漸降低的死亡率。

美國現在有六歲以下孩子的家庭，超過20%處於貧窮階段〔這是北大西洋公約組織（NATO）國家裡比例最高的〕，而大部分這些孩子的家中，父母至少有一個人在工作，而發展中國家貧窮的情形更嚴重。在美國，這些家庭中兼負家計的人通常自己沒有健保（而他們的孩子卻可能有辦健保），而這些家庭

很多也需要食物的補助和孩子教保費用的協助。美國的家庭結構也一直在改變，每八個家庭中就有一個家庭是由單親媽媽和孩子組成，四分之一的人單身，四對夫妻中有一對是離開自己的文化／種族群體，愈來愈多的家庭是非親戚關係的單身組成，其中有一些是同性戀家庭。社會中愈來愈多沒和孩子住在一起的老人，以及沒有孩子的單身人士，造成許多人日常生活中幾乎不會接觸到孩子。

　　孩子和家庭的教保方式以及提供教保的人趨於多元，例如，在大都會區，將近 70%的保母是新進的移民。有特別需要（健康問題、殘障或發展遲緩）的小小孩也趨多，而他們的文化和種族差異也很大。教保者的主管們指出不論低收入或高收入家庭，父母尋求孩子教養和管理的指導愈來愈多，很多家庭讓他們的孩子留在教保機構的時間也越長（基石方案 Cornerstones Project，1999）。

　　美國（和全世界）人口結構的改變，對小小孩和家庭會有正面和負面的影響。例如：

- 會因銀髮族和無父母的人數增加，而減少對小小孩的關心嗎？或是因小小孩的人數比例降低，而讓更多的福利轉向大人？
- 會因低收入家庭、不一樣的種族／文化和移民人口不是主要的人口，就不給予他們小小孩所進入的教保機構支持嗎？或是仍為所有孩子都能接受到有品質的教保而關心和努力，並依循像「更早起頭教育」方案的模式呢？
- 會因不同種族／文化／宗教的聯姻和非傳統家庭的數目增加，而對所有家庭有更多的包容和關心，或是這些家庭仍受到歧

視，對他們小小孩的發展造成負面的影響？

✍ 會因家庭和教保者愈來愈多元，以及家庭認定的需求擴大，而產生高品質的教保，或因為缺乏滿足其要求的資源反而降低教保的品質？

　　二十一世紀，人口的變化衍生了一些問題，這是教保者和社會其他的成員都需要面對的狀況。

技術的改變

　　大量的技術不斷精進，特別是資訊的傳播和教育的提昇，「學校」和「教育」的概念在二十一世紀將有重要的轉變。社會已經重新定義實施教育的地點和方式（如，在家或學校，運用電視或網際網路施行「遠距學習」、運用光碟而非書本、或是使用工具書，書中的資訊已經改變）。許多新技術讓學習者更自主學習（如可以更快、更直接、和更獨立取得資訊），這樣的學習運用了遊戲、技術互動的方式。現今已有很多促使家長購買的嬰兒和學步兒的錄影帶與電視節目，以及學步兒的電腦遊戲。但當家中成員觀看暴力和色情節目時，小小孩在其年幼階段便會受影響。小孩在每個地方學習，學習受到技術改變的影響，而這些技術會發生在孩子的家中（小系統）、教保機構（中系統）、更大的社區（外系統）、而最後是透過他們的家庭和這世界的互動（大系統）。

　　因為愈來愈多的教育機構招收出生到三歲的孩子，而且強

調家庭學習環境的重要性，所以傳統的學校開始將幼兒的教保（包括家庭的部分）納為教育系統的一部分；加上對於學校的設立和適合後現代社會的課程定義之重新認定，這也影響了教保的課程，因為家庭和教保者為小小孩所設的教育和教養目標會受到期望的影響，他們會設想什麼是孩子日後在特定社會中成功的要項（Ogbu, 1981）。例如，大人認為大孩子和年輕的成人（從幼稚園到大學）需要何種技術知識的期望，將影響他們認為嬰兒和學步兒課程是否合適的觀點。技術改變對教育的影響仍像早期一樣；但在二十一世紀影響程度更大。

美國（以及世界）遽增的技術改變，讓教保者為小小孩和他們家庭設計活動時產生了許多問題。例如：

👁 嬰兒和學步兒的教保者，將逐漸增加使科技的資訊型態（如，錄影帶、電視機、電腦）來促進知識的建構嗎？或是這些技術產品是由家庭使用，而非由教保者？研究顯示這些產品的使用對小小孩的腦部發展是正面或負面的影響呢？

👁 如果許多家庭開始使用新技術方式在家工作，不須離開家庭外出工作，那孩子教保的本質會改變嗎？或是這些改變影響很小，因為這部分的人口數還不足以影響孩子的教保？

👁 教保者必須關心那些接觸過和沒接觸過新技術的孩子之間，愈來愈大的「內在準備」差距嗎？

這些只是其中一些因技術的改變而產生教保者和社會其他成員在二十一世紀需要面對的問題。

生物物理和發展的研究

　　像第一章所陳述的，過去二十年有關嬰兒和學步兒的知識
激增，如腦部的發展、學習的能力、統整認知／社會—情緒經
驗的需求。這些研究包括腦部影像技術（PET 掃瞄；MRIs）、
計算腦中化學物質改變的方法（如從唾液中計算腎上腺皮質素
的程度）、以及使用觀察注意和其他生物物理的計算方法（如
心跳速率的改變、模仿的姿勢），記錄還不會說話的孩子接受
刺激的回應情形。這些資訊影響教保者和教保者設計的課程，
例如，證明大腦成長的爆發和認知發展階段一致後，那早期的
環境經驗便扮演著決定增強哪種突觸路徑的角色，以及關鍵期
的負向影響（如強大壓力的程度、營養不足）可能損害認知和
社會—情緒功能等，就可能讓社會對高品質家庭保育和教保產
生更高的評價。

　　由於發展過程知識的進步，讓課程修正定義，並重新思考
小小孩具有的能力。傳統對課程特別內容的定義與實驗證明相
反，腦的工作為神經交互連結的網路，在腦的一些區域（如掌
控情緒）產生經驗性影響的，也會影響掌控其他功能的區域（如
語言、概念、認知）。複雜的認知過程（如記憶）已經在嬰兒
時期開始運作，人類的腦部從刺激來組織和建構知識，這些資
訊是從與物理及社會環境多元和重複的互動中得知，同時也建
議使用統整的課程設計。這些發現都讓嬰幼兒時期的課程重新
定義，將知識的建構、社會—情緒的關係、和遊戲發展視為統

整的過程。現在，也確認了統整課程在大孩子身上的重要性，雖然大部分的大人經歷各科內容獨立（如生物、歷史）的課程，但知識的後現代概念和研究顯示，各領域的內容應相融（如心理生物學）。國小和中學強調協同教學和統整主題單元的使用，也是承認統整內容的重要。

即使像數學的傳統領域內容，皮亞傑也確認了其在知識範疇裡所牽涉的部分。例如，要學好數學，需要物理和關係知識的部分（如形狀、序列、形式）、社會知識的部分（制定的數學符號）、以及統整的部分（如，心智的組織）（Jarrell, 1998; Whitton, 1998），語文也橫跨物理、社會、和關係知識的範疇（Bordrova & Leong, 1998），語文的發展，包括肢體溝通、口說語言、書面語言、和閱讀知識，這些都在三歲以前就開始發展。而彼此的相互關聯，對小小孩的整體語文發展有幫助（Roskos, 1999）。此外，小小孩在最早期也會探索動作、空間、和結構組織的物理性，以及人與人之間互動的心理。

所有相關研究也會對孩子、家庭和教保者產生正面和負面的影響。例如：

⌇ 有關腦部發展知識基礎的增加，能支持教保者經過直覺觀察後認為適合嬰兒和學步兒的課程，並應用來說明什麼才是適合發展的課程嗎？或是這些知識會被市面上標榜「以腦為基礎」，卻是不當加壓且學習目標以成人為中心的課程，應用來砲轟教保者嗎？

⌇ 由於研究著重孩子認知和社會─情緒的發展，會因此忽略遊戲發展的重要性嗎？或是會愈來愈加重將遊戲視為這些發展

的適當統整媒介？

這些及其他在現今和未來二十一世紀研究中牽涉的課程問題，都需要由教保者提出。

政府政策的改變

最後，高品質教保的未來和教保者的專業仍依賴政府的政策和執行，以及大社會的促進。雖然一些政策影響所有在工作的父母（如所得扣除額），但許多政策卻特別影響較低社經地位的家庭。例如，最近政府制定的政策：福利的改革和更早起頭教育方案，讓這些接受教保的低收入家庭生活產生改變。正如一家免費提供母親和孩子健康照護（maternal and child health care, MCC）代辦機構的報告所陳述的：「過去二年，福利改革已經讓 MCC 個案的生活顛倒過來。」（Fischer & Rozenberg, 1999, p.17）雖然機構的工作人員看到一些正向的結果，但是他們也列出許多問題；另一方面，他們認為對某些必須找到工作或持續受教育的家庭來說，更早起頭教育方案的制定是一項「重要的資源」。各州和聯邦的教育政策，如入小學前需要的熟練滿意度測驗、進私立學校的證明、參加從頭開始教育方案的結果評估或補助三、四歲孩子的課程，都可能影響嬰兒和學步兒各種形式教育機構的課程。關於教保者訓練的需要、管道，和建議薪資表的政策，也將影響教保方案的擴展和品質，因為較高的教育程度（大專學歷）的工作人員、較高的薪資和較高的

品質之間會有相關〔花費、品質和結果之研究（Cost, Quality & Outcomes Study, 1999; National Institutes of Child Health and Human Development, 1999）〕。

美國強勢和非強勢文化的價值觀，像工會的立場聲明、競選開出的支票、和地方、各州與聯邦審判地的遊說團體，也影響孩子和家庭的未來，以及他們的教保選擇。對於那些關心立法和機構政策的人，也有機會為促進高品質的教保發聲，就像從頭開始教育方案的經驗（請見 Washington 和 Andrew 1999 年所提及的策略，這些策略已被團體成功的運用而促進社會改變）。

因為小小孩的未來繫於大系統的情況，所以瞭解這些狀況如何影響孩子、家庭和提供教保的教保者，可以對社會改變的方向產生影響力，當然這決定於他們所倡言意見的強度。例如：

✎ 教保者會加入關心教保品質的團體，企圖影響政府、企業和其他的社會政策制定者嗎？而他們能夠長期參與以致對政策有所影響嗎？

✎ 有足夠的支持者和收入基礎承擔這樣的努力嗎？或是可以找到資源和財力？

✎ 整體社會能夠為家庭和孩子創造更好的將來嗎？

教保者掌控教保機構當前的課程，而外系統和大系統的因素，如這裡所討論的，可以讓二十一世紀嬰兒和學步兒擁有適合發展與文化的課程變得更容易或更困難。

摘要

二十一世紀的課程必須為小小孩準備好各式所需知識的世界。教保者應提供具有豐富的機會的環境，讓來自各個社會文化背景和家庭環境的所有孩子，都能發展他們特殊的技能。家庭和教保機構的外在因素，例如人口的改變、技術的進步、研究內容的豐富、政府的政策和其他社會的本質，都會影響課程內容和教保品質。你和其他的教保者，對於社會的優先順序可以發表意見，以確保小小孩有高品質的保育和教育，並讓家庭集結力量，以處理這新世紀中嬰兒和學步兒的教保問題。

問題討論

1. 為什麼小小孩和他們家庭的擁護者，在影響大系統的因素和希望制定改善教保品質的政策時，通常會遇到困難？
2. 在擬定未來趨勢時，你可以做什麼，提昇嬰兒和學步兒的課程？

附錄 A

其他資源

活動指引

Bronson, M.B. (1995). *The right stuff for children birth to 8.* Washington, DC:National Association for the Education of Young Children.

Castle, K. (1994). *The infant and toddler handbook* ︰ *Invitation for optimal early development* (4ᵗʰ ed.). Atlanta: Humanics, Ltd.

Cryer, D., Harms, T., & Bourland, B. (1987) *Active learning for infants.* MenloPark, CA: Addison-Wesley.

Cryer, D., Harms, T., & Bourland, B. (1987) *Active learning for ones.* MenloPark, CA: Addison-Wesley.

Cryer, D., Harms, T., & Bourland, B. (1988) *Active learning for twos.* MenloPark, CA: Addison-Wesley.

Cryer, D., Harms, T., & Bourland, B. (1988) *Active learning for threes.* MenloPark, CA: Addison-Wesley.

Dexter, S. (1995). *Joyful play with toddlers: Recipes for fun with odds and ends.* Seattle, WA: Parenting Press.

Hass, C. B. (1987). *Look at me: Creative learning activities for babies and toddlers* (2nd ed.). Chicago Review Press.

Lanski, V. (1993). *Games babies play: From birth to twelve months.* New York: MJF Books.

Martin, E. (1988). *Baby games: The joyful guide to child's play from birth to three.* Philadelphia: Running Press.

Miller, K. (1984) *Things to do with toddlers and twos.* Chelsea, MA: Teleshare.

Miller, K. (1990) *More things to do with toddlers and twos.* Chelsea, MA: Teleshare.

Moyer, I. D. (1983). *Responding to infants: The infant activity manual, 6 to 30 months.* Minneapolis: T. S. Denison.

Munger, E. M., & Bowdon, S. J. (1993). *Beyond peek-a-boo and pat-a-cat: Activities for baby's first twenty-four months* (3rd ed.). Clinton, NJ: New Win.

Munger, E. M., & Bowdon, S. J. (1993). *Childplay: Activities for your child's first three years* (3rd ed.). New York: Dutton.

Segal, M., & Masi, W. (1998). *Your child at play: From birth to one year.* New York: New-market Press.

Segal, M., & Masi, W. (1998). *Your child at play: From one to two years.* New York: New-market Press.

Segal, M., & Masi, W. (1998). *Your child at play: From two to three years.* New York: New-market Press.

Silberg, J. (1993). *Games to play with babies.* Beltsville, MD: Gryphon House.

Silberg, J. (1993). *Games to play with toddlers.* Beltsville, MD: Gryphon House.

Silberg, J. (1993). *Games to play with two year olds.* Beltsville, MD: Gryphon House.

Silberg, J. (1993). *More games to play with toddlers.* Beltsville, MD: Gryphon House.

Warren J. (1991). *Toddler theme-a-saurus.* Everett, WA: Warren Publishing House.

Watson, L. D., Watson, M. A., & Wilson, L. C. (1998). *Infants and toddlers: Curriculum and teaching* (4th ed.). Albany, NY: Delmar.

發展資料

Allen, K. E., & Marotz, L. R. (1999). *Developmental profiles, pre-birth through eight* (3rd ed.). Albany, NY: Delmar.

Caplan, F., & Caplan, T. (1982). *The second twelve months of life.* New York: Bantam.

Caplan, F., & Caplan, T. (Ed.). *The first twelve months of life.* New York: Bantam.

Gonzalez-Mena, J., & Eyer, D. W. (1997). *Infants, toddlers, and caregivers* (4th ed.). Mountain View, CA: Mayfield Publishing.

Gopnik, A., Meltzoff, A. N., & Kuhl, P. K. (1999). *The scientist in the crib: Minds, brains, and how children learn.* New York: William Morrow.

Greenspan, S. I. (1999). *Building healthy minds: The six experiences that create intelligence and emotional growth in babies and young children.* Cambridge, MA: Perseus Books.

How I grow: Birth through five, a guidebook for parents. (1997). Albany: The University of the State of New York, The State Education Department, Office of Vocational Education, Office for Individuals with Disabilities.

Infancy: Landmarks of development, Beginnings in cognition and language; Early relationships; Self and social world. (1991). *The Developing Child Series* [Videos]. Barrington, IL: Magna Systems, Inc.

Play. (1993). *The Developing Child Series* [Videos]. Barrington, IL: Magna Systems, Inc.

Toddlerhood: Physical and cognition development; Emotional development. (1992). *The Developing Child Series* [Videos]. Barrington, IL: Magna Systems, Inc.

幼兒圖書及視聽教材

Boynton, S. (1995). *Moo, ba, la, la, la.* New York : Little Simon.

Brown, M. W. (1990). *The runaway bunny.* New York: HarperFestival.

Brown, M. W. (1991). *Goodnight moon.* New York: HarperFestival.

Carle, E. (1984). *The very busy spider.* New York: Philomel Books.

Carle, E. (1994). *The very hungry caterpillar board book.* New York: Philomel Books.

Carle, E. (1997). *The very quiet cricket.* New York: Putnam.

Gander, F., & Blattel, C. M. (1985). *Father Gander nursery rhymes: The equal rhymes amendment.* Santa Monica, CA: Advocacy Press.

Hill, E. (1980). *Where's Spot?* New York: Putnam.

Hill, E. (1993). *Where's Spot?* [Video]. Burbank, CA: Buena Vista Home Video.

Hill, E. (1998). *Spot's noisy walk.* Lincolnwood, IL: Lewis Weber

Hoban, T. (1993). *White on black.* New York: Greenwillow.

Jenkins, E. (1996). *Songs children love to sing* [Audio CD]. Washington, DC: Smithsonian Folkways.

Kunhardt, E. (1994). *Pat the bunny.* New York: Golden Books.

Martin, B., Jr. (1992). *Brown bear, brown bear, what do you see?* New York: Henry Holt and Co.

Martin, B., Jr. & Carle, E. (1992). *Polar bear, polar bear, what do you hear?* New York: Henry Holt and Co.

Raffi. (1980). *Baby beluga* [Audiotape]. Cambridge, MA: Troubadour/Rounder Records.

Raffi. (1996). *Singable songs collection* [Audiotape]. Cambridge, MA: Troubadour/ Rounder Records.

Scarry, R. (1991). *Richard Scarry's best word book ever.* Racine, WI: Western Publishing.

Scarry, R. (1993). *Richard Scarry's best learning songs ever* (Video). New York: Random House.

Scarry, R. (1997). *Richard Scarry's cars and trucks and things that go.* New York: Golden Books.

附錄 B

設立教保機構細則

　　以下所述為設立嬰兒和學步兒教保機構的建議，這些建議只是指引，而非必要條件，所述的是最理想狀況。這些建議可做個別狀況的應用，可因機構情況、設備、各州法規要求、經費預算和其他變項而做調整。

1. 活動空間

　　請注意這部分的所有數據，指的是「使用空間」。「使用空間」不包括換尿布、廁所、食物製備、午休、置物等專用區域。請一起參照表 2.2 每個年齡層大人和小孩適合的人數和比率。

　　出生至二十四個月：四百平方呎的使用空間。

　　十八至三十六個月：五百至六百平方呎的使用空間。愈大的學步兒需要愈大的空間，因為遊戲興致的延展，特別是扮演遊戲（娃娃家／打扮區）和建構遊戲（積木區）。

　　混齡和親子團體：六百平方呎的使用空間。混齡團體不僅需要給嬰兒安全的空間，也需要給學步兒更大的探索空間。而親子團體除了八個小孩、二個教保者的比率外，教室裡最少還需要八個大人（請見附錄 C）。

2. 室內—戶外的關係

一個設計良好的教室，應有直接通到戶外遊戲區的走道，當選擇場所或購置設備時，應該慎重考量這項基本的規畫原則。

3. 幼兒床

除考量全尺寸（full-size）的幼兒床外，更建議使用寶塔（Porta）幼兒床的尺寸（24 吋 × 38 吋至 27 吋 × 40 吋）之幼兒床。幼兒床應該統一放置在教室的一個區域（彼此分開 1 至 3 呎），不要圍繞著教室擺放，這樣教室內才會有較大的遊戲空間。利用矮屏風（30 至 34 吋高）隔開，或用玩具櫃、隔板和關閉的櫥櫃（基本櫃）區分。注意：如果空間有限，又有親子團體（三小時以下），應該考慮減少教室內的幼兒床數目。

4. 換尿布／廁所區

換尿布區和孩子的廁所應該建置在教室內，利用矮牆（42 吋高）或小門簾隔開，這樣的規畫可減少教保者一天中離開教室的次數，而且又能完全看顧到教室內的所有孩子。

5. 空間群

空間群（Pods）的設計是利用一些牆或矮牆，將一間大空間區分為二個空間。中間的區域是共用的區域，老師通常會當作幫孩子換尿布、食物製備、清洗／烘乾、教師教材製作、貯存等用途。空間群設計比二間獨立空間的規畫費用少，因為空

間群的共用區域在二間空間的規畫裡，須規畫為二個。空間群的規畫，可讓二邊的師生進行非正式的拜訪，也可讓嬰兒將來過渡至另一邊學步兒的教保空間時較容易適應（請見附錄 C，圖 C.2）。

6. 水槽

每一間教室都應有水槽的設置，食物製備區應該有一個水槽，換尿布區也應該有一個水槽。教室內嬰兒和學步兒的水槽高度描述如下：

年齡（月）	水槽高度（吋）
0-18	16
12-24	18
18-30	20
24-36	22

7. 窗戶

自然的光線會讓空間的品質加分，而且孩子要在自然的環境中才感到舒適。雖然有些窗（或門）可能是落地的，還是建議室內大部分的窗能在二十六吋高。這樣的高度能讓扶著站立的嬰兒及大一些的孩子看到窗外的景象，並且能讓牆邊成為活動的區域。大部分的嬰兒／學步兒的遊戲設施（玩具櫃、扮家家酒的設備等等）大約是二十四至二十六吋高。這樣的高度可讓窗戶邊選擇規畫為閱讀區或積木區，同時窗下的牆壁恰可提供為大人和小孩坐時的靠背。

8.窗台、作品牆、和櫥櫃

　　為避免嚴重的碰撞和割傷，所有室內的轉角、櫃子、窗台、牆角和桌角、邊緣、架子、稜角和設備，在孩子高度的部分必須做成最少半徑四分之一吋的圓角。

9.門

　　如果可以，門的開向應該離開孩子的遊戲區（例如開向走廊，而不是開向教室），這樣可增加室內的運用空間，並避免發生開門時撞到孩子的意外。另外，在門上大人和孩子的高度安裝窗戶（一大片）也非常實用，如此可增加室內光線、提醒進室內的大人小心門另一邊的小孩、並增加孩子的視覺空間，觀察進來和出去的一切。

10.地板

　　嬰兒和學步兒花很多時間在地板上，為了安全和舒適，除了入口、換尿布／廁所處、飲食區和會弄髒的地方（玩水、畫水彩區），室內都應鋪上地毯。採用短毛中性色（如石頭色）的防菌地毯（防止細菌和黴菌滋生），空間交接處使用橡膠條（金屬會產生滑倒的危險）。

11.景觀設計

　　運用平台、閣樓、壁龕、矮牆和空間外圍的遮篷創造適合不同年齡孩子活動的區域。當空間相當開放時，矮牆就能建構

活動的區域，並允許大人和孩子穿梭其中，此外，提供教保者彈性的空間可依觀察孩子的興趣而作空間的調整。這些配置原則可應用於家庭式教保環境（請見附錄 C，圖 C.1 和 C.2）。

矮牆／平台指引：

閱讀平台：5 呎 × 5 呎至 6 呎 × 6 呎

積木平台：6 呎 × 10 呎至 7 呎 × 11 呎（60 至 80 平方呎）

矮　　牆：若不銜接平台，26 吋高；若銜接平台則 30
　　　　　吋高

12. 收納

一個設計良好的空間會有容易取放的收納處。除了收拾櫃和基本櫥櫃的收納，牆上貯存櫃的位置應該緊鄰每一個活動區域，這樣方便教保者拿取教材時，不會留下孩子無人看顧。此外，貯存櫃設在牆上的好處是不會剝奪孩子遊戲的空間，這樣大部分的空間才不會比理想中的小。

13. 顏色

教保環境若採用明亮的原色會產生過度刺激的效果。牆壁若漆上象牙白或蛋殼白的顏色、家具採原木家具，這舒適、中性的背景，可讓孩子清楚分辨可操作的玩具和牆上的圖片。另外，可在牆上掛織品和鋪上地毯，彈性的加入點綴的色彩和織品。

14. 桌和椅子高度

年齡 (月)	椅子高度 (吋)	桌子高度 (吋)	桌子的尺寸 (吋)
6-18	5.5	12	24 × 36（4 人座）
9-24	6.5	14	24 × 36（4 人座）
18-36	8	16	24 × 36（4 人座）
			或 30 × 60（6 人座）

15. 玩具櫃

　　玩具櫃最好是二十四吋長、四十八吋寬、十二吋深，使用全部木頭的櫃子，顏色採用原木色或白色（較吸引人、且能清楚展示放在櫃上的材料）。避免傾倒，確定所有的櫃子和櫥子都安全的放置在地板上、牆邊或平台上。

資料來源：Adapted from 《*Landscapes for Learning: Designing Group Care Environments for Infants, Toddlers and Two-Year-Olds*》, by Louis Torelli, M.S.ED., & Charles Durrett, Architect, 1999, with permission of the copyright holder, Torelli / Durrett, Inc.

附錄 C

教保空間

家庭式的教保環境

　　圖 C.1 中，嬰兒和學步兒的教保環境是在一間二層樓住家的一樓（一般一層樓的住家會有客廳、廚房和浴室）。每個教

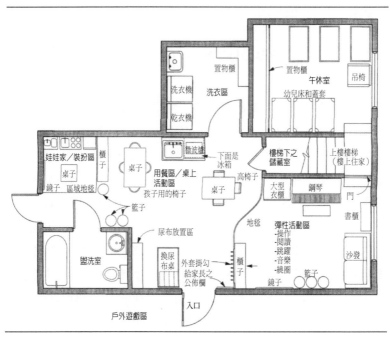

圖 C.1　家庭式教保環境

保空間的大小可能會不一樣，但每個孩子需有五十平方呎的活動範圍，且不包括廁所、浴室和嬰兒床區，總空間三百五十平方呎以上，歡迎家庭隨時來觀察，或進行餵哺的保育。空間的設計可依機構中混齡孩子的年齡做調整。例如建議可在戶外水桌區或水槽區安排玩水的遊戲，或放畫架安排繪畫；當把孩子午休的地方轉為積木建構和玩小汽車的區域時，需將孩子的小床堆疊起來並收拾好；大衣櫃可以提供為吸引孩子的地方，放置一堆孩子可以拿得到的物品。在孩子非教保的時間，此衣櫃可以收藏教保的材料，讓教保者的家庭能使用這空間。在後院有圍欄的戶外遊戲空間，且能從室內直接到達。

空間群的教保環境

　　圖 C.2 為空間群的設計，在一個大空間裡用一道半高的牆或整面牆將其區分為二，各空間的大小如圖所標示。它可以是一間嬰兒房和一間學步兒房，或是適當的安排為二間分齡或混齡的活動室。中間可以安排一間換尿布、上廁所、食物製備的共用空間，和一間教保者們合用的工作室，這樣的設計應該考量有安靜、活動、潮濕和乾爽的區域，以及一些彈性的空間。在入口處和遊戲場的遮蔭處，可以提供為家庭觀察的空間。這重新規畫的空間中，除安排三間孩子的空間和一間行政辦公室，還須有一間給要餵哺的媽媽用；如果這樣的設計運用在較小的獨立機構中，還是需要一間家庭觀察／餵哺室和一間行政辦公室。

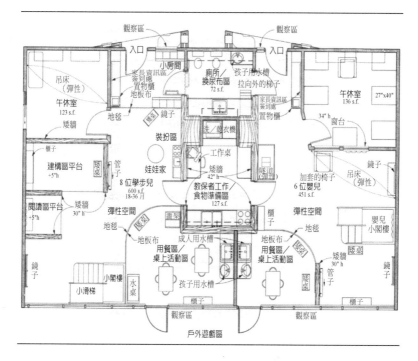

圖 C.2　空間群教保環境的設計

教保遊戲場

　　圖 C.3 顯示的是有圍欄的戶外遊戲區域，能從教保活動室直接到達。可在此空間進行多元活動及大肌肉的遊戲，許多傳統的室內活動也可在戶外的走廊上執行。長草區域可設計一個坡度緩和的小山丘，種二棵樹，中間綁一張吊床，這裡可以用來野餐、從山坡滾下、在空氣墊上跳躍、拿出一撐就開的帳篷

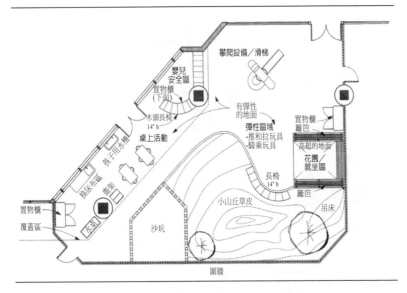

圖 C.3 教保的遊戲場規畫（2500平方呎）

「露營」、及給予不同形式的「踏階」經驗。此外，安排一個柔軟、有彈性、平滑的區域，讓孩子安全的攀爬、騎車子、和畫粉筆畫。在家庭式的教保環境，也可以呈現或安排有相同功能的戶外場地。例如，庭院的樹木、草地、走廊、走步區、和車道都能提供相似的經驗。如果家庭式教保的環境有攀爬的設施或其他大肌肉動作的設備，下面應該鋪有安全、柔軟、有彈性的墊子。

參考書目

Adler, L. (1982). *Mother-toddler interaction: Content, style, and relations to symbolic development.* Unpublished doctoral dissertation, Rutgers University, New Brunswick, NJ.

Adolph, K. (1997). Learning in the development of infant locomotion. *Monographs of the Society for Research in Child Development, 62*(3, Serial No. 251).

Ainsworth, M. D. S. (1979). Infant-mother attachment. *American Psychologist, 34,* 932–937.

Allen, K. E., & Marotz, L. R. (1999). *Developmental profiles, pre-birth through eight* (3rd ed.). Albany, NY: Delmar.

American Public Health Association (APHA) and American Academy of Pediatrics (AAP). (1999). *Caring for our children: National standards, guidelines for health and safety in out-of-home child care.* Arlington, VA: National Center for Education in Maternal and Child Health.

Apple, P., Enders, S., & Wortham, S. (1998). Portfolio assessment for infants, toddlers, and preschoolers: Bridging the gap between data collection and individualized planning. In S. Wortham, A. Barbour, B. Desjean-Perrotta, P. Apple, & S. Enders (Eds.), *Portfolio assessment: A handbook for preschool and elementary educators* (pp. 31–44). Olney, MD: Association for Childhood Education International.

Bahrick, L. E., Netto, D., & Hernandez-Reif, M. (1998). Intermodal perception of adult and child faces and voices by infants. *Child Development, 69*(5), 1263–1278.

Baldwin, D. A., Markman, E. M., & Melartin, R. L. (1993). Infants' ability to draw inferences about nonobvious object properties: Evidence from exploratory play. *Child Development, 64,* 711–728.

Bandura, A. (1997). *Self efficacy: The exercise of control.* New York: W. H. Freeman.

Banks, M. S., & Ginsburg, A. P. (1985). Early visual preferences: A review and new theoretical treatment. In H. W. Reese (Ed.), *Advances in child development and behavior* (Vol. 19, pp. 207–246). New York: Academic Press.

Barr, R., & Hayne, H. (1999). Developmental changes in imitation from television during infancy. *Child Development, 70*(5), 1067–1081.

Bateson, G. (1956). The message "This is play." In B. Schaffner (Ed.), *Group process: Transactions of second conference* (pp. 145–241). New York: Josiah Macy, Jr. Foundation

Bennet, D., Bendersky, M., & Lewis, M. (1999). *Facial expressivity at 4 months: A context by expression analysis.* Poster presentation at the biennial convention of the Society for Research in Child Development, Albuquerque, NM, April.

Bergen, D. (1989). An educology of children's humour: Characteristics of young children's expression of humour in home settings as observed by parents. *International Journal of Educology, 3,* 124–135.

Bergen, D. (1994). *Assessment methods for infants and toddlers: Transdisciplinary team approaches.* New York: Teachers College Press.

Bergen, D. (Ed.). (1998). *Readings from play as a medium for learning and development.* Olney, MD: Association for Childhood Education International.

Bergen, D., Gaynard, L., & Torelli, L. (1985). *The influence of the culture of an infant/ toddler center on peer play behavior: Informant and observational perspectives.* Des Moines, IA: Midwest Association for the Education of Young Children. (ERIC Document Reproduction Service No. ED 257 580)

Bergen, D., & Mosley-Howard, S. (1994). Assessment perspectives for culturally diverse young children. In D. Bergen, *Assessment methods for infants and toddlers: Transdisciplinary team approaches* (pp. 190–206). New York: Teachers College Press.

Bergen, D., Smith, K., & O'Neil, S. (1988). Designing play environments for infants and toddlers. In D. Bergen (Ed.), *Play as a medium for learning and development.* Portsmouth, NH: Heinemann.

Black, M. M., Dubowitz, H., & Starr, R. (1999). African American fathers in low income, urban families: Development, behavior, and home environment of their three-year-old children. *Child Development, 70*(4), 967–978.

Blehar, M. C., Lieberman, A. F., & Ainsworth, M. D. S. (1977). Early face-to-face interaction and its relation to later infant-mother attachment. *Child Development, 48,* 182–194.

Bordrova, E., & Leong, D. J. (1998). Adult influences on play: The Vygotskian approach. In D. P. Fromberg & D. Bergen (Eds.), *Play from birth to twelve and byond: Contexts, perspectives, and meanings* (pp. 277–282). New York: Garland.

Bowlby, J. (1969). *Attachment and loss: Vol. 1. Attachment.* New York: Basic Books.

Brazelton, T. B., Nugent, J. K., & Lester, B. M. (1987). Neonatal behavioral assessment scale. In J. D. Osofsky (Ed.),. *Handbook of infant development* (2nd ed., pp. 780–917). New York: John Wiley.

Bretherton, I., & Beeghly, M. (1989). Pretense: Acting "as if." In J. L. Lockman & N. L. Hazen (Eds.), *Action in social context: Perspectives on early development* (pp. 239–271). New York: Plenum.

Bronfenbrenner, U. (1993). The ecology of cognitive development: Research models and fugitive findings. In R. H. Wozniak & K. W. Fischer (Eds.), *Development in context* (pp. 3–44). Hillsdale, NJ: Erlbaum.

Brown, A. M. (1990). Development of visual sensitivity to light and color vision in human infants: A critical review. *Vision Research, 30,* 1159–1188.

Bruner, J. S., & Sherwood, V. (1976). Peek-a-boo and the learning of rule structures. In J. S. Bruner, A. Jolly, & K. Sylva (Eds.), *Play: Its role in development and evolution* (pp. 277–285). New York: Basic Books.

Burtt, K. G., & Kalkstein, K. (1984). *Smart toys for babies from birth to two*. New York: Harper & Row.

Bus, A., Belsky, J., vanIjzendoorn, M. H., & Crnic, K. (1997). Attachment and book-reading patterns: A study of mothers, fathers, and their toddlers. *Early Childhood Research Quarterly, 12,* 81–98.

Bushnell, E. W., & Boudreau, J. P. (1993). Motor development and the mind: The potential role of motor abilities as a determinant of aspects of perceptual development. *Child Development, 64,* 1005–1021.

Caldwell, B. M. (1991). Educare: New product, new future. *Journal of Developmental and Behavioral Pediatrics, 12*(3), 199–205.

Carlson, E. A., & Sroufe, L. A. (1995). Contributions of attachment theory to developmental psychopathology. In D. Cicchetti & D. J. Cohen (Eds.), *Developmental psychopathology: Vol. 1: Theory and methods* (pp. 581–617). New York: Wiley.

Carpenter, M., Nagell, K., & Tomasello, M. (1998). Social cognition, joint attention, and communicative competence from 9 to 15 months of age. *Monographs of the Society for Research in Child Development, 63* (4, Serial No. 255).

Catherwood, D., Crassini, B., & Freiberg, K. (1989). Infant response to stimuli of similar hue and dissimilar shape: Tracing the origins of the categorization of objects by hue. *Child Development, 60,* 752–762.

Chess, S., & Thomas, A. (1989). Temperament and its functional significance. In S. I. Greenspan & G. H. Pollock (Eds.), *The course of life* (Vol. II, pp. 163–228). Madison, CT: International Universities Press.

Chomsky, N. (1976). *Reflections on language*. London: Temple Smith.

Chugani, H. T. (1995). The developing brain. In H. N. Wagner, Z. Szabo, & J. W. Buchanan, *Principles of nuclear medicine* (pp. 483–491) Philadelphia: Saunders.

Chugani, H. T. (1997). Neuroimaging of developmental non-linearity and developmental pathologies. In R. W. Thatcher, G. R. Lyon, J. Rumsey, & N. Krasnegor (Eds.), *Developmental Neuroimaging: Mapping the development of brain and behavior.* San Diego: Academic Press.

Cohen, D. H., Stern, V., & Balaban, N. (1997). *Observing and recording the behavior of young children* (4th ed.). New York: Teachers College Press.

Cornerstones Project. (1999). Change and challenge in infant/toddler child care: Perspectives from the Cornerstones Project. *Zero to Three, 19*(5), 10–15.

Cost, Quality, & Outcomes Study. (1999, March). *Executive Summary* [On-line]. Available: www.fpq.unc.edu/~NCEDL/PAGES/cqurs.htm

Damon, W. (1988). *The moral child: Nurturing children's natural moral growth*. New York: Free Press.

Daniel, J. E. (1998). A modern mother's place is wherever her children are: Facilitating infant and toddler mothers' transitions in child care. *Young Children, 53*(6), 4–12.

DeLoache, J. S., Pierroutsakos, S. L., Uttal, D. H., Rosengren, K. S., & Gottlieb, A. (1998). Grasping the nature of pictures. *Psychological Science, 9*(3), 205–210.

Derman-Sparks, L. (1988). *Anti-bias curriculum: Tools for empowering young children.* Washington, DC: National Association for the Education of Young Children.

Dixon, W. E., Jr. (1990). *Individual differences in three domains of cognitive development.* Unpublished doctoral dissertation, Miami University, Oxford, OH.

Dombro, A. L., Coker, L. J., & Dodge, D. T. (1997). *The creative curriculum for infants and toddlers.* Washington, DC: Teaching Strategies (distributed by Gryphon House).

Dunn, J., & Dale, N. (1984). I a Daddy: 2-year-old's collaboration in joint pretend with sibling and with mother. In I. Bretherton (Ed.), *Symbolic play; The development of social understanding* (pp. 131–158). New York: Academic Press.

Elicker, J., Englund, M., & Sroufe, L. A. (1992). Predicting peer competence and peer relationships in childhood from early parent-child relationships. In R. D. Parke & G. W. Ladd (Eds.), *Family-peer relationships: Modes of linkage* (pp. 77–106). Hillsdale, NJ: Erlbaum.

Epstein, H. T. (1978). Growth spurts during brain development: Implications for educational policy and practice. In J. S. Chall & A. F. Mirsky (Eds.), *77th National Society for the Study of Education Yearbook: Education and the brain* (pp. 343–370). Chicago: University of Chicago Press.

Erikson, E. H. (1963). *Childhood and society* (2nd ed.) New York: Norton.

Farver, J. A., & Wimbarti, S. (1995). Paternal participation in toddlers' pretend play. *Social Development, 4*(1), 17–31.

Feinman, S. (1991). Bringing babies back into the social world. In M. Lewis & S. Feinman (Eds.), *Social influences and socialization in infancy* (pp. 281–326) (*Genesis of Behavior, Vol. 6,* Series Editors, M. Lewis & L. A. Rosenblum). New York: Plenum Press.

Fenichel, E., Lurie-Hurvitz, E., & Griffin, A. (1999). Seizing the moment to build momentum for quality infant/toddler child care: Highlights of the Child Care Bureau and Head Start Bureau's National Leadership Forum on quality care for infants and toddlers. *Zero to Three, 19* (6), 3–17.

Fernald, A., Pinto, J. P., Swingley, D., Weinberg, A., & McRoberts, G. W. (1998). Rapid gains in speed of verbal processing by infants in the 2nd year. *Psychological Science, 9*(3), 228–231.

Fischer, J., & Rozenberg, C. (1999). The Maternity Care Coalition: Strategy for survival in the context of managed care and welfare reform. *Zero to Three, 19*(4), 14–19.

Flynn, L. L., & Wilson, P. G. (1998). Partnerships with family members: What about fathers? *Young Exceptional Children, 2*(1), 21–28.

Fox, N. A., Kagan, J., & Weiskopf, F. (1979). The growth of memory during infancy. *Genetic Psychology Monographs, 99,* 91–130.

Gallagher, J. J., Rooney, R., & Campbell, S. (1999). Child care licensing regulations and child care quality in four states. *Early Childhood Research Quarterly, 14*(3), 313–333.

Gelman, S. A., Coley, J. D., Rosengren, K. S., Hartman, E., & Pappas, A. (1998). Beyond labeling: The role of maternal input in the acquisition of richly structured categories. *Monographs of the Society for Research in Child Development, 63*(1, Serial No. 253).

Gerber, M. (1991). *Resources for infant educarers* (1991). Los Angeles: Resources for Infant Educarers.

Gerber, M., & Johnson, A. (1998). *Your self confident baby: How to encourage your child's natural abilities from the very start.* New York: John Wiley.

Glascoe, F. P. (1999). Communicating with parents. *Young Exceptional Children, 2*(4), 17–25.

Gonzalez-Mena, J. (1997). *Multicultural issues in child care* (2nd ed.). Mountain View, CA: Mayfield Publishing.

Gordon, I. (1970). *Baby learning through baby play.* New York: St. Martin's Press.

Greenspan, S. I. (1989). The development of the ego: Insights from clinical work with infants and young children. In S. I. Greenspan & G. H. Pollack (Eds.), *The course of life: Volume I Infancy* (pp. 85–164). Madison, CT: International University Press.

Greenspan, S. (1999). *Building healthy minds: The six experiences that create intelligence and emotional growth in babies and young children.* Reading, MA: Perseus Books.

Greenspan, S., & Greenspan, N. T. (1985). *First feelings: Milestones in the emotional development of the child.* New York: Viking.

Gunnar, M. R., & Nelson, C. A. (1994). Event-related potentials in year-old infants: Relations with emotionality and cortisol. *Child Development, 65*, 80–94.

Haight, W. L., Parke, R. D., & Black, J. E. (1997). Mothers' and fathers' beliefs about and spontaneous participation in their toddlers' pretend play. *Merrill-Palmer Quarterly, 43*(2), 271–290.

Hanna, E., & Meltzoff, A. N. (1993). Peer imitation by toddlers in laboratory, home, and day-care contexts: Implications for social learning and memory. *Developmental Psychology, 29*, 701–710.

Harms, T., Cryer, D., & Clifford, R. M. (1990). *Infant/toddler environment rating scale.* New York: Teachers College Press.

Harwood, R. L., Schoelmerich, A., Schulze, P. A., & Gonzalez, Z. (1999). Cultural differences in maternal beliefs and behaviors: A study of middle-class Anglo and Puerto Rican mother-infant pairs in four everyday situations. *Child Development, 70*(4), 1005–1016.

Howell, K. W. (1979). *Evaluating exceptional children: A task analysis approach.* Columbus, OH: Merrill.

International Reading Association (IRA)/National Association for the Education of Young Children (NAEYC). (1998). *Learning to read and write: Developmentally appropriate practices for young children. Joint position statement.* Washington, DC: National Association for the Education of Young Children.

Izard, C. (1980). The emergence of emotions and the development of consciousness in infancy. In J. M. Davidson & R. J. Davidson (Eds.), *The psychobiology of conscious-ness* (pp. 193–216). New York: Plenum Press.

Jarrell, R. H. (1998). Play and its influence on the development of young children's mathematical thinking. In D. P. Fromberg & D. Bergen (Eds.), *Play from birth to twelve and beyond: Contexts, perspectives, and meanings* (pp. 56–67). New York: Garland.

Jusczyk, P. W. (1995). Language acquisition: Speech sounds and phonological devel-opment. In J. L. Miller & P. D. Eimas (Eds.), *Handbook of perception and cog-nition: Vol. 11. Speech, language, and communication* (pp. 263–301). Orlando, FL: Academic Press.

Jusczyk, P. W., & Krumhansl, C. (1993). Pitch and rhythmic patterns affecting in-fants' sensitivity to musical phrase structure. *Journal of Experimental Psychology: Human Perception and Performance, 19,* 1–14.

Kamii, C., & DeVries, R. (1993). *Physical knowledge in preschool education.* New York: Teachers College Press. (Original work published 1978)

Kelly, J. F., & Booth, C. L. (1999). Child care for children with special needs: Issues and applications. *Infants and Young Children, 12*(1), 26–33.

Klebanov, P. K., Brooks-Gunn, J., McCarton, C., & McCormick, M. C. (1998). The contribution of neighborhood and family income to developmental test scores over the first three years of life. *Child Development, 69*(5), 1420–1436.

Kochanska, G., Tjebkes, T. L., & Forman, G. (1998). Children's emerging regulation of conduct: Restraint, compliance, and internalization from infancy to the second year. *Child Development, 69*(5), 1378–1389.

Lally, J. R. (1999). Infants have their own curriculum: A responsive approach to cur-riculum and lesson planning for infants and toddlers. *Headstart national training guide: Curriculum, a blueprint for action.* Washington, DC: Administration for Family, Children, and Youth.

Lally, J. R., Griffin, A., Fenichel, E., Segal, M. M., Szanton, E. S., & Weissbourd, B. (1995). *Caring for infants and toddlers in groups: Developmentally appropriate prac-tice.* Arlington, VA: Zero to Three.

Lewis, M., Sullivan, M. W., Stanger, C., & Weiss, M. (1989). Self development and self-conscious emotions. *Child Development, 60,* 146–156.

McCall, R. (1974). Exploratory manipulation and play in the human infant. *Mono-graphs of the Society for Research in Child Development, 39*(2, Serial No. 155).

Mehrabian, A. (1976). *Public places and private spaces: The psychology of work, play, and living environments.* New York: Basic Books.

Meltzoff, A. N. (1988). Infant imitation and memory: Nine-month-old infants in im-mediate and deferred tests. *Child Development, 59,* 217–225.

Meltzoff, A. N., & Moore, M. K. (1994). Imitation, memory, and the representation of persons. *Infant Behavior and Development, 17,* 83–99.

Miller, P., & Garvey, C. (1984). Mother-baby role play: Its origins in social support. In I. Bretherton (Ed.), *Symbolic play: The development of social understanding* (pp.

101–130). New York: Academic Press.

Minde, K. (1998). The sleep of infants and why parents matter. *Zero to Three, 19*(2), 9–14.

Namy, L. L., & Waxman, S. R. (1998). Words and gestures: Infants' interpretations of different forms of symbolic reference. *Child Development, 69*(2), 295–308.

National Association for the Education of Young Children. (1998). *Position statement on accreditation criteria and procedures.* Washington, DC: National Association for the Education of Young Children.

National Institutes of Child Health and Human Development. (1999, March). *NICHD Study of Early Child Care* [On-line]. Available:

Nelson, K. (1973). Structure and strategy in learning to talk. *Monographs of the Society for Research in Child Development, 38*(1–2), 1–35.

Ogbu, J. (1981). The origins of human competence: A cultural-ecological perspective. *Child Development, 52,* 413–429.

Ogbu, J. (1988). Black education: A cultural-ecological perspective. In H. P. McAdoo (Ed.), *Black families* (pp. 169–184). Newbury Park, CA: Sage.

Ohio Commission on Dispute Resolution and Conflict Management. (1999). *Teaching skills of peace through children's literature.* Cleveland: Ursuline Academy.

Olds, A. R. (1998). Places of beauty. In D. Bergen (Ed.), *Reading from play as a medium for learning and development* (pp. 123–127). Olney, MD: Association for Childhood Education International.

Outz, J. H. (1993). A changing population's call to action. *National Voter, 42*(4), 5–6.

Perry, B. D. (1994). Neurobiological sequelae of childhood trauma: PTSD in children. In M. M. Murburg, *Catecholamine function in posttraumatic stress disorder: Emerging concepts* (pp. 233–256), Washington, DC: American Psychiatric Press.

Perry, B. D., Pollard, R. A., Blakley, T. L., Baker, W. L., & Vigilante, D. (1995). Childhood trauma, the neurobiology of adaptation, and "use-dependent" development of the brain: How "states" become "traits." *Infant Mental Health Journal, 259*(4), 271–291.

Piaget, J. (1952). *The origins of intelligence in children.* New York: Free Press.

Piaget, J. (1962). *Play, dreams and imitation in childhood.* New York: Norton.

Porter, T. (1999). Infants and toddlers in kith and kin care: Findings from the informal care project. *Zero to Three, 19*(6), 27–35.

Random House Living Dictionary. (2000). Simon & Schuster New Millennium Encyclopedia and Home Reference Library [CD/On-line]. New York: Simon and Schuster.

Reissland, N., & Snow, C. (1997). Maternal pitch height in ordinary and play situations. *Journal of Child Language, 23*(2), 269–278.

Roskos, K. (1999). *Reading, writing, research, and reality.* Presentation at Miami University, Oxford, OH, October.

Rovee-Collier, C. (1997). The development of infant memory. *Current Directions in Psychological Science, 8*(3), 80–85.

Sahoo, S. K. (1998). Novelty and complexity in human infants' exploratory behavior. *Perceptual & Motor Skills, 86*(2), 698.

Sexton, D., Snyder, P., Sharpton, W. R., & Stricklin, S. (1993). *Infants and toddlers with special needs and their families.* Olney, MD: Association for Childhood Education International.

Shore, R. (1997). *Rethinking the brain: New insights into early development.* New York: Families and Work Institute.

Shultz, T. R. (1979). Play as arousal modulation. In B. Sutton-Smith (Ed.), *Play and learning* (pp. 7–221). New York: Gardner Press.

Skouteris, H., McKenzie, B. E., & Day, R. H. (1992). Integration of sequential information for shape perception by infants: A developmental study. *Child Development, 63,* 1164–1176.

Spelke, E. S., Breinlinger, K., Macomber, J., & Jacobson, K. (1992). Origins of knowledge. *Psychological Review, 99,* 605–632.

Spence, M. J., & DeCasper, Q. J. (1987). Prenatal experience with low-frequency maternal voice sounds influences neonatal perception of maternal voice samples. *Infant Behavior and Development, 10,* 133–142.

Surbeck, E., & Kelley, M. (1991). *Personalizing care with infants, toddlers, and families.* Olney, MD: Association for Childhood Education.

Susedek, J. S. (1983). *Fun and happiness in learning to read: A step by step method for teaching infants, toddlers, and preschoolers.* Cambridge, OH: The Susedik Method.

Sutton-Smith, B. (1979). Epilogue: Play as performance. In B. Sutton-Smith (Ed.), *Play and learning* (pp. 295–322). New York: Gardner Press.

Task Force on Education. (1990). *Education America: State strategies for achieving the national education goals.* Washington, DC: National Governors' Association.

Thomas, A., Chess, S., & Birch, H. G. (1997). The origin of personality. In R. Diessner (Ed.), *Sources: Notable selections in human development.* Guilford, CT: Dushkin/McGraw-Hill. (Reprinted from *Scientific American, 223,* 102, 104–109)

Torelli, L., & Durrett, C. (1998). *Landscapes for learning: Designing group care environments for infants, toddlers, and two-year-olds.* Berkeley, CA: Spaces for Children.

Uzguris, I., & Hunt, J. McV. (1974). *Assessment in infancy.* Urbana: University of Illinois Press.

Vygotsky, L. (1962). *Thought and language.* Cambridge, MA: MIT Press.

Wachs, T. A. (1985). Home stimulation and cognitive development. In C. C. Brown & A. W. Gottfried (Eds.), *Play interactions: The role of toys and parental involvement in children's development* (pp. 142–152). Skillman, NJ: Johnson & Johnson.

Wachs, T. A. (1993). Multidimensional correlates of individual variability in play and exploration. In M. H. Bornstein & A. W. O'Reilly (Eds.), *The role of play in the development of thought* (New Directions for Child Development series, Vol. 59, pp. 43–53). San Francisco: Jossey-Bass.

Washington, V., & Andrews, J. D. (Eds.). (1999). *Children of 2010.* Washington, DC: National Association for the Education of Young Children.

Whitehead, L. C., & Ginsberg, S. I. (1999). Creating a family-like atmosphere in child care settings: All the more difficult in large child care centers. *Young Children, 54*(2), 4–10.

Whitton, S. (1998). The playful ways of mathematicians' work. In D. P. Fromberg & D. Bergen, *Play from birth to twelve and beyond: Contexts, perspectives, and meanings* (pp. 473–481). New York: Garland.

Widerstrom, A. H., Mowder, B. A., & Sandall, S. R. (1991). *At-risk and handicapped newborns and infants: Development, assessment, and intervention.* Englewood Cliffs, NJ: Prentice Hall.

Wolf, D., & Grollman, S. (1982). Style and sequence in early symbolic play. In M. Franklin & N. Smith (Eds.), *New directions in child development: Early symbolization* (No. 3, pp. 117–138). Hillsdale, NJ: Erlbaum.

Wood, B., Bruner, J. S., & Ross, G. (1976). The role of tutoring in problem solving. *Journal of Child Psychology and Psychiatry, 17,* 89–100.

Youngblade, L. M., & Dunn, J. (1996). Individual differences in young children's pretend play with mother and siblings: Links to relationships and understanding of other people's feelings and beliefs. *Child Development, 66*(5), 1472–1492.

人名索引

名詞索引

幼兒教育 71

教保小小孩

作　　　者：Doris Bergen、Rebecca Reid、Louis Torelli
譯　　　者：莊享靜
執 行 編 輯：何采芹
總 編 輯：林敬堯
發 行 人：邱維城
出 版 者：心理出版社股份有限公司
社　　　址：台北市和平東路一段 180 號 7 樓
總　　　機：(02) 23671490
傳　　　真：(02) 23671457
郵　　　撥：19293172
　E-mail：psychoco@ms15.hinet.net
網　　　址：www.psy.com.tw
駐 美 代 表：Lisa Wu
　　　　　Tel：973 546-5845　Fax：973 546-7651
登 記 證：局版北市業字第 1372 號
電 腦 排 版：臻圖打字印刷有限公司
印 刷 者：玖進印刷有限公司
初 版 一 刷：2004 年 2 月

定價：新台幣 350 元

ISBN 957-702-652-4

國家圖書館出版品預行編目資料

教保小小孩 / Doris Bergen, Rebecca Reid,
Louis Torelli 著；莊享靜譯. -- 初版. --
臺北市：心理，2004 [民 93]
面；　　　公分. -- (幼兒教育；71)
含索引
譯自：Education and caring for very
young children：the infant/doddler
curriculum
ISBN　957-702-652-4 (平裝)

1. 學前教育 - 課程　2. 育身　3. 兒童發展

523.23　　　　　　　　　　　　93000496